Una Guía para

EL MOMENTO PRESENTE

Como Dejar de Creer los Pensamientos que le Impiden Sentirse Libre, Completo, y Feliz

Noah Elkrief

Noah Elkrief

www.liveinthemoment.org

ISBN: 978-0-9859534-2-3

Contenidos

Introducción

¿Quiere dejar de aferrarse a la ira, la tristeza o la culpa por algo que sucedió en el pasado?
¿Quiere dejar de preocuparse por lo que otros piensan o dejar de sentir la necesidad de buscar el amor de los demás, su aprobación y aprecio?
¿Quiere dejar de juzgar a los demás, enojarse con la gente, o sentir resentimiento en sus relaciones?
¿Quiere dejar de juzgarse a sí mismo, sintiéndose indigno, o sentir que le falta algo en su vida?
¿Quiere dejar de luchar con la ansiedad, el estrés o el miedo por el futuro?

Todas estas emociones parecen inevitables mientras está bajo su control. Pero si está dispuesto a ver su vida con honestidad real, es posible descubrir que todas estas son creadas por pensamientos en su mente, pensamientos acerca de si mismo, sus relaciones, sus situaciones, su pasado, su futuro-y cada uno de estos puede desaparecer en un instante si deja de creer que estos pensamientos son la verdad.

Si una persona al azar le dice: "El mundo se va a acabar mañana", *y usted se lo cree*, ¿cómo se sentiría? Es posible que sienta miedo. Pero *si no lo cree*, entonces, ¿cómo le haría sentir su comentario? Usted casi seguro que no sentiría ningún temor. Si un compañero de trabajo le dice, "¡He borrado todos tus correos electrónicos!", *Y usted se lo cree*, ¿cómo piensa que se sentiría? Es probable que se enfade. Pero si su compañero de trabajo le dice esto, y usted no se lo cree en absoluto porque el siempre está bromeando, ¿cómo cree que se sentiría? Casi seguramente no se enfadaría porque no habría ninguna razón para hacerlo. Si está viendo una escena trágica en una película, *y usted cree a los actores,* ¿cómo se sentiría? Usted probablemente experimentaría la tristeza de la película. Pero si *usted no cree a los actores en absoluto*, entonces, ¿cómo se sentiría? Usted casi seguro que no se sentiría triste.

Estos escenarios demuestran que cuando usted cree que las palabras de alguien son verdad, estas crean emociones. Pero cuando usted no cree en las palabras de alguien, sus palabras no tienen el poder de crear emociones.

Lo mismo es cierto para los pensamientos (palabras) en su mente. Si cree un pensamiento negativo acerca de usted o su vida, ese pensamiento creará una emoción no deseada. Sin embargo, si usted no cree ese pensamiento, simplemente no creará la emoción no deseada.

Este libro le ayudará a experimentar la paz y la felicidad que desea en la vida y le proporciona 5 pasos que le permitirán identificar y dejar de creer en los pensamientos que crean todas sus emociones no deseadas. Tan pronto como deje de creer en un pensamiento, dejará de experimentar la emoción que este ha creado, y automáticamente dejará de prestar atención a ese pensamiento.

He visto como este proceso ha traído la paz a las vidas de las personas que se enfrentaban a todo tipo de desafíos. He visto a un hombre liberarse de la ira hacia sus padres por la forma en la que lo trataban cuando era un niño. He visto a una mujer liberarse de su tristeza sobre su divorcio de su marido con el que estuvo dos décadas. He visto a personas dejar de preocuparse por lo que otros piensan y experimentar la libertad de actuar como quieren por primera vez. He visto a decenas de hombres y mujeres deshacerse de la ansiedad por lo que podría ocurrir en sus puestos de trabajo, permitiéndoles disfrutar por fin de su tiempo en el trabajo. He visto como un sinnúmero de personas lograron sentirse completas, queridas, y dignas, como nunca antes, sólo porque fueron capaces de dejar de creer en los pensamientos que les hacían sentirse no amadas, indignas, e incompletas de alguna manera. He visto a gente dejar de torturarse a sí mismos acerca de cómo son sus vidas, al dejar simplemente de creer en sus creencias sobre cómo debería de ser la vida.

En las páginas siguientes, descubrirá por sí mismo cómo disolver las emociones no deseadas y experimentar la paz del momento presente a través de un proceso de 5 pasos. Primero, sin embargo, le diré cómo descubrí esto en mi propia vida.

Acerca de mí

Nací y crecí en Hastings-on-Hudson, una pequeña ciudad al norte de la ciudad de Nueva York. Desde el momento en que nací, mi padre me llevaba a retiros de meditación en casi todas las vacaciones. Mientras estaba en estos retiros, aprendí muchos tipos diferentes de prácticas de meditación y realmente lo disfruté. Estas prácticas de meditación se convirtieron rápidamente en una parte muy importante de mi vida, y empecé a hacer estas prácticas por mi cuenta todos los días cuando tenía seis años. Puesto que era un niño pequeño, y ya muy feliz, no elegí meditar para tratar de hacerme feliz. No sé por qué, pero por alguna razón tenía un muy fuerte deseo de saber la verdad acerca de la vida. Yo sabía que lo que estaba viendo y experimentando no era toda la historia. Así que practiqué la meditación porque creí que de esta manera averiguaría esta verdad última que yo estaba buscando, un concepto al que a menudo llamaba "iluminación espiritual".

La idea de la iluminación se convirtió en lo más importante para mí, desde muy joven, tanto es así que cada deseo que hice era sólo para saber esta verdad (excepto una vez cuando quise besar a la chica que me gustaba). Con el fin de avanzar hacia mi meta, después de la universidad, además de mis prácticas de meditación diarias, decidí reducir mis distracciones y pasar cuanto más tiempo en silencio posible. Dejé de ver la televisión y películas, dejé de escuchar música, mantuve mi apartamento sin internet, pasé la mayor parte de mi tiempo libre a solas por elección, y pasé tres meses en silencio en un retiro de meditación. Al parecer, como resultado de todo esto, mis prácticas de meditación diarias comenzaron a crear unas experiencias de felicidad tan intensas que con frecuencia me hacían llorar. Con el tiempo, empecé a tener también estas experiencias cada vez que me encontraba con vistas y sonidos bonitos.

Además de mi meta de la iluminación, también tenía muchos otros objetivos, que a menudo ocupaban una buena parte de mi tiempo, energía y esfuerzo. Yo quería el éxito, la riqueza, y un trabajo que me gustara; Yo quería ir a fiestas increíbles, salir con mujeres bellas, demostrar que era inteligente, y ver los lugares más bellos del mundo, y yo quería que la gente me quisiera. Eso era lo que quería en la vida, así que eso fue lo que perseguía. De alguna manera, a una edad relativamente joven, me las arreglé para conseguir todo lo que siempre quise. Yo tenía un trabajo prestigioso y bien remunerado que me encantaba como consultor de estrategias corporativas en Londres después de una temporada trabajando en el piso de operaciones de Goldman Sachs. Viajé por todo el mundo, vi más escenas increíbles de la naturaleza de lo que me podría haber imaginado, disfruté de fiestas en lugares exóticos (siempre sobrio), salí con mujeres bellas de toda Europa, más tarde fui aceptado en Mensa, y todo el mundo siempre parecía amarme. Todo esto me ha llevado a tener una opinión muy buena de mí mismo, y, sinceramente, creía que yo era el hombre más feliz del mundo.

Sin embargo, todavía no estaba contento. Tenía una necesidad sin fin de seguir mejorándome a mí mismo y mi situación. Constantemente tenía que mantenerme ocupado. Siempre estaba gastando mi tiempo, dinero y energía en busca de más momentos divertidos. Con frecuencia juzgaba a otros con el fin de mantener mi opinión respecto de mí mismo (como más inteligente, más divertido, más genial y más feliz que otros). Me obligué a jugar al fútbol e ir a discotecas (entre otras cosas), aún cuando no quería hacerlo, sólo para que yo pudiera seguir viéndome a mí mismo como un jugador de fútbol y como alguien que es divertido. A pesar de que ya creía que todo el mundo me amaba, todavía estaba preocupado por sus opiniones sobre mí, porque tenía que asegurarme de que mantenían o incluso mejoraban aún más sus opiniones sobre mí. A menudo no hacía o decía lo que quería hacer, porque estaba preocupado por lo que otros pensarían. *Todo esto me impedía sentirme relajado, libre, entero, cariñoso, alegre o tranquilo.*

Entonces, mientras estaba en un retiro de meditación en la India, de alguna manera sentí la sensación de que tenía que dejar la práctica de la meditación y probar algo nuevo con el fin de avanzar hacia el descubrimiento de la verdad que estaba buscando. Esto fue una gran sorpresa para mí, ya que había seguido el mismo camino durante toda mi vida y al parecer había logrado tanto, pero no tenía más remedio que escuchar. Así que me pasé unos cinco meses siguiendo mi intuición, pasando la mayor parte de mi tiempo libre a solas y en silencio, y con frecuencia viendo vídeos de diferentes maestros. Luego, en el verano de 2009, fui a parar a un retiro de meditación en silencio en el sur de Inglaterra, con uno de los profesores que había visto en los videos.

Pensé que quería la iluminación más que cualquier otra cosa. Pero de lo que me di cuenta durante este retiro fue que había un gran temor que me impedía alcanzarla. Yo había creado esta idea en mi mente de que si yo descubría la verdad sobre la vida, podría perder todo lo bueno que tenía, así como la posibilidad de conseguir cualquier otra cosa que yo quería. Como yo no estaba dispuesto a renunciar a todo lo que tenía y todavía quería, me decía a mí mismo: "Sólo tengo que ir a unos pocos países más, salir con unas cuantas chicas más, y ahorrar un poco más de dinero, y entonces estaré dispuesto a renunciar a todo".

Un día, durante este retiro, yo estaba caminando solo en un campo de trigo, cuando de repente me di cuenta de que había conseguido lo suficiente de lo que quería en la vida para saber verdaderamente que el conseguir más no iba a darme la felicidad que yo quería. Yo estaba harto de procrastinar. Entonces un pensamiento apareció en mi mente, y dijo: "Tal vez no haya otro momento para renunciar a todo". En este mismo momento, cuando realmente me di cuenta de que el conocimiento de la verdad era lo más importante para mí y que nada más importaba, todos mis pensamientos parecían desaparecer. Mi mente parecía completamente vacía.

Sin mis pensamientos, lo que quedaba era una sensación de paz increíble, libertad, relajación, y apertura. Parecía que estaba abriendo los ojos y veía el mundo por primera vez. Era como si hubiera pasado por la vida con gafas con lentes negras opacas con sólo un pequeño agujero minúsculo en el centro para ver a través- e incluso esa parte de la lente tenía un extraño tinte que alteró mi visión. Cuando perdí mis pensamientos, estas gafas se desprendieron y todo era vasto, expansivo, y espacioso. Además, era como si yo nunca había visto un árbol, el cielo, o una persona antes. Yo siempre había estado prestando atención a mis *pensamientos* acerca de un árbol o el cielo, tales como qué tipo de árbol era o cómo era el cielo comparado con otras ocasiones y si me gustaba o no, en lugar de realmente ser testigo del árbol o el propio cielo. Siempre estaba prestando atención a mis pensamientos acerca de si las personas eran inteligentes o estúpidas, atractivas o feas, buenas o malas-o a lo que quería de ellas y la forma en que me veían-en vez de simplemente verlas.

Ahora parecía que todos mis pensamientos se habían ido, y no los podía encontrar. Mi mente estaba abierta, libre y pacífica. Esto fue todo lo que siempre había querido.

Luego, unas horas más tarde, ocurrió algo extraño. De repente empecé a experimentar un intenso miedo nuevo que yo no iba a ser capaz de funcionar o hacer nada en absoluto ahora que no tenía pensamientos. Por suerte, yo estaba en un retiro donde tuve acceso a un maestro que ya estaba iluminado. En la próxima sesión de grupo, yo levanté la mano, y la profesora me pidió que subiera y me sentara con ella. Medio emocionado, y medio asustado, le dije, "¡He perdido todos mis pensamientos! ¡No me queda nada! ¡Yo no voy a ser capaz de hacer nada! ¡Va a ser divertido ir al trabajo el lunes! "Ella respondió, con mucha calma y compasivamente," No tienes nada a excepción de una pequeña historia que te estás contando a ti mismo - 'Vaya, esto es demasiado grande, tengo miedo.' ¿Quién sabe? Todos tus pensamientos pueden estar de vuelta el lunes". Tan pronto que ella me dijo esto, mi miedo desapareció al instante, y mi mente estaba de nuevo en silencio.

Esa noche, mientras estaba en mi cama, yo reflexionaba sobre lo que había sucedido. Me di cuenta de que mi miedo había sido creado por el pensamiento "yo no voy a ser capaz de hacer nada sin mis pensamientos". Yo había creído que este pensamiento era verdad, pero era evidente para mí que el pensamiento se basaba en realidad en dos grandes supuestos. La primera suposición fue, "Mi mente permanecerá en silencio en el futuro", mientras que la segunda hipótesis fue: "No voy a ser capaz de realizar tareas con una mente silenciosa". Sin embargo, realmente no tenía absolutamente ninguna idea de si cualquiera de estos dos supuestos eran ciertos. Así que realmente no tenía ni idea de si mis pensamientos eran ciertos.

Al final resultó que, esto no fue solo una experiencia pasajera. La gran mayoría de mis pensamientos psicológicos recurrentes desaparecieron en ese campo de trigo, y rara vez han tratado de regresar. Estos pensamientos psicológicos incluyen casi todos mis pensamientos acerca de mí mismo, mi situación, otros, y lo que los demás pensaban de mí, así como mis pensamientos sobre el pasado, el futuro, y lo que yo podría llegar a ser. Sin estos pensamientos, mi mente se quedó en su mayor parte en silencio, y yo me quedé en la paz que siempre había estado buscando. Ese momento en el campo de trigo marcó el final de mi búsqueda de la iluminación, y el final de mi búsqueda de la felicidad.

Puesto que la paz y la alegría eran ahora una experiencia normal, en cualquier momento en el que sentía un grado de descontento, yo sabía que algo estaba mal. Ahora sabía que una mente en silencio me daba paz, por lo que, naturalmente, el primer lugar al que debía mirar para encontrar la causa de mi emoción no deseada era en mi propia mente. Cada vez que miraba mi mente mientras experimentaba una emoción no deseada, podía ver que había estado pensando un pensamiento o diciéndome a mí mismo una historia que estaba creando mi emoción no deseada. Resultó que algunos viejos pensamientos psicológicos permanecieron después de la pérdida inicial de pensamientos, y nuevos pensamientos psicológicos aparecían a veces. Sin embargo, por lo general era fácil de identificar la idea que creaba mi emoción no deseada, porque mi mente estaba más bien vacía, y no había muchos pensamientos para elegir.

Una vez que encontraba el pensamiento que me instigaba, me preguntaba, "¿Se si este pensamiento es cierto?" Para mi sorpresa, cada vez que me hacía esta pregunta, reconocía inmediatamente que yo *no* sabía si la idea era cierta, o varias razones se presentarían para mostrarme que yo no podía saber a ciencia cierta que lo era. Parecía que este reconocimiento se produciría sobre todo porque no tenía pensamientos acerca de mi pensamiento. Dado que ya no tenía pensamientos acerca de mí mismo, yo era capaz de mirar a mis pensamientos de manera objetiva, sin incentivos ocultos (por ejemplo, querer tener "razón"). Tan pronto como me di cuenta de que yo no sabía a ciencia cierta si mi pensamiento era cierto, mi emoción no deseada instantáneamente se disolvía y volvía a mi estado natural de alegría. Además de eso, cada vez que dejaba de creer que uno de mis pensamientos era verdad, ese pensamiento casi nunca volvía. Esto ha resultado en paz y felicidad casi ininterrumpida.

Yo no era incapaz de funcionar, como había temido brevemente; mi mente realmente funcionaba mejor que nunca. Sin mis pensamientos psicológicos, cuando la situación lo requería, era capaz de prestar completa atención a los pensamientos funcionales que me ayudaron a resolver cuestiones prácticas como "¿Cómo construyo esta silla?" O "¿Cuál es la forma más rápida de llegar al restaurante?" Debido a esto, continué desempeñando bien mi trabajo, con mi mente como una herramienta para analizar los números, durante un año más antes de dimitir. Además, yo no tenía que renunciar a nada de lo que pensaba que podría haber tenido que renunciar. Aún viajaba, salía con mujeres, practicaba deportes, e iba a discotecas cuando quería. Antes pensaba que mi impulso constante para mejorarme a mí mismo, mi situación, y la gente a mí alrededor era porque nada era lo suficientemente bueno como era. Pero de lo que me di cuenta fue que yo no tenía nada malo, ni mi situación, ni otros tampoco. *Eran sólo mis pensamientos acerca de todo, los que hacían que las cosas parecieran insuficientes, por lo que me hacían sentir descontento e incompleto.* Yo sólo estaba tratando de mejorar todo lo posible para hacerme feliz. Así, una vez que estaba feliz, ya no tenía esta interminable necesidad de mejorar todo lo relacionado con mi vida. Finalmente me pude relajar.

Puesto que los pensamientos que normalmente creaban sufrimiento y descontento no surgían en mi mente o bien no los creía cuando se presentaban, toda mi atención se mantuvo en el momento presente. En el trabajo, nunca había experimentado el estrés o la presión, incluso cuando estaba detrás de un proyecto que tenía un plazo estricto. Cuando mi intuición me dijo que ya era hora de dejar mi trabajo, no tuve miedo, a pesar de no saber lo que iba a hacer a continuación. Cuando me fui de Londres, no sentí tristeza, a pesar de que yo estaba dejando a todos mis amigos atrás. Después de una cirugía en la rodilla, no pude estar de pie o caminar durante un año sin sentir dolor, sin embargo, aún así no sentía ninguna autocompasión o frustración al respecto. Cuando esperé con mi padre en la sala de emergencias para sus resonancias magnéticas y tomografías computarizadas de su cerebro, no sentí ninguna preocupación por lo que podría sucederle. Y cuando me dio la sensación de que tenía que escribir un libro, no tenía ninguna duda sobre mí mismo, a pesar de que nunca me había gustado escribir y había sido mi peor materia en la escuela.

Después de perder la mayor parte de mis pensamientos, me he quedado con el reconocimiento de que no sé si los pensamientos que surgen en mi mente son verdaderos. Lo que queda cuando no tenemos, o no creemos, nuestros pensamientos es, sencillamente, el momento presente, sin nada añadido. Porque yo estoy presente, sin importar cuales son mis circunstancias, me quedo en paz.

Guiándole hacia el momento presente

Durante el primer año que viví así, hablé acerca de mi experiencia sólo con unas pocas personas. Pero con el tiempo, mis amigos comenzaron a abrirse a mí acerca de su sufrimiento y descontento de manera espontánea. Ellos me contaban sobre su ansiedad, preocupaciones, resentimiento, tristeza y culpabilidad, sobre la forma en que no se sentían lo suficientemente buenos o completos, y sobre la forma en que con frecuencia se juzgaban a ellos mismos y a otros.

Cada vez que alguien me contaba sobre una emoción que no quería tener, yo era capaz de ayudarle a identificar el pensamiento que estaba creando su emoción y ofrecerles preguntas para ayudarlos a desafiar su pensamiento. Efectivamente, casi siempre descubrieron que en realidad no sabían si su pensamiento era cierto. Cada vez que no creían su pensamiento, su emoción no deseada se disolvía inmediatamente, trayendo de vuelta la paz del momento presente.

Mis amigos se sorprendieron al ver que podían pasar del sufrimiento a la felicidad en un instante, simplemente por dejar de creer el pensamiento que estaba creando su sufrimiento en ese momento. Mis amigos contaron esto a sus amigos, permitiéndome ir a través de este proceso con más y más gente, y así me di cuenta de que cualquiera podía dejar de creer los pensamientos que creaban su sufrimiento, y vivir en el presente. No importaba si la persona tenía un trasfondo espiritual o era un ateo, si tuvieron una vida fácil o una infancia aparentemente horrible, si habían hecho daño en el pasado o habían vivido como un "ciudadano modelo", o si consideraban que eran felices o deprimidos. No importaba cuáles eran sus circunstancias, no importa la emoción que estaban viviendo, y no importaba lo intensa que era, su emoción se disolvía tan pronto como dejaban de creer en el pensamiento que la creó.

Pensé que la gente sería capaz de dejar de creer en sus pensamientos por sí mismos, pero todo el mundo parecía tener dificultades para encontrar los pensamientos que estaban creando sus emociones, y no podían descubrir por qué sus pensamientos podrían no ser verdad sin que yo les mostrara las diferentes razones. Así que creé un proceso de 5 pasos que la gente pudiera utilizar por su cuenta para dejar de creer los pensamientos que les impedían vivir en paz y actuar con amor. Este libro fue escrito para compartir ese proceso con ustedes.

Estos 5 pasos, y todas las preguntas dentro de cada paso, le ayudarán a disfrutar de la paz y la felicidad del momento presente en *cualquier* momento y le harán más feliz en más y más situaciones a lo largo de su vida diaria.

Los 5 Pasos para El Momento Presente son:
1) Escoger una emoción no deseada
2) Identificar los pensamientos detrás de su emoción no deseada
3) Reconocer que su emoción ha sido creada por sus pensamientos y no por sus circunstancias
4) Descubrir que usted no sabe si su pensamiento es cierto
5) Cuestionar la validez de cualquier razón para seguir sufriendo (si procede)

Así que ¿cómo sería experimentar el momento presente? ¿Puede recordar la felicidad que sintió en el momento en que usted alcanzó un objetivo importante? Este puede ser el momento en que alguien le propuso matrimonio, el momento en que dio a luz a un niño sano, el momento en el que consiguió el trabajo o la promoción que quería, o el momento en que se enteró de que había pasado un examen importante. Antes de ese momento, es posible que haya tenido quejas de que la vida no era lo suficientemente buena como era, que podía parecer como si algo le faltaba a su vida, o es posible que tuviera mucha ansiedad acerca de si alcanzaba o no su meta. Pero en el momento en el que alcanzó su objetivo, todos estos pensamientos se fueron. No hubo quejas sobre la forma de la vida y no se preocupaba por lo que podría pasar. Cuando tuvo lo que quería, experimentó una breve ausencia de pensamientos, y eso es lo que le hace sentir feliz. En ese momento de paz maravillosa, alegría o felicidad, experimenta el momento presente.

Este libro le llevará a través de los 5 pasos para el momento presente, dándole instrucciones claras sobre qué hacer en cada paso del camino con el fin de experimentar directamente el momento presente, mientras que está leyendo el libro, así como en cualquier momento en el futuro. Pero antes de profundizar en los 5 Pasos, los tres primeros capítulos le ayudarán a entender cómo nuestros pensamientos crean nuestras emociones, lo que significa experimentar el momento presente, y por qué la búsqueda tradicional de la felicidad no es suficiente para darnos la felicidad que queremos.

Todo en este libro está destinado a ser directamente descubierto y experimentado. Por esta razón, la mayoría de las secciones contienen una serie de preguntas rápidas o un ejercicio. Por ejemplo, hay de cinco a nueve preguntas para ayudarle a identificar los pensamientos detrás de cada una de sus emociones, cinco preguntas para ayudarle a reconocer que su emoción fue en realidad creada por sus pensamientos, y 34 preguntas que le ayudarán a descubrir directamente si su pensamiento es verdad. Si bien muchas de las preguntas pueden ser contestadas mentalmente, puede que le resulte útil coger un cuaderno que va a utilizar para anotar ideas y respuestas a las preguntas durante la lectura.

El contenido de este libro no es una teoría, no es filosofía, y no está destinado a ser creído. Por lo tanto, este libro no está pensado para ser leído en la misma forma que otros tipos de libros. Si leemos este libro, comparando el contenido con lo que pensamos que ya sabemos, o tratando de ver si pensamos que el contenido es lógico y tiene sentido en teoría, entonces es poco probable que vayamos a obtener mucho valor de este libro, incluso si estamos de acuerdo con todo lo que leemos.

Todo el contenido de este libro se ha *descubierto directamente* a través de ver y hacer frente a los pensamientos en mi propia mente, y ha sido confirmado como relevante y aplicable a otros a través de mi experiencia personal en el trabajo con un sinnúmero de estudiantes. Con el fin de obtener el máximo valor de este libro, es importante implicarse en todas las preguntas y ejercicios, y probar todo en contra de su propia experiencia, constantemente preguntando, "¿Corresponde esto con mi propia experiencia en la vida?", o "¿Qué rol puede jugar este concepto en mi vida?" esto le permitirá experimentar directamente la verdad de lo que está escrito, le ayudará a ver los pensamientos y emociones de las que puede no haber sido consciente, permitirá nuevas perspectivas, le guiará de vuelta al momento presente, y en última instancia, le ayudará a vivir una vida más plena.

Este libro no tiene la intención de proporcionar una estrategia que pueda hacerle feliz un día una vez que lo ha practicado durante años, dominado, y sacrificándose por esto. Este no es un proceso que requiere que usted confíe en él, teniendo fe en que es muy probable que coseche las recompensas eventualmente. No se trata de deshacerse de todas sus emociones, o llegar a algún momento futuro cuando usted pierde todos los pensamientos que crean el sufrimiento en un momento, todo de una sola vez.

Este libro trata sobre dejar de creer en un pensamiento que está causando que sufra en *estos momentos*, liberándole así para disfrutar de la alegría del momento presente *ahora mismo*, y permite que se sienta feliz en cualquier situación en la que el pensamiento de lo contrario habría creado sufrimiento.

Capítulo Uno

Cómo Nuestros Pensamientos Crean Nuestras Emociones

Todos queremos ser felices. Pero para tener éxito en nuestra búsqueda de la felicidad, primero tenemos que identificar y comprender la causa de nuestra infelicidad. La mayoría de nosotros hemos pasado por la vida creyendo que las circunstancias y los acontecimientos en nuestras vidas son la causa de nuestra tristeza, ira, ansiedad y sensación de incompletitud. Esto es lo que nos enseñaron. Esta es la forma en que vemos a nuestra familia y amigos perseguir la felicidad, y así es como los personajes de las películas parecen perseguir la felicidad. Por lo tanto, naturalmente, tratamos de cambiar nuestras circunstancias con el fin de encontrar la felicidad.

Prácticamente todo en nuestra vida tiende a reafirmar la creencia de que las circunstancias son la causa de nuestra felicidad y sufrimiento. Para la mayoría de nosotros, esta creencia es tan fuerte y generalizada que vamos a través de gran parte de nuestras vidas sin siquiera cuestionarla. Pero con el tiempo, algunos de nosotros llegamos a un punto en que nos damos cuenta de que la forma en que hemos estado persiguiendo la felicidad no está funcionando o simplemente no es suficiente.

La razón por la que no nos sentimos libres, completos, y felices no es porque no somos lo suficientemente buenos, no es porque nos falta algo, y no es porque no hemos logrado las circunstancias perfectas. Es simplemente porque hemos estado persiguiendo la felicidad en el lugar equivocado. Nuestra búsqueda de la felicidad no se ha ocupado de la verdadera causa de nuestra infelicidad.

Si se permite leer este libro con verdadera franqueza y honestidad, puede descubrir que no son las circunstancias de su vida las que crean todas sus emociones no deseadas- en realidad son sus pensamientos acerca de sus circunstancias los que le hacen sufrir y le impiden sentirse libre, entero, y feliz.

Cómo crean los pensamientos nuestras emociones

Cuando somos niños pequeños, la mayoría de nosotros somos felices la mayor parte del tiempo. Como adultos, la mayoría de nosotros no lo somos. Entonces, ¿qué nos ha pasado? ¿Por qué ya no somos contentos? En pocas palabras, hemos aprendido muchos conceptos sobre lo que es "perfecto". Nuestro concepto de "perfecto" también puede ser considerado como nuestras ideas de la forma "correcta", la forma en que pensamos que las cosas "deberían ser", y lo que creemos que es "mejor", "bueno", "guay" o "apropiado". Nuestros padres, profesores, y amigos nos enseñaron estos conceptos tanto formal como informalmente; los absorbimos de la televisión, las películas, y los puntos de vista colectivos sociales; son moldeados por nuestros recuerdos de placer, la genética, y todas nuestras experiencias en la vida.

Cuando éramos niños pequeños (menores de seis años), antes de que aprendiéramos la mayoría de nuestros conceptos sobre lo que es "perfecto", no teníamos nada con lo que comparar nuestra vida. Sin un concepto de "perfecto" para comparar las cosas, rara vez decidimos que cualquier aspecto de nosotros mismos, los demás, o nuestra situación era "malo" o "no lo suficientemente bueno". Todo era simplemente lo que era. Sin estos pensamientos acerca de lo que no es "lo suficientemente bueno" en nuestra vida, nos sentíamos libres, enteros, y felices.

A medida que desarrollamos más y más nuestros conceptos de lo que es "perfecto" a lo largo de los años, empezamos a comparar cada vez más todo en nuestra vida con estos conceptos. Naturalmente, la vida se ha quedado un poco corta, y con frecuencia etiquetamos las cosas en nuestras vidas, acciones, palabras, acontecimientos, situaciones, sentimientos, rasgos de la personalidad, las apariencias físicas-como "malos" o "no lo suficientemente buenos".

Tan pronto como surge un pensamiento y nuestra mente decide que "algo no es lo suficientemente bueno", comenzamos a experimentar un sutil sentido de la tristeza o de falta, como si algo faltara en nuestras vidas. Si queremos culpar a alguien por algún aspecto "malo" de nuestra vida, entonces experimentamos ira hacia el que creemos que es culpable.

Imagínese que usted es feliz con su relación actual. Entonces, cuando usted está fuera con unos amigos, descubre que todos tienen el doble de citas con sus parejas que usted con la suya. Si a continuación, compara su relación con las relaciones de sus amigos, puede que inconscientemente decida que su relación no es "lo suficientemente buena" de la manera que es. El pensamiento "mi relación no es lo suficientemente buena tal y como es" crearía entonces una sensación de tristeza y una sensación de que le falta algo en su relación. Si entonces decide que su pareja es la culpable de las aparentes insuficiencias de su relación, este pensamiento crearía un sentimiento de resentimiento hacia él o ella. Todo lo que se necesitaría para pasar de ser feliz a infeliz en su relación es creer un pensamiento acerca de cómo algo no es "lo suficientemente bueno" de la manera en la que es.

En lugar de darnos cuenta de que nuestros sentimientos de decepción, deficiencia y la ira son creados por nuestros pensamientos, creemos que estas emociones son creadas directamente por nuestras circunstancias (por ejemplo, nuestra relación) es de hecho "mala" o "no es suficiente". Este malentendido nos lleva a tratar de cambiar nuestras circunstancias de "no lo suficientemente buenas" a ser "perfectas" para llegar a ser felices. Así es como se inicia nuestra búsqueda de la felicidad. No reconocemos que este es en realidad un intento de cambiar nuestros pensamientos acerca de nuestras circunstancias de "esto no es lo suficientemente bueno" a "esto es perfecto".

Una vez que creemos que las circunstancias "perfectas" nos harían los más felices, inconscientemente llegamos a la conclusión de que si no logramos las circunstancias "perfectas" esto se traduciría en sufrimiento, o al menos, en menos felicidad. Este posible resultado es etiquetado entonces como uno "malo" o "peor". Tan pronto como nos hemos formado la idea de un resultado "malo" o resultado "peor", comenzamos a temer ese resultado.

Por ejemplo, si pensamos que la relación "perfecta" nos haría felices, entonces inherentemente decidimos que "sería malo si no consigo nunca tener la relación perfecta". Este pensamiento entonces crearía nuestra ansiedad y el estrés. Esto también puede causar que empecemos a proyectar imágenes mentales en nuestra mente (preocupándonos) sobre cómo de "mala" sería la vida si nunca conseguiríamos esta relación "perfecta". Podemos preguntarnos una y otra vez, "¿Qué pasará si este mal resultado termina pasando?" O "¿Y si esto no funciona?"

La intensidad de nuestras emociones está determinada por varios factores. Más aún, cuanto "peor" consideremos que es una circunstancia en nuestra vida, y cuanto más importante pensemos que la circunstancia es para nuestra felicidad, más fuerte será nuestro sufrimiento. Por ejemplo, probablemente nos enfadaremos más si a nuestro amigo le roban que si le insultan porque somos propensos a pensar que los robos son "peores" que los insultos. Del mismo modo, nos enfadaríamos más si nos robaran a nosotros que si le robaran a nuestro amigo porque probablemente pensamos que nuestro robo es más importante para nuestra felicidad que el robo de nuestro amigo.

Además, nuestras emociones a menudo se intensifican por pensar en los momentos "malos" del pasado e imaginar momentos "malos" que suceden en el futuro. Por ejemplo, si nuestra pareja deja sus platos en la mesa, podríamos no sólo pensar: "Que perezoso es", podríamos pensar en todas las veces anteriores que nuestro cónyuge dejó los platos en la mesa o todas las otras cosas perezosas, que creemos que nuestro cónyuge ha hecho últimamente. Si nuestro niño recibe una "mala" nota, no sólo podríamos pensar: "Esa nota fue mala", podríamos imaginar un futuro en el que nuestro hijo sigue sacando "malas" notas y se convierte en un fracaso. En ambas situaciones, en lugar de sentir un poco de enojo o decepción de pensar: "Que perezoso es" o "Esa nota fue mala", nuestra reacción emocional se intensificaría pensando en momentos "malos" del pasado y posibles "malos" momentos del futuro. Cada momento "malo" adicional en el que pensamos multiplica la intensidad de nuestras emociones. De esta forma, a menudo reaccionamos a nuestros pensamientos sobre el pasado y el futuro, y no sólo a nuestros pensamientos sobre el evento real que acaba de suceder.

A lo largo de nuestra vida desarrollamos muchos conceptos sobre lo que es "perfecto" o "ideal", y, por lo tanto, muchas creencias sobre lo que es "malo" o "no lo suficientemente bueno". Cada vez que tomamos una decisión acerca de si algo es "malo" o "bueno", este pensamiento puede ser llamado un "juicio". Independientemente del tema de nuestros juicios, o las palabras que usamos, creer que "algo es malo" creará una de nuestras emociones no deseadas. Ahora echemos un vistazo a algunos ejemplos de lo que juzgamos ser "malo" en la vida, y cómo estos juicios crean nuestro sufrimiento y nos llevan a nuestra incesante búsqueda de la felicidad.

“Lo esencial para la felicidad”

Cuando somos niños, somos felices y contentos estando solteros. En algún momento de nuestras vidas luego aprendemos que el matrimonio es esencial para ser feliz. No importa cuál sea el origen de este concepto -nuestros padres, maestros, las películas-una vez que creemos que "se necesita el matrimonio para la felicidad", creemos que de forma automática, "Yo no tengo algo que necesito para ser feliz". Esto nos hace creer que "mi vida no es lo suficientemente buena tal y como es". Este pensamiento crea un sutil sentido de tristeza o la sensación de estar incompleto.

Sin saberlo, entonces culpamos estos sentimientos al hecho de no tener un cónyuge, en lugar de darnos cuenta de que estos sentimientos son realmente causados por creer el *pensamiento*, "el matrimonio es necesario para la felicidad". Así que, naturalmente, esta creencia nos hace comenzar nuestra larga búsqueda de un cónyuge para que podamos ser felices. Pero ya que creemos que el matrimonio nos hará felices, creemos inevitable que el hecho de no encontrar un cónyuge nos dejará infelices (un "mal" resultado). Esto hace que experimentemos el temor de que nunca vamos a encontrar un cónyuge. Y si no encontramos un cónyuge en el momento en que pensamos que deberíamos, entonces podríamos pensar, "yo no debería seguir estando soltero", lo que causaría que nos sintamos tristes o avergonzados.

Dependiendo de dónde y cómo crecemos, aprendemos diferentes ideas acerca de lo que necesitamos para ser felices. Estas ideas se presentan a menudo ya sea como nuestras fantasías o nuestras creencias acerca de lo que debemos hacer con nuestra vida. Las creencias más comunes son que el matrimonio, el amor, tener hijos, el éxito, la riqueza, los principales logros, el potencial de cumplimiento, hacer historia, la fama, el poder, el respeto, o viajar por el mundo nos hará felices. Tan pronto como creemos que algo es la clave de nuestra felicidad, y no lo tenemos, no tenemos más remedio que pensar, "Mis circunstancias no son lo suficientemente buenas en este momento para ser feliz", o "necesito que mis circunstancias cambien para ser feliz". Estos pensamientos nos hacen sentir como si algo faltara en nuestras vidas, y como si de alguna manera nos falta algo o somos incompletos.

Entonces culpamos inocentemente nuestra infelicidad a nuestras circunstancias, aparentemente insuficientes en vez de reconocer que son sólo nuestros pensamientos acerca de nuestras circunstancias los que han creado estos sentimientos. Una vez que esto sucede, comenzamos a perseguir las circunstancias que creemos que necesitamos para ser felices. Si creemos que ciertas circunstancias son la clave de la felicidad, entonces nosotros también debemos creer, "Si no lo logro estas circunstancias, nunca voy a ser feliz". Dado que este resultado es visto claramente como "malo", empezamos a sentirnos ansiosos y preocupados de que nunca podremos conseguir lo que creemos que necesitamos para ser felices.

Preguntas: *¿Qué creo que se necesita para ser feliz? ¿Cuál debería ser mi vida? ¿Qué clave para la felicidad creo que le falta a mi vida?*

Apariencia física

Cuando somos bebés y niños pequeños, estamos completamente contentos con nuestro cuerpo como es, independientemente de lo mucho que pesamos. Luego, a medida que envejecemos, nos enteramos de que delgado es "bueno" o "perfecto" y gordo es "malo". Esto lo aprendemos de la televisión, revistas, padres o amigos. Una vez que aprendemos esto, empezamos a creer: "Yo no soy lo suficientemente bueno como soy", "Yo soy demasiado gordo", o "Yo no soy lo suficientemente delgado". Estos pensamientos a continuación, crean la sensación de tristeza. Pero ya que atribuimos nuestra tristeza a nuestro peso en lugar de a nuestros pensamientos sobre nuestro peso, lógicamente, establecemos una meta para ser más delgados ("perfectos") para que podamos volver a ser felices.

Para cada parte de nuestro cuerpo, tendemos a tener una idea de lo que es "bonito" ("perfecto") y lo que es "feo" ("malo"). Comparamos cada parte de nuestros cuerpos a nuestras ideas de "bonito" y luego con frecuencia decidimos que es "feo" o "no lo suficientemente bueno" de alguna manera. Estos pensamientos son entonces los que crean nuestra experiencia emocional. Si pensamos que nuestros tobillos son demasiado grandes, es posible que nos sintamos avergonzados cuando tenemos que usar una falda. Si pensamos que nuestra nariz es "fea", es posible que con frecuencia nos preocupemos sobre si otros la están mirando cuando tenemos conversaciones.

No sólo juzgamos nuestras partes del cuerpo, pero también juzgamos nuestra ropa, postura, estilo de caminar, y cualquier otra cosa que vemos. Nuestros juicios sobre nuestra apariencia física crean tristeza, vergüenza, preocupaciones, y a menudo incluso la ira. Pero ya que creemos que nuestras emociones son creadas por los hechos y no por nuestros pensamientos acerca de los hechos, a menudo tratamos de cambiar nuestra apariencia física (u ocultarla) en un intento de hacernos felices.

Del mismo modo que comparamos nuestra propia apariencia física a nuestras ideas de "perfecto", también tendemos a comparar todos los aspectos de la apariencia física de los demás a estas ideas. Estas comparaciones crean nuestros juicios, y muchas veces pueden hacer que tratemos a los demás sin amor.

Preguntas: *¿Qué atributos físicos de mí mismo juzgo como "malos"? ¿Los rasgos físicos de quién juzgo con más frecuencia y cuáles son estos?*

Acciones

Cuando somos niños, no nos importa si las personas mantienen las puertas abiertas para nosotros, eructan, mastican con la boca abierta, agarran los tenedores en sus palmas, o hablan por el móvil en los restaurantes. Pero con el tiempo aprendimos que estas acciones eran "malas", "incorrectas", "inadecuadas" o "no se deben hacer". Una vez que creemos que alguien ha hecho algo "inapropiado", empezamos a sentirnos decepcionados o enojados con esa persona. Dado que pensamos que nuestro enfado es creado por las acciones de otros, llegamos a la conclusión: "Necesito que esa persona cambie sus acciones para que yo sea feliz". Además de eso, cuando la gente no cambia sus acciones después de llegar a la conclusión de que necesitan hacerlo, podemos experimentar ira adicional hacia ellos porque creemos que impiden nuestra felicidad. No nos damos cuenta de que son sólo nuestros *pensamientos* acerca de que sus acciones son "inapropiadas" los que crean nuestras emociones, no sus acciones en sí.

En casi todas las situaciones, tendemos a tener una idea de lo que la gente "debe" hacer y decir y cómo deberían hacerlo y decirlo. Esto incluye todos nuestros conceptos de "buenos modales", acciones "respetuosas" o "apropiadas", así como muchas de nuestras propias reglas que hemos creado acerca de la vida (por ejemplo, "no besarse en público"). También están las creencias ampliamente aceptadas de que es "malo" o "mal intencionado" gritar, golpear, abusar verbalmente, robar, engañar, o ignorar a la gente. También están las creencias de que nos estamos tratando a nosotros mismos "mal" si bebemos alcohol, fumamos cigarrillos, somos perezosos, comemos en exceso, comemos alimentos poco saludables, o no hacemos ejercicio.

Ya que tenemos tantas ideas de la manera "correcta" de actuar, y comparamos habitualmente las acciones con estas ideas, a menudo acabamos juzgando nuestras acciones y las de los demás como "malas" de alguna manera. Nuestros juicios sobre los demás tienden a crear la ira, mientras que nuestros juicios acerca de nosotros mismos por lo general despiertan decepción, vergüenza, culpa, o incluso la ira. Siempre que creemos que somos la víctima de cualquier acción "mala", nos ponemos tristes, y luego a menudo enojados con quien tiene aparentemente la culpa. Estas reacciones emocionales parecen apropiadas, instantáneas y naturales, pero si miramos cualquier situación con honestidad-incluso si tenemos dudas o nos ponemos a la defensiva al principio-, entonces es posible ver que nuestras reacciones emocionales son creadas por nuestros pensamientos acerca de ciertas acciones y no directamente por las propias acciones.

Las personas cuyas acciones más juzgamos son por lo general las personas más cercanas a nosotros. Estas incluyen nuestras parejas, hijos, padres, amigos, compañeros de trabajo y jefes. Con nuestras parejas, solemos tener creencias sobre lo que es "perfecto" para cada aspecto de su comportamiento - ¿cuál es la forma "ideal" o "correcta" de hablar, actuar, caminar, vestirse, comer, cocinar, limpiar, sentarse, ver la televisión, conducir, acariciar, abrazar, hacer el amor, ser padres de nuestros hijos, y todo lo demás. Comparamos continuamente las acciones de nuestras parejas a nuestras ideas de "la forma correcta de actuar", como si estas ideas fueran verdaderas, y luego con frecuencia consideramos a nuestras parejas como "insuficientes" de alguna manera cuando él o ella hace algo que "no debería haber hecho ", o que no coincide con nuestra idea de" perfecto". Aun cuando nuestra pareja no tiene ni idea de cuál es nuestra idea de "perfecto". Nos sentimos decepcionados y tristes porque nuestras parejas no son "lo suficientemente buenas", y luego además muchas veces nos enojamos con ellos porque creemos que son los culpables de nuestra infelicidad en la relación. Ya que no nos damos cuenta de que nuestras emociones son el resultado de nuestros propios pensamientos, y no de las acciones de nuestras parejas, estamos casi constantemente tratando de "mejorar" a nuestras parejas porque pensamos que las "mejoras" nos harían felices de nuevo (o fantaseamos sobre alguien que es "perfecto").

Preguntas: *¿Las acciones de quién pienso más comúnmente que no son "lo suficientemente buenas" o "deben ser diferentes"? ¿Qué acciones considero más frecuentemente como "inapropiadas", "faltadas de respeto", "malas", o "mal intencionadas"?*

Situaciones

Cuando somos niños pequeños, en general estamos contentos con el tamaño de nuestra casa y el tipo de coche en el que montamos. Sin embargo, una vez que somos adultos, muchos de nosotros tendemos a creer que nuestra casa o el coche no son "lo suficientemente buenos", con lo que nos sentimos tristes o avergonzados por la casa en que vivimos o el coche que conducimos. Porque creemos que nuestra tristeza o vergüenza se crea directamente por nuestra situación, no por nuestros pensamientos, a menudo gastamos una gran cantidad de tiempo y dinero tratando de conseguir la casa o el coche "perfecto" con el fin de hacernos felices. Si pensamos en la casa o el coche "perfecto" que nos hará felices, entonces tendemos a pensar que sería "malo" si no lo conseguimos. Este concepto crea el miedo y la ansiedad de que nunca tendremos la casa "perfecta" o un coche en el futuro.

Cuando somos adultos, tenemos una increíble serie de ideas acerca de cómo "deben ser" nuestras vidas o lo que sería la situación "ideal". Tenemos la tendencia de comparar nuestra situación con frecuencia (y la de otros) a nuestras ideas de lo que son el trabajo, el salario, el estado civil y la situación de vida "perfecta". Inevitablemente, estas comparaciones nos hacen juzgar nuestras situaciones con frecuencia como no "lo suficientemente buenas". Por ejemplo, podríamos pensar que es "malo" trabajar tanto como lo hacemos, para la cantidad de dinero que ganamos, estar todavía soltero, no tener todavía hijos, o que aún estemos viviendo en un apartamento "pequeño" a nuestra edad. Estas situaciones mismas no tienen la capacidad de crear nuestra tristeza, ira o vergüenza. Son sólo nuestros pensamientos sobre nuestras situaciones los que crean estas emociones. Pero cuando atribuimos nuestra infelicidad a nuestras situaciones, comenzamos a perseguir la situación "perfecta", y luego empezamos a temer el no alcanzarla. Muchos de nosotros, entonces pasamos mucho tiempo preocupándonos acerca de si alguna vez vamos a lograr nuestra idea de la situación "perfecta".

Preguntas: *¿Qué situaciones en mi vida pienso que no son "lo suficientemente buenas" o "no deberían ser de la forma que son"?*

Pensamientos

No sólo tenemos pensamientos de que ciertas circunstancias externas de nuestras vidas están "mal", incluso tenemos pensamientos que deciden que otros pensamientos son "malos". A lo largo de nuestra infancia, no importa los pensamientos que tuvimos acerca de alguien, no teníamos pensamientos además de estos que decían que "el pensamiento que acabamos de tener era malo" o "eres malo porque acabas de tener ese pensamiento".

Ahora, cuando somos adultos, la mayoría de nosotros tenemos muchos conceptos acerca de lo que son "buenos" pensamientos y "malos" pensamientos. Por ejemplo, podemos pensar que es "malo" pensar negativamente acerca de los demás, o podemos considerar como "malo" pensar en el pasado o el futuro. Así que en lugar de sólo tener estos pensamientos, añadimos una capa de nuevos pensamientos en la parte superior de ellos, diciéndonos a nosotros mismos: "Es terrible que yo siempre estoy juzgando a la gente", "No valgo nada por ser tan pesimista sobre mi relación", o "Yo soy estúpido por pensar siempre en el futuro". Esta nueva capa de pensamientos puede hacer que nos sintamos decepcionados, avergonzados o disgustados con nosotros mismos sólo por prestar atención a los pensamientos que han entrado en nuestras mentes.

No es como si nuestros pensamientos sobre los demás o el pasado y el futuro crean nuestra vergüenza y la ira hacia nosotros mismos-

son sólo nuestros pensamientos negativos *acerca de* nuestros pensamientos los que crean esta capa extra de sufrimiento para nosotros.

Preguntas: *¿Qué pensamientos de mi mente considero a menudo como "malos"?*

Emociones

Cuando un niño está triste, ciertamente no tiene pensamientos acerca de que su emoción es "mala", y ella no va a pensar que ella es de alguna manera "peor" que otras porque ella tiene esa emoción. Como adultos, después de que nuestros pensamientos crean emociones, nosotros a menudo juzgamos nuestras emociones como "malas". La mayoría de nosotros tendemos a pensar que es "malo" sentirse enojado, triste, deprimido, desesperado, frustrado, estresado, confundido, celoso, culpable, asustado o herido. También podemos pensar que es "malo" o "inadecuado" ser feliz en ciertos tipos de situaciones, como cuando un ser querido está enfermo. Cuando consideramos nuestras emociones como "malas", nos sentimos tristes, avergonzados o disgustados con nosotros mismos por encima de cualquier emoción que ya estamos experimentando.

Si otras personas están experimentando cualquiera de estas emociones "malas", a menudo nos sentimos tristes por ellos, porque creemos que es "malo" que tengan que experimentarlas. Pero, esto no se detiene allí. También a menudo juzgamos a otros por sus emociones porque pensamos que estas emociones significan algo acerca de las personas que las están experimentando. Por lo general, pensamos que las personas que sufren "demasiado" de estas emociones "malas" son estúpidas, débiles, emocionales, frágiles, inmaduras, irresponsables, o "malas" de alguna otra manera. Si no creyéramos el concepto de que algunas emociones son "malas", entonces no nos enfadaríamos con nosotros mismos ni nos sentiríamos tristes por las emociones que tenemos. Podríamos simplemente experimentarlas como una sensación pasajera en nuestro cuerpo, al igual que el dolor físico.

Preguntas: *¿Qué emociones no creo que son "malas" o "negativas"? ¿Qué pienso que significan estas emociones en cuanto a las personas que las tienen?*

Identidad

Cuando éramos niños pequeños, antes de que aprendiéramos nuestras ideas de "perfecto", no pensábamos, "Yo no soy lo suficientemente bueno", sin importar cuales eran nuestros rasgos. No nos sentíamos incompletos o sin poder ser amados. Asimismo, no nos preocupábamos acerca de las opiniones de los demás sobre nosotros. Una vez que nos convertimos en adultos, esto cambia con claridad.

Para entender lo que ha cambiado, primero tenemos que entender cuál es nuestra identidad. Nuestra identidad o imagen de sí mismo, es nuestra respuesta a las preguntas: "¿Quién soy yo?", o "¿Cómo me describiría a mí mismo?" Parte de nuestras respuestas a estas preguntas incluye nuestra edad, el género, las medidas físicas, título del trabajo, la educación, la situación de vivienda, estado civil, y así sucesivamente. Sin embargo, estos hechos mismos no son los que crean nuestra identidad, emociones, o confianza en uno mismo. La base de nuestra propia imagen, y nuestra felicidad o infelicidad, es nuestra opinión sobre nosotros mismos (nuestros pensamientos sobre nosotros mismos). Por ejemplo, incluso si dos personas tienen la misma edad y tienen el mismo peso, educación y empleo, una persona podría estar orgullosa de sí misma, mientras que la otra persona podría estar avergonzada de tener estas mismas características. Básicamente, nuestra auto-imagen está compuesta principalmente por nuestras opiniones de todos los hechos, así como nuestras opiniones de temas completamente subjetivos, como nuestra personalidad y si somos atractivos. En pocas palabras, nuestra identidad se compone de pensamientos (opiniones).

Cuando comparamos cualquier aspecto de nuestra propia imagen a nuestra idea de "perfecto" y decidimos que es "mala" o "no es ideal", nos sentiremos tristes, careciendo, avergonzados, incompletos, o incluso deprimidos. Naturalmente, todos tendemos a tener muchos atributos que consideramos como "imperfectos". Por ejemplo, podemos pensar, "yo debería ser más exitosa", "Yo no soy lo suficientemente inteligente", "Soy demasiado aburrido", o "Mi cuerpo no es atractivo". Tan pronto como pensamos alguno de estos pensamientos o hacemos cualquier otro juicio sobre nosotros mismos, experimentamos sentimientos no deseados de tristeza y la falta. *Decimos que la culpa de estos sentimientos no deseados son nuestras insuficiencias percibidas en lugar de reconocer que estas emociones sólo son creados por el pensamiento, "Algo de mí, no es lo suficientemente bueno".*

Este malentendido nos lleva a tratar de "mejorar" nuestra imagen de nosotros mismos a nuestra idea de "perfecto" en un intento de hacernos felices (también conocido como "auto-mejora"). Ya que creemos que nuestra felicidad depende de si podemos alcanzar nuestras metas (nuestras ideas de lo que es "perfecto"), nuestro esfuerzo para "mejorar" nuestro cuerpo, trabajar y vivir solos, y todo lo demás a menudo se llena con el miedo o la ansiedad de que no vamos a ser capaces de lograr estos objetivos. Esto también nos lleva a preocuparnos de si alguna vez vamos a ser capaces de hacernos a nosotros mismos o a nuestra vida "perfectas".

Preguntas: *¿Cómo me describiría a mí mismo? ¿Qué aspectos de mi auto-imagen pienso que no son "lo suficientemente buenos"? ¿Qué hago para tratar de mejorar mi propia imagen?*

Ahora vamos a ver cómo es la vida en cualquier momento que no tenemos estos pensamientos para crear nuestro sufrimiento... entonces vamos a examinar la felicidad que sentimos cuando alcanzamos nuestra idea de "perfecto".

Capítulo Dos

La Experiencia del Momento Presente

Los pensamientos psicológicos crean sufrimiento

Estamos casi siempre pensando. Nuestros pensamientos pueden clasificarse en dos categorías principales: los pensamientos psicológicos y pensamientos funcionales. Todos los pensamientos que hemos discutido en el capítulo anterior son pensamientos psicológicos. Los pensamientos psicológicos son los que deciden si algo es "bueno" o "malo", y estos son los pensamientos que crean nuestro sufrimiento. Por simplicidad, nuestros pensamientos psicológicos son casi todos nuestros pensamientos que tienen pensamientos contrarios. Esto es porque si un pensamiento tiene un opuesto, entonces casi seguro consideraremos que un lado es "bueno" y su opuesto es "malo". Por ejemplo, si creemos que es "bueno" ser rico, divertido, delgado, e inteligente, entonces consideramos "malo" el ser pobre, aburrido, tener exceso de peso, y poco inteligente. Nuestras mentes tienden a llenarse con los mismos pensamientos psicológicos que se repiten una y otra vez.

Los pensamientos funcionales son en su mayoría la respuestas a la pregunta"¿Cómo hago eso?" Los pensamientos funcionales determinan cómo construir algo, cómo llegar a algún lugar, o cómo resolver un problema particular en el trabajo. Los pensamientos puramente funcionales no crean sufrimiento, sólo los pensamientos psicológicos los que lo hacen. Sin embargo, la mayoría de las veces, nuestros pensamientos funcionales están teñidos de pensamientos psicológicos. Por ejemplo, si pensamos en nuestras tareas para el día (la lista de tareas pendientes), esto sería un pensamiento funcional. Sin embargo, estos pensamientos son a menudo mezclados con pensamientos como "sería malo si no lo hago todo" o "es malo que no he completado tantas tareas como yo quería". Estos pensamientos crearían entonces nuestras emociones no deseadas. En el resto de este libro, cuando se mencionan "pensamientos", me refiero a los pensamientos psicológicos.

¿Cuál es la experiencia del momento presente?

En cualquier momento en que no tenemos pensamientos psicológicos, o no creemos en nuestros pensamientos psicológicos, lo que queda es la experiencia del momento presente. Cuando nuestros pensamientos psicológicos no están creando nuestra experiencia de la vida, llegamos a experimentar directamente lo que está sucediendo en un momento dado. La experiencia directa de cada momento es la experiencia del momento presente.

En general, rara vez lleguemos a experimentar directamente lo que está sucediendo en un momento dado, porque nuestra experiencia está siendo constantemente creada por nuestros pensamientos de lo que era "bueno" o "malo" en el pasado, lo que es "bueno" o "malo" ahora, o lo que puede ser "bueno" o "malo" en el futuro. No sólo experimentamos el conocer a una persona, experimentamos nuestros pensamientos acerca de cómo esa persona es "atractiva" o "fea", "respetuosa" o "faltada de respeto", "inteligente" o "estúpida". No sólo experimentamos nuestras tareas en el trabajo, experimentamos nuestros pensamientos acerca de cómo nuestro trabajo es "perfecto" o "no lo suficientemente bueno", como de "aburrido" o "divertido" será el resto del día, y si nuestro jefe será feliz o infeliz con nuestro trabajo. Estos pensamientos son los que crean nuestra amplia gama de emociones.

Cuando no tenemos o creemos en los pensamientos que crean nuestras emociones no deseadas, ninguna de estas emociones son experimentadas, y llegamos a experimentar el momento presente. Esta es una manera de experimentar el momento presente, y esta es la forma que se aborda en este libro. Independientemente de lo "malas" que nuestras circunstancias puedan parecer, cuando experimentamos el momento presente (cuando estamos presentes), somos libres de toda inseguridad, enojo, tristeza, dudas, temores, ansiedades, estrés, depresión, juicio, odio, conflictos internos, drama, argumentos, celos, impaciencia, frustración, preocupación, e irritación. Cuando estamos presentes, lo que queda es una paz incondicional, libertad, alegría y felicidad combinada (estos términos se utilizan indistintamente). Esta paz es todo lo que siempre hemos querido. Es una completa satisfacción.

Gratitud

¿Alguna vez se ha encontrado a sí mismo en una situación maravillosa, pero aún así terminó pensando en que faltaba algo o cómo la situación podría ser "mejor"? Esta es una experiencia muy común. Podemos tener un gran trabajo, riqueza, pareja encantadora, y niños increíbles, pero casi toda nuestra atención todavía se la damos a los pensamientos acerca de lo que queremos mejorar. Puede que estemos ante una hermosa vista y en vez de disfrutar de ella, a menudo terminamos pensando: "¡Esto sería perfecto si... mi alma gemela estuviera aquí, estuviera más soleado, o yo tuviera mi cámara!". Podemos tener una pareja maravillosa, y en vez de reconocerlo, nos centramos en cómo se puede mejorar. Nuestras mentes están demasiado ocupadas pensando en lo que no es "lo suficientemente bueno" en nuestras vidas o lo que "podría ser mejor" para estar agradecidas por lo que tenemos. Este suele ser el caso incluso cuando podemos admitir que nuestras vidas son maravillosas.

Pero en cualquier momento que no tenemos o no creemos nuestros pensamientos que dicen: "Hay algo que no es lo suficientemente bueno", lo que queda es la gratitud por lo que tenemos. Por extraño que parezca, esta es la experiencia que en general esperamos lograr al tratar de hacer que la vida coincida con nuestro concepto de "perfecto".

Apreciación

Otro efecto secundario común de vivir el momento presente, es que, naturalmente, valoramos y disfrutamos de las cosas simples. Podemos ser capturados completamente por el olor de una flor, la belleza de un árbol, el sonido de la risa de un niño, la elegancia de un paisaje, la maravilla de la tecnología moderna, el sabor de una patata frita, o cualquier otra cosa. Cuando nuestra atención no está en los pensamientos, esta apreciación surge naturalmente.

La mayoría de nosotros puede caminar por un camino cada día y nunca darse cuenta de los árboles, el diseño de las casas, la textura de la ruta, el olor de las plantas, o los sonidos de las aves. La razón por la que rara vez tomamos nota de estos sonidos, imágenes y olores en nuestra vida diaria es que nuestra atención está casi continuamente en nuestros propios pensamientos del pasado y el futuro. Incluso si miramos un árbol, nuestra atención está en nuestros juicios, etiquetas, y el comentario sobre el árbol en lugar de en el propio árbol. Nuestra atención está en nuestros pensamientos acerca de lo que vemos y no sólo experimentamos puramente a través de nuestros sentidos. Cuando dejamos de prestar atención a los pensamientos, naturalmente, notamos y agradecemos tantas cosas simples de la vida cotidiana que nunca hemos experimentado antes.

La capacidad de experimentar el asombro de algo simple surge en los momentos en los que tenemos el silencio o el espacio entre nuestros pensamientos. Es como ver algo por primera vez. Esta sensación es similar a la capacidad de asombro y curiosidad inocente que tienen los niños pequeños.

Paz, relajación, y plenitud

Cualquier sentimiento de insuficiencia, falta de mérito o desvalorización es creado por los pensamientos. Por lo tanto, es natural que no experimentemos estos sentimientos cuando no tenemos, o no creemos, los pensamientos que los crean. Cuando estamos presentes, nos sentimos amados, aprobados, completamente dignos y amables, y nos parece que no falta nada en nuestras vidas. Nos sentimos completos. No porque tenemos pensamientos que dicen: "Todo el mundo me quiere", o "Yo soy grande", pero debido a que no tenemos, o no creemos, los pensamientos que nos hacen sentir indignos de ser amados, indignos, o incompletos.

Sin nuestros pensamientos que crean nuestra infelicidad, nos sentimos contentos en estos momentos. Puesto que ya estamos contentos, ya no sentimos la necesidad constante o tiramos para mejorarnos a nosotros mismos, los demás y nuestra situación sólo para tratar de hacernos felices. Esta sensación es como "Aaaaahh, puedo descansar ahora". Sentimos que nuestra vida está completa. Todavía podemos perseguir una de nuestras metas, pero nuestra persecución ya no contiene la idea de que necesitamos lograr nuestro objetivo con el fin de hacernos felices. Esto elimina nuestra ansiedad porque no hay inconveniente de no alcanzar el objetivo-ya somos felices.

Puede que no nos demos cuenta, pero pensar ocupa mucho de nuestra energía, tensa los músculos, y nos pesa. Por ejemplo, usted puede ver por sí mismo en este momento cómo el pensamiento tensa los músculos comprobando si su lengua presiona contra el techo de su boca o si sus dientes están apretados. Si es así, deje que su lengua y los dientes se relajen, y sienta cómo su rostro se ablanda. Cuando estamos presentes, todo nuestro cuerpo se suaviza y relaja, se siente como si un enorme peso que nunca supimos que teníamos ha sido levantado de nuestros hombros, y nos quedamos con una abundancia de energía.

Ligereza y risa (como un niño)

Normalmente, los pensamientos crean constantemente nuestra infelicidad y luego hacen que todo en nuestra vida parezca importante porque creemos que nuestra felicidad está en juego. En cualquier momento en que estamos presentes, no necesitamos tomar tan en serio la vida porque ya somos felices. Esto hace que, naturalmente, nos tomemos las cosas mucho más a la ligera. Cuando estamos presentes, podemos estar llenos de risas y alegría. Podemos disfrutar y divertirnos en este momento sin preocuparnos por el futuro o lo que otros puedan pensar.

Todavía podemos elegir actuar en serio, planificar para el futuro, y enfocar nuestra energía completa y esfuerzo hacia nuestras tareas actuales. Pero cuando actuamos en serio, por ejemplo, en nuestro trabajo, lo vemos como si estuviéramos jugando un papel en vez de estar realmente preocupados por el "mal" resultado que puede suceder. Cuando nuestra mente está en silencio, podemos sentirnos como un niño en el recreo, y aún así actuamos según creemos que es lo mejor para la situación en cuestión.

Amor, aceptación y conectividad

Tendemos a ir por la vida pasando una increíble cantidad de tiempo buscando a alguien que nos ame, porque creemos (a menudo sin saberlo) que el recibir amor nos hará sentir felices y completos. *Básicamente, creamos una visión del futuro "perfecto", donde somos amados y felices, y entonces buscamos a alguien para llenar la posición abierta de quien nos va a amar. Dado que queremos ocupar esta posición con el fin de hacernos felices, una vez que nos encontramos con alguien que nos ame, esperamos que esa persona nos haga felices.*

Las películas hacen que esto parezca un cuento de hadas, pero como habrá descubierto, la realidad es bastante diferente. En realidad, la búsqueda del amor nos hace sentir como si algo falta en nuestras vidas y muchas veces nos hace actuar y hablar de acuerdo a lo que creemos que a los demás les encantará en lugar de permitirnos vivir con la libertad de ser fieles a nosotros mismos. Si encontramos a alguien para amar, comenzamos a temer que no vamos a recibir el amor de esa persona a cambio, nos tiene que reasegurar con frecuencia de su amor, nos preocupamos por la pérdida de su amor, requerimos que nuestra pareja cumpla nuestras necesidades (después de todo, ha ocupado el puesto del que se supone que nos hará felices), los comparamos con cómo pensamos que debería ser, y entonces sentimos la decepción o resentimiento hacia nuestra pareja cuando no está a la altura de nuestras expectativas o no nos hacen sentir satisfechos.

Así es cómo se relacionan los pensamientos con el amor. Pero todos estos pensamientos en realidad nos impiden amar a los demás. Pensamos que estamos amando a alguien, pero estos sentimientos son realmente creados por los pensamientos "Estoy muy contento porque creo que me hará feliz", o "Me encanta la forma en que me haces sentir", o "No me gusta cuando no me haces sentir como quiero". En otras palabras, no buscamos a alguien para amar, buscamos a alguien para hacernos felices. Nos encanta esa persona cuando pensamos que nos hace felices, y la odiamos cuando pensamos que no lo hace. Como la mayoría de nosotros ya hemos descubierto, este tipo de "amor" no nos llena y a menudo crea mucha ansiedad, ira, decepción, y dolor.

Si alguien le ama, pero no se preocupas por esa persona, ¿qué impacto tiene el amor de esa persona en su nivel de felicidad? *Usted puede haber notado, que tiene muy poco impacto. La razón se debe a que el cumplimiento no viene de recibir amor; el sentimiento de felicidad y realización que siempre hemos querido viene de amar a los demás.*

Cuando amamos a alguien sin querer o esperar nada a cambio, nos sentimos libres, abiertos, y maravillosos. Este amor incondicional no es lo mismo que los pensamientos positivos acerca de alguien, y no es un pensamiento afirmativo que dice: "Te amo". El amor es lo que experimentamos en un momento que estamos con alguien sin tener o creer cualquier juicio acerca de esa persona"buena" o "mala". Cuando permitimos que alguien sea exactamente como es, sin ningún tipo de creencia de que sería "lo mejor" si fueran diferentes, esto es amor. El verdadero amor no quiere nada a cambio (como el amor de otra persona), porque no hay nada que necesite. El amor no tiene condiciones. Amamos por el simple hecho de que si.

Cuando creemos nuestros juicios acerca de alguien, podemos sentir enojo, desilusión, o resentimiento, o simplemente podemos sentirnos separados de esa persona. Todo esto evita que los amemos. Cuando estamos presentes con otros (sin creer nuestros juicios), sentimos automáticamente una conexión más cercana, y más intimidad con las personas que nos rodean. Nuestro sentimiento de separación de la gente desaparece. En ausencia del juicio, el amor es lo que queda.

Cuando estamos presentes, ya estamos contentos, así que no hay nada que queremos de los demás. Nosotros no tenemos que preocuparnos de si otras personas nos aman, nos dejan, llenan nuestras necesidades, o nos hacen felices, porque ya somos felices. Nada de eso importa puesto que ya estamos contentos. Podemos amar a los demás sin nada que temer, porque no queremos nada a cambio. Somos libres para amar puramente a otros, y nos olvidamos por completo de la idea de buscar el amor.

Lo bonito del amor es que no tenemos que limitar nuestro amor sólo a nuestra pareja romántica o nuestra familia. Podemos amar a todo el mundo que nos encontremos. Cuando estamos con alguien sin juzgarlo de ninguna manera, sentimos amor por él. No importa si esta persona es nuestro cónyuge o nuestro camarero en un restaurante. Una vez que usted comienza a sentir lo maravilloso que se siente amar a la gente, sólo querrá amar a todos. Cuando estamos presentes, no tenemos nada que temer, por lo que no tiene que crear límites sobre quién puede recibir nuestro amor.

Paz en medio del dolor físico

Puede parecer que sin nuestros pensamientos, seguiríamos experimentando sufrimiento cuando tenemos dolor físico. Sin embargo, el dolor es muy diferente del sufrimiento. El sufrimiento es emocional, mientras que el dolor es una sensación física. Una sensación física en sí no crea nuestra ira, la tristeza, la autocompasión, o depresión. Sólo nuestros pensamientos sobre nuestras sensaciones físicas pueden crear estas emociones no deseadas.

¿Alguna vez ha sido feliz en medio de un poco de dolor? La mayoría de nosotros hemos conseguido disfrutar de nosotros mismos en algún momento, mientras sentíamos el dolor de una herida, un corte, un dolor de estómago o dolor de cabeza. Cuando quitamos la atención de nuestros pensamientos de nuestro dolor o lesiones con una distracción como la televisión, los deportes, o el sexo, entonces dejamos de sentir enojo, tristeza, autocompasión, o depresión por esos momentos. Si el dolor en sí crease estas emociones (sufrimiento), entonces no seríamos capaces de escapar de ellas simplemente centrando nuestra atención lejos de nuestros pensamientos.

Nuestro dolor sólo se convierte en sufrimiento emocional cuando pensamos, "Este dolor es *malo*", "Este dolor puede conducir a algo peor", "La causa de este dolor puede ser algo *malo*", "Yo no debería sentir el dolor", "Es injusto que yo sienta el dolor", "no puedo estar contento porque siento este dolor", "Algo está mal", "El dolor es mi culpa", o "no dejo de sentir dolor". Tenemos la tendencia de gastar mucho tiempo y energía en este tipo de pensamientos que sólo crean y perpetúan nuestra ira, tristeza y autocompasión. No sólo eso, sino que centrarse en estos pensamientos acerca de nuestro dolor a menudo tiene el efecto de dar al dolor más energía y aumentar su intensidad.

Si estamos a la espera de ser libres de dolor antes de que finalmente podamos ser felices, probablemente estaremos esperando durante mucho tiempo. Sin embargo, en cualquier momento que no creamos los pensamientos acerca de nuestro dolor, la vida puede ser vivida igual de en paz con el dolor como sin él. Todavía tendremos las molestias físicas, pero no importa lo fuerte que es nuestro dolor, no tiene por qué dar lugar a sufrimiento emocional. Pero a pesar de que no sufriremos cuando perdemos nuestros pensamientos acerca de nuestro dolor, podemos esforzarnos para tratar de prevenir, aliviar o mitigar el dolor. Cuando estamos presentes, somos pacíficos, incluso en medio del dolor físico.

Seguimos nuestra intuición

En cualquier momento en que no creemos nuestros pensamientos, estamos en condiciones de actuar por nuestra intuición, nuestro corazón, o simplemente desde el momento presente. Muchas tradiciones y culturas parecen hacer hincapié en seguir nuestra intuición (a veces llamada "corazón"). La intuición aparece como un sentimiento sutil de lo que debe hacer, sin dar ninguna explicación o lógica detrás de su decisión. A menudo parece como una sugerencia rápida, concisa, y una ligera sugerencia de lo que debe hacer.

Por otro lado, los pensamientos proporcionan explicaciones interminables, análisis y comentarios cuando estamos tratando de tomar una decisión. La intuición no es una emoción, no es creada por los pensamientos, no es creada por nuestra genética o historia de vida, y es completamente independiente del pensamiento. Nuestra intuición está siempre aquí para guiarnos, pero no somos capaces de oír o sentirla, porque nuestros pensamientos son demasiado fuertes y toman demasiado de nuestra atención. La intuición es muy sutil y puede ser fácilmente pasada por alto cuando estamos constantemente escuchando nuestros pensamientos y mirando a nuestros pensamientos para ayudarnos a tomar nuestras decisiones.

Normalmente, nuestras decisiones sobre lo que debemos decir y hacer se basan en pensamientos. Nosotros decidimos qué hacer basándonos en nuestras ideas de lo que "deberíamos" hacer, nuestras creencias acerca de lo que nos hará felices y nuestras creencias acerca de lo que va a hacernos sufrir (nuestros miedos). Cuando elegimos lo que "deberíamos" hacer, estamos eligiendo lo que la sociedad ha decidido que es la manera "correcta" en lugar de hacer lo que sentimos como verdadero y natural para nosotros. Cuando utilizamos nuestros pensamientos para tomar decisiones, a menudo decidimos quedarnos en situaciones que no nos gustan, porque nuestros pensamientos nos hacen temer el cambio. Ya que nuestros pensamientos están inherentemente basados en el pasado, si escuchamos a nuestros pensamientos sobre la forma de actuar, estamos basando nuestras decisiones en el pasado en lugar de dejarnos seguir lo que sentimos que es cierto en este momento.

Además, tomar decisiones sobre la base de los pensamientos a menudo conduce a una gran confusión e indecisión, porque nuestros pensamientos a menudo ofrecen una variedad de razones de por qué diferentes opciones podrían ser tanto "malas" y "buenas". Es difícil tener confianza en nuestras decisiones cuando nuestras mentes nos dan razones de por qué una determinada opción podría ser "mejor" y "peor" que otra opción. Por ejemplo, si usted recibe una nueva oferta de trabajo, podría pensar: "¿Debo tomar el nuevo puesto de trabajo o permanecer en el trabajo que tengo?" Entonces podría pensar "mi trabajo no es tan malo y me ofrece seguridad". Pero, por otro lado, podría pensar que "el nuevo trabajo podría ser una mejor opción, ya que paga más, pero también podría ser una opción peor porque no voy a tener tanta seguridad en el empleo". ¿Qué opción elije? La vida está llena de decisiones poco claras cuando estamos confiando en nuestras mentes para tomar las decisiones por nosotros.

En cualquier momento en que estamos presentes, estamos más en sintonía para ser capaces de sentir qué decir o hacer basados en nuestra intuición. Nuestra intuición nos ayuda a actuar y tomar decisiones de acuerdo a lo que se siente bien y natural para nosotros. Esto nos mantiene en paz porque nos mantiene actuando de maneras que se sienten verdaderas para nosotros, ya que nos guía en situaciones que están en consonancia con nuestras más profundas o más verdaderas intenciones, y debido a que no tenemos que lidiar con la dificultad normal de nuestro proceso de decisión.

A medida que nos familiarizamos más con nuestra intuición, por lo general llegamos a la conclusión de que la vida es mucho más agradable cuando seguimos nuestra intuición, más que si basamos nuestras palabras o acciones en los pensamientos. Por supuesto, todavía podemos planear para el futuro, cuando pensamos que sería útil, pero a medida que empezamos a confiar en la intuición más, tendemos a planificar nuestras acciones futuras cada vez menos. Esto tiende a hacernos más espontáneos. Elegimos hablar y actuar en base a lo que sentimos en el momento de la elección en lugar de basar nuestras decisiones en lo que creemos que debemos hacer, lo que nos da miedo, o lo que pensábamos que era una "buena" idea cuando se nos ocurrió nuestro plan, semanas, meses o años atrás.

El concepto de intuición es muy difícil de entender cuando no estamos familiarizados con la experiencia de esta. Si no está dentro de nuestro marco de referencia, y no podemos compararla con nada que hemos experimentado, entonces no vamos a ser capaces de entender la intuición, no importa lo mucho que se explica. Por lo tanto, vamos a ver si puede recordar un momento en que usted actuó por intuición o al menos sintió la intuición.
¿Puede recordar un momento en que había una gran decisión que tomar, y su mente le dio una serie de razones de por qué una

opción sería "mejor" y cómo usted debería elegir esa opción, pero todavía un sentimiento de alguna manera le obligaba a elegir una opción diferente? Si hubiera escuchado a su mente, usted habría optado por hacer lo que pensó que debía hacer. Pero si no hizo esa elección, era probablemente porque su intuición le guió a la opción que se sentía bien.

¿Puede recordar un momento en que conoció a un potencial amor, y sintió, "Esto no es una buena idea", pero su mente le convenció de que saliera con él o ella de todos modos por decirle todas las cosas "buenas" acerca de él o ella? En este momento, es probable que sintiera su intuición, pero aún así hizo caso omiso de ella y escuchó a su mente porque tenía tantas razones "buenas" (pensamientos) por las qué debía salir con él o ella.

¿Puede pensar en un momento en que se dio cuenta de que su novio o novia no era el adecuado para usted en todo, y en ese momento *se dio cuenta de que lo había sabido todo este tiempo?* Muchas veces, en el momento en que reconocemos que un trabajo, una pareja, o una situación no es la adecuada para nosotros, también notamos que siempre habíamos sabido que algo no estaba bien. Lo que sucede en este momento es que recordamos o nos damos cuenta de que nuestra intuición había estado tratando de decirnos lo que debíamos hacer, pero simplemente no la habíamos estado escuchando.

Cuando prestamos más atención a nuestra intuición y aprendemos a confiar en ella, podemos tomar la decisión que se siente bien para nosotros desde el principio en lugar de esperar meses o años para reconocer lo que verdaderamente siempre habíamos sabido.

La felicidad del momento presente siempre está aquí

La felicidad que sentimos cuando estamos presentes no es una emoción, y ni siquiera es una experiencia. Las emociones son experiencias temporales que se crean por creer pensamientos. En otras palabras, una acción específica (creer pensamientos) debe tener lugar para que la emoción se produzca. Por otro lado, si no surge un pensamiento, ya estamos presentes. Además, si surge un pensamiento, y no nos involucramos en la acción de creer en él, ya estamos presentes. Es por esto que el momento presente es nuestro estado natural y por eso no podemos decir que el momento actual es una experiencia temporal.

Imagine un par de gafas que tienen lentes negras opacas, con sólo un punto transparente circular en el centro de cada lente para ver a través. Estas gafas son su mente. La mancha clara transparente en el centro de cada lente es su atención. Cuando se mira a través de la lente, le está prestando su atención a lo que está delante del lugar despejado. Puesto que este lugar está vacío, se ve la vida con claridad, sin la totalidad de sus pensamientos sobre lo que ve. Está viendo directamente a la persona, el árbol, o cualquier otra cosa que está en frente de usted. Este es el momento presente, y esto es paz, felicidad y libertad completa.

Ahora imagine que alguien ha pegado unos pequeños círculos de plástico transparentes claros sobre las lentes de sus gafas. Pero estos pequeños círculos de plástico no sólo se quedan en un solo lugar. Ellos se mueven constantemente alrededor por su cuenta, deslizándose alrededor de sus lentes. Un círculo de plástico se mueve sobre la mancha clara, pero sigue moviéndose, y luego otro toma inmediatamente su lugar. Cada uno de estos círculos de plástico es un pensamiento, como un concepto de lo que es "bueno" o "malo". Cuando uno de los círculos pasa sobre el lugar vacío de sus lentes, le está prestando su atención a ese pensamiento. Pero puesto que los círculos de plástico son transparentes, el espacio vacío está todavía claro. Aún puede ver la vida como es. Si un pensamiento sólo capta su atención, pero no lo cree, usted todavía está presente y feliz.

Sin embargo, normalmente, cuando un pensamiento capta su atención, usted no sólo lo ve, usted cree automáticamente ese pensamiento. En lugar de sólo notar el pensamiento y permitir que pase, cuando usted cree en un pensamiento, lo está agarrando y dándole importancia. Esencialmente, cuando usted cree un pensamiento, está parando el círculo de plástico, que cubre el agujero, y está coloreando el círculo de plástico transparente. Por lo tanto, tan pronto como un círculo de plástico pasa por encima del punto claro de sus gafas, ese círculo se detiene y es coloreado. Ahora, en vez de ver la vida con claridad, lo que usted está viendo adquiere el color del círculo de plástico. Su experiencia de la vida está determinada por el pensamiento que ha captado su atención y que cree. Si el pensamiento es positivo (color claro), entonces usted experimenta una emoción "positiva". Si el pensamiento es negativo (de color oscuro), entonces usted experimenta una emoción "negativa". En lugar de ver a una persona o un árbol en frente de usted, ahora ve a una persona "mala" o un árbol "bonito". De esta manera, sus pensamientos proporcionan la receta con la que ve el mundo.

Cuando usted era un niño pequeño, prácticamente no había círculos de plástico en sus gafas; usted tenía una mente casi vacía. Fue feliz y en paz. Apenas cualquier pensamiento psicológico captaba su atención porque tenía tan pocos. Un círculo se deslizaría sobre el lugar vacío y tendría un color, pero entonces se deslizaba rápidamente, y tardaría un tiempo antes de que otro se deslizara sobre el lugar de nuevo. Experimentó gran cantidad de felicidad, las emociones no deseadas eran cortas, porque había mucho más silencio y tiempo entre los pensamientos en su mente.

Con cada año que pasa, aprendió más y más conceptos de lo que es "bueno" y "malo", añadiendo a ello más y más pensamientos psicológicos. Con cada nuevo concepto que aprendió, era como si alguien estuviera tirando uno más de estos círculos de plástico en sus gafas. Como usted creyó más conceptos de "bueno" y "malo", la cantidad de tiempo que su mente se quedó en silencio entre los pensamientos fue cada vez más pequeña. Finalmente, se llega al punto en que su mente se llena de tantos pensamientos que muy rara vez obtiene un descanso de estos. Cuando un círculo se desliza lejos del agujero en las gafas, otro toma su lugar casi instantáneamente. Su atención va de un pensamiento a otro casi sin silencio entre ambos. Por lo tanto, experimenta muy poco el momento presente.

Ya que estamos acostumbrados a creer los pensamientos constantemente lo hacemos de forma automática, puede parecer como si el momento actual fuera una experiencia temporal creado por la acción de los pensamientos incrédulos. Sin embargo, si no creemos un pensamiento (no coloreamos en el círculo), ya estamos presentes. Cuando no creemos un pensamiento, es como si simplemente estuviéramos borrando el color de un círculo que acabamos de colorear, que nos permite ver la vida como es. Esencialmente estamos revirtiendo nuestra acción anterior. No diríamos que borrar el color del círculo crea la transparencia incolora del círculo o la claridad de la mancha en nuestra lente. El círculo siempre ha sido transparente, el lugar siempre ha estado vacío-es sólo que rara vez hemos llegado a experimentar esto porque automática e inconscientemente vamos de creer un pensamiento a otro casi sin descanso. La experiencia del momento presente es, sencillamente, lo que queda cuando no hay pensamientos en nuestra mente o no participamos en la acción de creer un pensamiento.

La experiencia del momento presente es lo que hemos estado buscando. Ahora vamos a echar un vistazo a por qué nuestra búsqueda de la felicidad no ha sido eficaz en proporcionarnos la paz y la felicidad que queremos...

Capítulo Tres

Porque Nuestra Búsqueda de la Felicidad Nunca Acaba

La felicidad de conseguir lo que queremos

Ya que creemos que nuestras circunstancias crean nuestras emociones no deseadas, la gran mayoría de nuestro tiempo, dinero y energía en la vida se gastan tratando de cambiar nuestras circunstancias desde "lo suficientemente buenas" a "perfectas". Si somos capaces de conseguir que cualquier cosa en nuestra vida coincida con nuestra definición de "perfecto", cuando conseguimos lo que queremos, a menudo experimentamos inmediatamente felicidad. *A pesar de como pueda parecer, esta felicidad inmediata no es creada por la nueva circunstancia en sí. Esta felicidad es en realidad el resultado directo de la pérdida de los pensamientos que estaban creando nuestro sufrimiento.*

Una vez que creemos que nuestras circunstancias se han convertido en "perfectas", no habrá más ideas sobre cómo esta circunstancia particular es "mala", no más pensamientos sobre quién es el culpable de la "mala" circunstancia, y no hay más pensamientos sobre el posible "mal resultado "de no conseguir lo que queremos.

Estos pensamientos negativos crean nuestra tristeza, la ira y la ansiedad acerca de esta circunstancia específica. Por lo tanto, cuando estos pensamientos negativos se van, nos quedamos con la felicidad. La felicidad es lo que queda cuando no hay pensamientos para crear nuestro sufrimiento. Esta es la experiencia del momento presente.

Si usted piensa, "Estoy gordo", "Soy un fracaso", o "Mi apartamento es demasiado pequeño", entonces es probable que experimente tristeza, vergüenza, o una sensación de que algo falta. Si le echa la culpa a otra persona por cualquiera de estos aspectos "malos" de su vida, entonces es probable que sienta enojo o resentimiento hacia esa persona. Si usted piensa que nunca será feliz a menos que "mejore" estas cosas, entonces es probable que experimente ansiedad o se sienta preocupado por si va a ser capaz de hacer estas cosas "perfectas".

Si cambia su situación de "mala" a "perfecta" y llega a su peso ideal, alcanza su definición de éxito, o compra una casa más grande, entonces sentirá una sensación inmediata de felicidad. Ciertamente parece como si su realización ha creado su felicidad, pero si se mira más de cerca, es posible ver que su felicidad es en realidad el resultado de la pérdida de algunos de sus pensamientos negativos. En cuanto alcanza su meta de peso, consigue su éxito, o compra un espacio más grande para vivir, se pierden al instante los pensamientos negativos que estaban creando su vergüenza, la tristeza, la ira y la ansiedad con respecto a su peso, el éxito o el hogar. Cada una de estas tres circunstancias ahora cumple su definición de "perfecto", por lo que dejaría de tener sus pensamientos negativos acerca de estas circunstancias particulares. Estos pensamientos crean su sufrimiento, no las propias circunstancias. Por lo tanto, la ausencia de estos pensamientos le deja con la alegría propia del momento presente.

Al contrario de lo que nos han enseñado a creer, ni el peso "ideal" de una persona, el nivel "ideal" de éxito, ni el hogar "ideal" pueden crear directamente la felicidad. Si estas mismas circunstancias creasen la felicidad, entonces todos los que las tienen serían felices, y claramente algunas personas que tienen estas cosas no son felices.

Además, si una circunstancia específica crea felicidad, entonces esta circunstancia crearía siempre la misma intensidad de felicidad cuando la logramos. Sin embargo, como es posible que haya llegado a descubrir, el logro de esta circunstancia "perfecta" puede corresponder con niveles de felicidad que son diferentes para diferentes personas, y los niveles de felicidad son diferentes para la misma persona en diferentes momentos de la vida de esa persona.

Imagínese que usted ha estado viviendo en un pequeño apartamento durante años, y que finalmente ha ahorrado suficiente dinero para comprar una nueva y hermosa casa de tres pisos, y cinco dormitorios. ¿Cómo de feliz le haría sentir esto? Es probable que le haga muy feliz, y ciertamente parece como si su felicidad estuviera directamente creada por la compra de la casa.

Sin embargo, ahora imagine que ya había estado viviendo en una casa bonita y grande, pero luego decidió que sólo quería un patio más grande, por lo que decidió comprar una casa de tres pisos, y cinco dormitorios en la misma calle. ¿Cómo de feliz le haría sentir esto? Es probable que experimente cierto placer inmediato con la compra de la nueva casa, pero este placer probablemente no sería muy intenso, no duraría mucho tiempo, y no afectaría mucho a su felicidad en general.

En ambos casos, compró la misma casa, sin embargo, la intensidad de su felicidad en el primer escenario habría sido mucho mayor que su felicidad en el segundo escenario. La razón de que el logro de la misma circunstancia se corresponda con diferentes niveles de felicidad es simplemente porque la felicidad que experimentamos de conseguir lo que queremos es relativa a la cantidad de sufrimiento que nuestros pensamientos nos estaban causando. Si usted ha sufrido durante años pensando, "yo no debería todavía estar viviendo en un apartamento. Es patético que no pueda darme el lujo de comprar una casa a mi edad ", entonces la compra de una casa se sentirá muy bien, porque usted ya no tendrá estos pensamientos para crear su sufrimiento. Pero si sólo tenía el pensamiento: "Yo prefiero mirar a un patio trasero diferente", entonces la compra de una nueva casa no le haría mucho más feliz porque perder este pensamiento no afectaría mucho a su nivel de felicidad.

Cuanto más intenso es nuestro sufrimiento por nuestros pensamientos negativos acerca de una circunstancia, y cuanto más tiempo estos pensamientos nos hacen sufrir, más felices parecerá que nos sentir cuando conseguimos lo que queremos. El logro de nuestros objetivos nos hace felices, porque elimina los pensamientos negativos acerca de una circunstancia particular. El logro de nuestros objetivos más difíciles corresponde generalmente con una experiencia más intensa de la felicidad o alivio porque sufrimos durante períodos más largos de tiempo antes de alcanzarlos.

Cambiar las circunstancias a "perfectas" no es suficiente para darnos la felicidad que queremos

Puesto que conseguir lo que queremos parece hacernos felices, por supuesto que vamos a seguir pasando gran parte de nuestra vida tratando de hacernos a nosotros mismos, nuestra situación, y otros "perfectos". Pero, es posible que hayamos llegado a la conclusión, de que esta estrategia realmente no nos llena. Tendemos a vivir la vida con una gran cantidad de sufrimiento y descontento entre nuestros breves momentos de felicidad. Cuando conseguimos lo que queremos, sólo experimentamos el momento presente por unos minutos o días antes de centrar nuestra atención en otros pensamientos. La razón por la que cambiar nuestras circunstancias a "perfectas" no es suficiente para darnos la paz general y la felicidad que buscamos es porque simplemente no se ocupa de la mayoría de los pensamientos que crean nuestra infelicidad.

Echemos un vistazo a algunos de los pensamientos que nuestra búsqueda de la felicidad a través de circunstancias no aborda:

- No importa como de "perfectas" son nuestras circunstancias, no cambian nuestros pensamientos acerca de eventos "malos" de nuestro pasado que crean nuestra tristeza, la culpa y la ira.

- No podemos cambiar muchos de los aspectos acerca de nosotros mismos y otras personas que creemos que son "malas" (por ejemplo, la altura, el peso, la cara, la personalidad). Esto nos hace sentir avergonzados e indignos.

- No siempre somos capaces de alcanzar nuestras ideas de "perfecto" (por ejemplo, hacer el trabajo "perfecto", cónyuge, o la casa). Cuando no conseguimos lo que queremos, nuestros pensamientos crean tristeza, enojo, culpa o desesperación.

- Cuando logramos obtener la circunstancia "perfecta" que queremos, a menudo comenzamos inmediatamente a temer y preocuparnos por perderla. Podemos temer perder nuestro trabajo o pareja "perfecta", o podemos preocuparnos por perder nuestra "gran" apariencia, nuestra fuerza o nuestra forma física a medida que envejecemos.

- Siempre podemos perder cualquier circunstancia "maravillosa" que tenemos. Cuando esto sucede, nuestros pensamientos claramente nos hacen sufrir.

- El cambio de circunstancias no puede ayudar a aliviar la mayor parte de nuestra ansiedad. No importa como de "maravillosas" sean nuestras circunstancias, todavía tendremos casi todas nuestras ansiedades y preocupaciones acerca de lo que otros piensan de nosotros, de perder lo que amamos, por no conseguir lo que queremos, sobre los seres queridos sufriendo, y sobre cualquier otro resultado, que creemos que sería "malo".

- A pesar de lo "perfectos" que nos hacemos a nosotros mismos y a nuestra situación exterior, a menudo no es suficiente para cambiar nuestros pensamientos negativos acerca de nosotros mismos, e impedir que nos sintamos incompletos.

- A menudo toma mucho tiempo para cambiar algo de "malo" a "perfecto". Durante este tiempo, nos quedamos ahí, experimentando la tristeza y la ansiedad de la creencia de que "algo no es lo suficientemente bueno" y que "sería malo si no consigo lo que quiero".

- Siempre y cuando creemos nuestra idea de las circunstancias "perfectas", también vamos a creer la idea de las circunstancias "imperfectas". "Perfecto" no existe sin "imperfecto" porque "perfecto" no es "perfecto" a menos que tengamos algo con que compararlo. No podemos pensar que alguien es "bonito" sin pensar que alguien es "feo". No podemos pensar que un comentario es "agradable" sin pensar en un comentario distinto que es "mal intencionado". De esta manera, siempre y cuando estamos persiguiendo circunstancias "perfectas" para hacernos felices, siempre habrá más situaciones, eventos, rasgos de personalidad, apariencias, acciones, palabras y hechos que consideramos "malos" o "no lo suficientemente buenos". Esto significa que siempre hay más pensamientos negativos para mantener la creación de nuestra tristeza, ira y ansiedad.

Por ejemplo, si tiene un fuerte deseo de casarse, entonces puede tener pensamientos como "las cosas no son lo suficientemente buenas, porque no he encontrado a la persona con la que quiero casarme", "Yo no debería seguir estando soltero", o "va a ser terrible si acabo solo". Estos pensamientos crearían su tristeza, la vergüenza y la ansiedad. Luego, en el momento en que se compromete o casa, va a experimentar una gran felicidad porque estos pensamientos habrán desaparecido de su mente.

Sin embargo, esta felicidad inicial no dura para siempre, porque es sólo cuestión de tiempo hasta que su atención se centra de nuevo en todos sus otros pensamientos. El logro de su meta de matrimonio no elimina los pensamientos negativos acerca de que tiene sobrepeso, no es lo suficientemente atractivo, o no se preocupa lo suficiente; de cómo su trabajo no es "lo suficientemente bueno", de cómo no gana suficiente dinero; de cómo su situación de vida es menos que ideal, y de cómo usted todavía no tiene los hijos que desea. Además, puede tener nuevos pensamientos acerca de cómo su cónyuge no es "suficientemente bueno" a la hora de cocinar, limpiar, amar, apreciar, y proporcionar.

Si ya ha recibido mucho de lo que quería en la vida, puede sentir una sensación de alivio al entender por qué no se siente completo, y es bueno saber que no es el único que no está satisfecho.

Sin embargo, si todavía tiene muchos objetivos, puede ser difícil de reconocer que conseguir lo que quiere no tiene la capacidad de hacerle sentir completo. Pero es importante entender que esto no significa que usted no debe perseguir sus metas, y eso no quiere decir que no va a ser feliz. Sólo significa que si realmente quiere la paz, es necesario abordar directamente los pensamientos que le impiden esto. Y la belleza de esto es que puede hacerlo ahora mismo. No tiene que esperar hasta que llegue todo lo que quiera y hacerle la vida "perfecta" para ser feliz (como usted pudo haber pensado que era el caso). Puede ser feliz ahora. Luego, una vez que esté satisfecho, puede perseguir cualquier meta que quiere y realmente disfrutar de su persecución, porque sabe que su felicidad no depende de los resultados.

Los pensamientos positivos no son suficientes para hacernos sentir completos

La experiencia del momento presente no dura mucho cuando se trata de alcanzar algo que satisfaga nuestra idea de "perfecto". Sin embargo, un poco de felicidad aún persiste después de los pocos minutos o días iniciales. Este tipo de felicidad puede ser creada por pensamientos positivos acerca de cualquiera de las circunstancias de nuestra vida ahora mismo, así como por los recuerdos positivos. La felicidad creada por pensamientos positivos es sin duda agradable y nos hace felices. Sin embargo, la felicidad del pensamiento positivo no es muy fuerte o muy satisfactoria. Para ver esto por sí mismo:

1) Por favor, tome un momento para pensar en un momento en que logró algo que realmente había querido durante mucho tiempo. Este podría ser el momento en el que recibió una oferta de trabajo, se enteró de que había pasado un examen importante, ganó un título de campeón, encontró un cónyuge, o cualquier otra cosa. Trate de recordar lo feliz que estaba en el primer momento en el que tuvo lo que quería. Recuerde cómo se sentía.

2) Vea lo feliz que se siente en este momento cuando se dice a sí mismo: "Yo estoy en mi trabajo ideal", "Yo soy un abogado licenciado", "Yo soy un campeón", "Estoy casado", o cualquier otra cosa era que ha logrado.

3) Vea cómo se siente en este momento pensando en el momento en que usted alcanzó su meta. ¿Cómo le hace sentir el recuerdo?
¿Fue la calidad de su felicidad la misma en cada uno de estos tres escenarios? Para la gran mayoría de nosotros, en los primeros momentos después de que alcanzamos una meta, nos sentimos completos y abrumados de felicidad. Por otra parte, más tarde, nuestros pensamientos positivos acerca de esas nuevas circunstancias que tenemos ahora, y nuestros recuerdos de cuando logramos esas circunstancias, sólo nos proporcionan una sensación agradable. Este sentimiento agradable es completamente incomparable a la felicidad que experimentamos en los pocos momentos iniciales cuando conseguimos lo que queríamos. La razón de que nuestras experiencias de felicidad son tan diferentes es simplemente porque son creadas por dos causas muy diferentes. *Los primeros momentos de felicidad cuando obtenemos lo que queremos son creados por la ausencia de pensamientos, mientras que nuestra felicidad más adelante se crea por pensamientos positivos sobre el presente o el pasado.*

Hay algunas razones por las cuales nuestros pensamientos positivos no son muy satisfactorios y no crean la felicidad omnipresente que experimentamos cuando conseguimos lo que queremos.

Por naturaleza, cuando pensamos que algún aspecto de nuestra vida es "maravilloso", también seguimos creyendo que otros aspectos son "malos". Por lo tanto, cuando pensamos en un pensamiento positivo, nuestra felicidad general se ve frenada por la atención, ya sea consciente o no, que estamos dando a algunos pensamientos negativos en el fondo.

Cuando tenemos un pensamiento positivo sobre algo, por lo general es fácil (o al menos posible) que el pensamiento cambie para que sea "peor". Por lo tanto, cuando nos apoyamos en los pensamientos positivos para hacernos felices, hay casi siempre una sutil ansiedad constante de que nuestro pensamiento positivo puede cambiar y podríamos perder nuestra felicidad.

Por ejemplo, si piensa de sí mismo: "Yo soy atractivo", esto le dará un poco de placer. Puesto que le gusta este placer, por supuesto que no quiere que este pensamiento cambie a "Yo soy poco atractivo". Pero una vez que usted decide que sería "malo" pensar "soy poco atractivo", empieza a sentir una ansiedad sutil sobre la posibilidad de llegar a ser poco atractivo como resultado de aumentar de peso, problemas de la piel, el envejecimiento, o cualquier otra cosa. Además, para mantener su pensamiento "Yo soy atractivo", con frecuencia puede preocuparse de si su cara, la ropa, y el cuerpo cumplen con su definición de "atractivo". Si otros fueran a decirle que es poco atractivo, sería más difícil seguir creyendo, "Yo soy atractivo", por lo que, naturalmente, comienza a preocuparse por lo que otros piensan.

Como solemos recurrir a nuestra memoria cuando no estamos contentos en un momento dado, si nuestra atención no se centra completamente en nuestra historia (la memoria), una pequeña parte de nuestra atención está siendo dada a nuestros pensamientos negativos. Estos pensamientos negativos en el fondo nos impiden experimentar plenamente la felicidad de nuestra memoria (un pensamiento positivo). Además, los recuerdos son también a menudo teñidos por la ansiedad de saber que tenemos que volver a este momento "peor" o por pensar que es posible que nunca tengamos un momento tan "buen" de nuevo.

Por ejemplo, si piensa en sus vacaciones maravillosas en la playa el mes pasado, esto le dará un poco de placer, y tal vez ponga una sonrisa en su cara. Sin embargo, decirse a sí mismo esta gran historia también, al menos, crea pensamientos sutiles sobre cómo el lugar en el que se encuentra en este momento no es tan "bueno" como el lugar en el que estaba, creando la sensación de que le falta algo. Por lo general, no somos conscientes de que la ansiedad o los pensamientos negativos están presentes cuando estamos prestando atención a nuestro recuerdo positivo, pero esto es parte de la razón por qué la felicidad del recuerdo positivo es una experiencia mucho menos pacífica y satisfactoria que la felicidad del momento presente.

Las distracciones nos proporcionan algo de alivio de los pensamientos

Puesto que conseguir lo que queremos, no nos hace sentir completos, hemos desarrollado una forma diferente de hacernos felices. Tratamos de divertirnos y disfrutar de nosotros mismos. Hacemos esto para distraernos de los pensamientos que causan nuestro sufrimiento, insatisfacción, e inquietud.

Hemos aprendido observando a nuestros padres y amigos, así como de nuestras propias experiencias en la vida, que las distracciones son una manera fácil de hacernos felices a nosotros mismos y escapar de nuestras emociones no deseadas. Puede que no seamos conscientes de ello, pero esperamos que la televisión, películas, música, comida, trabajo, relaciones, internet, los teléfonos, los amigos, ir de compras, las drogas y el alcohol nos distraigan de los pensamientos que crean nuestro sufrimiento. Estas son las herramientas que nos han dado para hacernos felices, así que por supuesto las vamos a utilizarlos.

Ya que nuestros pensamientos nos hacen sufrir, naturalmente, hacemos todo lo posible para evitarlos. Esta es la razón por la que la mayoría de nosotros no quiere estar con nosotros mismos, sin distracciones y siempre tenemos que estar con los amigos, en el teléfono, escuchar música, ver la televisión, mantenernos ocupados, o tener alguna otra forma de distracción. Incluso cuando estamos con otros, nuestros pensamientos nos ponen nerviosos o preocupados por lo que la gente piensa, por lo que muchos de nosotros elegimos beber alcohol con el fin de distraer nuestra atención de los pensamientos que nos impiden sentirnos libres y felices. Cuanto más intenso es nuestro sufrimiento, más fuerte es nuestro deseo de escapar de nuestra emoción no deseada y participar en distracciones. Por esta razón, a menudo es muy difícil dejar de participar en nuestros "malos" hábitos.

Preguntas: *¿Qué hago cuando me siento triste, solo, estresado, preocupado o ansioso? ¿Qué tipos de distracciones uso para distraer mi atención lejos de los pensamientos que crean mis emociones no deseadas?*

Las distracciones como las mencionadas anteriormente llevan nuestra atención de los pensamientos que crean nuestras emociones no deseadas, y nos hacen felices al dirigir nuestra atención a otros pensamientos más positivos. Si decidimos trabajar, entonces nuestros pensamientos se desplazarán a pensar en cómo hacer nuestro trabajo. Si decidimos pasar tiempo con un amigo o compañero, entonces podríamos tener conversaciones entretenidas o atractivas sobre cualquier tema que queremos. Si nos conectamos a Internet, entonces estaremos prestando atención a nuestros pensamientos sobre cualquier contenido que estamos viendo. Estas actividades nos dan alivio al desplazar nuestra atención de los pensamientos negativos a pensamientos más positivos. Por lo tanto, estas distracciones nos hacen más felices durante el tiempo que nos involucramos en ellas.

También hay otro tipo de distracción. Cuando nos involucramos en una actividad (distracción) que amamos, a veces prestamos toda nuestra atención al momento presente, sin atención a los pensamientos. Cuando no prestamos ninguna atención los pensamientos estos se detienen. Esta es una experiencia del momento presente. Esto puede suceder cuando estamos practicando deportes, bailando, creando arte, jugando con nuestros hijos, escuchando música, meditando o haciendo yoga. No importa la actividad que sea, la experiencia es la misma: la paz y la felicidad. No hay pensamientos sobre el pasado o el futuro, nosotros mismos o los demás, o lo que es "bueno" y "malo", porque la actividad que realizamos es lo suficientemente apasionante o lo suficientemente agradable para captar de alguna manera toda nuestra atención.

Pero podemos reconocer que la felicidad no viene de la propia actividad ya que podríamos fácilmente ser infelices mientras que hacemos cualquiera de estas actividades. Por ejemplo, a veces podemos tener un montón de diversión bailando o jugando con nuestros hijos, mientras que otras veces estas actividades pueden ser nada divertidas. Esto puede suceder porque estamos pensando que hay algo en la actividad que no es "lo suficientemente bueno", no somos "lo suficientemente buenos" en ello, o porque estamos preocupados por otra cosa, como por ejemplo nuestro trabajo o lo que otros piensan. Esto crearía la experiencia de la frustración, la ira, la tristeza o la ansiedad en lugar de la paz.

Preguntas: *¿Qué tipo de actividades me han hecho feliz en el pasado? ¿He estado alguna vez haciendo la misma actividad pero* *no he sido feliz mientras la hacía? ¿Si la misma actividad a veces me hace feliz y a veces no lo hace, puedo admitir que la actividad en sí no debe ser la que está creando directamente mi felicidad?*

Las distracciones no son suficientes para mantenernos en paz

Las distracciones son una maravilla para nosotros. Ellas son la fuente de gran parte de nuestra felicidad en la vida, y nos proporcionan un alivio muy necesario de nuestro sufrimiento o descontento. Pero, por útiles que sean, no son suficientes para hacer que nuestra vida sea muy feliz, traer la paz, hacer que nos sintamos completos, o estar contentos con nuestro nivel de felicidad. No importa lo felices que somos cuando estamos siendo entretenidos, no siempre podemos distraernos de nuestros pensamientos. No importa a dónde vayamos, no importa con quién estemos, no importa en qué situación nos encontramos, tenemos que estar con nuestros pensamientos. Todos nuestros pensamientos que juzgan, analizan y comparan, así como todos nuestros pensamientos que crean irritación, ira, tristeza, vergüenza y culpa - todos ellos vienen con nosotros. En cualquier momento que no estamos siendo distraídos, llegaremos de vuelta a los pensamientos que estaban creando nuestro sufrimiento y descontento antes de que nos distrajéramos.

En nuestro trabajo, en nuestras interacciones con los amigos, al perseguir intereses amorosos, durante el tiempo que pasamos con nuestra familia, y cualquier momento por nosotros mismos, nuestros pensamientos continuarán creando nuestra experiencia de vida. Puede parecer como si nuestra atención está centrada en los demás cuando estamos con ellos, pero estamos casi siempre inconscientemente juzgando, pensando en cómo conseguir su aprobación, y pensando si estamos consiguiendo su aprobación.

Por ejemplo, puede ser que no sepan que estamos pensando, "Él no debería haber dicho eso", "¿Debo hablarle de mi pasado?", Y "¿He hecho una buena impresión?" *Nuestra relación con nuestros propios pensamientos dicta lo agradables que serán todas nuestras relaciones en la vida.*

En realidad, puede ser difícil admitir que tenemos ciertos pensamientos no deseados, pero cuanto más tiempo evitamos nuestros pensamientos y las emociones que crean, más aumentan estas emociones y controlan nuestras vidas, haciendo más y más difícil el ser realmente feliz. Si nosotros no nos permitimos reconocer los pensamientos que crean nuestras emociones, entonces no podemos hacer frente a ellos. Sin embargo, si enfrentamos los pensamientos que crean nuestras emociones no deseadas, entonces podemos ser felices en cualquier situación sin ningún tipo de distracciones.

Es hora de poner fin a nuestra búsqueda de la felicidad

Puesto que hemos sido entrenados para creer que las circunstancias deben ser capaces de hacernos felices, cuando conseguimos lo que queremos, pero no nos sentimos contenidos, terminamos asumiendo, "yo no soy feliz porque no tengo suficiente de lo quiero". Pensamos: "Si tuviera suficiente, entonces yo sería feliz". Por ejemplo, a muchos de nosotros nos han enseñado que el éxito, la riqueza, el respeto o el amor nos harán felices. Pero cuando lleguemos a estas cosas, todavía no nos sentimos completos. Estos logros no tienen la capacidad de hacernos sentir completos, ya que no eliminan la gran mayoría de nuestros pensamientos negativos. En vez de reconocer esto, sin saberlo, decidimos, "No estoy contento porque... yo no tengo *suficiente* éxito, poder, amor, aprecio, respeto, riqueza" o "No estoy contento porque... mi casa no es lo suficientemente grande, mi coche no es lo suficientemente lujoso, mi cuerpo no es lo suficientemente atractivo, no soy lo suficientemente inteligente".

Cuando pensamos que no somos felices porque no tenemos lo suficiente de lo que queremos, seguimos buscando más y más de lo que ya tenemos. Creemos que vamos a dejar de perseguir más una vez que estemos contentos, pero ya que las cosas que tratamos de lograr, adquirir o cambiar, para hacernos felices en realidad no tienen la capacidad de hacernos felices (al no ser que sea temporalmente), nunca dejamos de perseguir más de lo que queremos.

Puede parecer como si otros han alcanzado la felicidad a través de las circunstancias porque los vemos sonriendo o riendo, pero este fenómeno de estar insatisfecho no es exclusivo de un solo individuo. Nuestra falta de paz no es un asunto personal. Todos fuimos enseñados a creer nuestros conceptos de "perfecto" y "malo", y a todos nos han enseñado que las circunstancias crean la felicidad y el sufrimiento. Dado que a ninguno de nosotros nos han enseñado a abordar directamente los pensamientos que nos hacen infelices, todos estamos en el mismo barco de estar insatisfechos.

El resultado de nuestra búsqueda de la felicidad a través de las circunstancias "perfectas" y distracciones son momentos de felicidad, pero también una verdadera falta de paz duradera y la alegría general, y a menudo una gran cantidad de sufrimiento. Casi siempre parecemos estar a la espera de ser felices. Ya sea que estamos esperando el próximo momento divertido para distraernos de nuestro descontento, o estamos a la espera de lograr las circunstancias "perfectas". Podríamos estar esperando a que el trabajo acabe, esperando el fin de semana, esperar nuestras próximas vacaciones, esperar encontrar a nuestra alma gemela, esperar que nuestros hijos pasen sus años de adolescencia, esperar que nuestros hijos vayan a la universidad, esperar el éxito, esperar la jubilación, o esperar que nuestra pareja cambie.

La promesa de la felicidad casi siempre parece ser en el futuro. Y siempre lo será en el futuro a menos que empecemos a tratar los pensamientos que nos impiden sentirnos felices. Es hora de ir a la fuente de nuestras emociones no deseadas y enfrentar directamente los pensamientos que nos hacen infelices.

Echemos un vistazo a cómo hacerlo...

Capítulo Cuatro

Los 5 Pasos para El Momento Presente

Si desea dejar de aferrarse a su tristeza sobre un evento pasado, dejar de preocuparse por lo que alguien piensa de usted, dejar de sentir rabia hacia alguien, dejar de sentirse avergonzado por su vida, o dejar de experimentar ansiedad sobre el futuro, entonces todo lo que necesita es dejar de creer los pensamientos que crean estas emociones. Eso es todo. No es necesario repararse a usted mismo, cambiar a los demás, o mejorar su situación. Todas estas emociones son creadas exclusivamente por los pensamientos en su mente y no por nada suyo, de sus circunstancias, o las personas en su vida.

Como mencioné en la introducción, las personas que vienen a mí son capaces de creer en estos pensamientos y experimentar el momento presente cuando están conmigo, pero les es difícil identificar y dejar de creer en los pensamientos que crean sus emociones no deseadas por su cuenta. Con el fin de abordar esta cuestión, he diseñado un proceso de 5 pasos que le servirá de guía para experimentar la paz del momento presente, y le hará más feliz en su vida diaria.

Este capítulo expondrá todo el proceso en breve y le proveerá con varios ejemplos, mientras que en los próximos capítulos se descomponen los pasos con más detalle, y le llevarán a través del proceso a medida que lee. Una vez que se familiarice con este proceso, se puede usar en cualquier momento y en cualquier lugar, con cualquier pensamiento y emoción. No importa lo intensa que sea su emoción, no importa cuánto tiempo la haya tenido, y no importa qué circunstancias piensa que la han creado, si deja de creer el pensamiento que crea su emoción, volverá de nuevo a la paz del momento presente.

1) Escoger una emoción no deseada

El primer paso es escoger una emoción que está experimentando que desea dejar de experimentar. Por ejemplo, es posible que desee dejar de sentir resentimiento hacia su pareja, es posible que desee dejar de sentirse culpable por algo que usted hizo, es posible que desee dejar de sentir ansiedad en el trabajo, o es posible que desee dejar de preocuparse por lo que sus amigos piensan de usted.

Si tiene cualquiera de estas emociones, pero quiere experimentarlas, entonces eso está bien. Ciertamente no hay nada "incorrecto" o "malo" de sentir cualquiera de nuestras emociones. No se trata de deshacerse de todas nuestras emociones. Se trata sólo de darnos la opción de elegir la felicidad en lugar de sufrir en cualquier momento que queremos ser felices. A veces, después de los acontecimientos "malos", es posible que desee experimentar dolor, tristeza o culpa por algunas semanas o meses antes de que decidamos que queremos realmente ser felices de nuevo. A veces podemos sentirnos tristes o enojados, pero todavía estamos completamente bien al respecto. Si este es el caso, entonces ciertamente no hay necesidad de que nos involucremos en el proceso de 5 pasos para estas emociones.

2) Identificar los pensamientos detrás de su emoción no deseada

Antes de que pueda dejar de creer los pensamientos que crean su emoción no deseada, primero tiene que identificar los pensamientos detrás de su emoción. Estos pensamientos aparecen generalmente como cualquier cosa que cree que causó nuestra emoción ("mi marido no debería haber llegado tarde"), lo que pensamos que hay que cambiar en nuestra vida para que seamos felices ("Necesito una promoción para ser feliz "), o lo que sea que está pasando por nuestras mentes a medida que experimentamos la emoción no deseada (" ¿y si no le gusto? "). Dado que a menudo puede ser difícil encontrar los pensamientos por sí mismo, se le proporcionará una variedad de preguntas en el siguiente capítulo para ayudarle en el proceso de identificación de los pensamientos específicos detrás de su emoción.

3) Reconocer que su emoción ha sido creada por sus pensamientos y no por sus circunstancias

Con el fin de tener interés en cuestionar sus pensamientos, primero tiene que reconocer que sus pensamientos, no por sus circunstancias, han creado su emoción no deseada. Como resultado de este reconocimiento, su atención puede ser distraída de quién cree que tiene la culpa, cómo usted es la víctima, qué debería ser diferente, o cómo cambiar las cosas, y dirigida a cuestionar la validez de los pensamientos que son en realidad la causa de su sufrimiento. El capítulo 6 contiene cinco preguntas para ayudarle a descubrir directamente qué pensamientos han creado realmente su emoción no deseada.

4) Descubrir que no sabe si su pensamiento es cierto

Para cada pensamiento que crea una de sus emociones no deseadas, es posible descubrir que no sabe si es cierto. Una vez que ya no cree que un pensamiento es cierto, la emoción correspondiente se disuelve. Si un amigo le dijo que su casa se quemó, y usted le cree, ¿cómo se sentiría? Usted probablemente se sentiría molesto. Pero si su amigo le dijo esto, y no cree a su amigo en absoluto (quizás porque siempre está hablando tonterías), entonces, ¿cómo se sentiría? Si no cree lo que dijo su amigo, entonces no tendría ninguna razón para sentirse molesto, y por lo tanto no se vería afectados emocionalmente por el comentario. De la misma manera, si no cree que un pensamiento (palabra) en su mente es verdad, no va a crear una emoción.

Cuando estamos creyendo un pensamiento, esencialmente estamos creyendo "mi pensamiento es verdadero". Pero, cuando reconocemos que "mi pensamiento no es verdad" o "No sé si mi pensamiento es verdad", hemos dejado de creer "que mi pensamiento es verdadero". Una vez que dejamos de creer un pensamiento, nuestra emoción se disuelve. Los capítulos 8 al 15 contienen 34 preguntas diferentes para ayudarle a descubrir directamente que los pensamientos que crean el sufrimiento pueden no ser verdad. Cada pregunta le mostrará una razón diferente por las que un tipo específico de pensamiento podría no ser cierto.

He aquí un ejercicio para ayudarle a experimentar directamente la diferencia entre creer que un pensamiento que es verdad y admitir que no sabe si el pensamiento es verdad. Para cada uno de los siguientes diez ejemplos, dígase a sí mismo el primer pensamiento dado e imagínese cómo se sentiría (o ha sentido) si estuviera en una situación en la que usted ha tenido este pensamiento. Asegúrese de enfatizar fuertemente las palabras que están en cursiva. Luego dígase el segundo pensamiento alternativo en el ejemplo, pretendiendo que acaba de conocer una nueva información, y ahora realmente no sabe si su afirmación original es verdadera. Imagínese que usted reconoce completamente que el segundo pensamiento es cierto, y vea cómo este pensamiento le hace sentir. Note la diferencia en el sentimiento y la forma en que su emoción pierde la mayor parte o la totalidad de su poder.

1) "Ella *tuvo* una falta de respeto hacia mí" - "No sé si ella estaba siendo irrespetuosa"

2) "*Es* malo que no haya conseguido la oferta de empleo" - "Realmente no sé si será bueno o malo para mi vida que no haya conseguido la oferta de trabajo"

3) "No *soy* digno de amor" - "Definitivamente es posible que yo sea digno de amor"

4) "Mi novio *no se* preocupa por mí" - "Mi novio podría preocuparse de mí"

5) "*Fue terribl*e que mis padres no me prestaron atención cuando era joven" - "Realmente no sé si la forma en que mis padres me trataron fue buena o mala para mi vida en general"

6) "Ahora que mi esposa me dejó, yo *nunca voy a* encontrar a alguien que me ame de nuevo" – "Puede que encuentre a alguien de nuevo que me ame que sea aún más maravillosa que mi esposa"

7) "Ella *tiene* la culpa de lo que pasó" - "No sé si ella tiene la culpa"

8) "*Necesito* tener un niño para ser feliz" - "Yo en realidad no sé que no voy a ser tan feliz sin un niño"

9) "*Sería* malo si mi hija no consigue se aceptada en la universidad que quiere" - "La verdad es que no sé si sería malo para la vida de mi hija si ella es rechazada por la universidad"

10) "Yo tengo 30 años y *debería* estar casada" - "Sinceramente, no sé si es malo no estar casada a los 30"

¿Sintió cómo su emoción se disuelve o pierde la mayor parte de su poder cuando reconoce que no sabe si el pensamiento es cierto? Una vez que nos damos cuenta, "yo no sé si mi pensamiento es verdadero", ya hemos dejado de creer, "Mi pensamiento *es* verdad". Cuando ya no creemos que nuestro pensamiento es cierto, nuestro pensamiento ya no crea su emoción. En su lugar, experimentamos la paz del momento presente (hasta que nuestra atención se dirige a otros pensamientos). Este sentimiento parece a menudo como un gran alivio al principio.

Sin embargo, dado que este ejercicio implica ejemplos hipotéticos, es poco probable que sintiera el sufrimiento completo de creer el primer pensamiento, así que no experimentará mucho alivio al dejar de creer en el pensamiento. Además, este ejercicio no le permiten experimentar plenamente el alivio de dejar de creer en una idea, porque está fingiendo creer "Yo no sé si mi pensamiento es verdad", en lugar de realmente descubrirlo.

5) Cuestionar la validez de cualquier razón para seguir sufriendo (si procede)

A pesar de que es posible que desee ser feliz, su mente puede todavía tratar de convencerlo de que es "mejor" mantener su emoción no deseada mediante la creación de una razón de por qué podría ser "malo" perderla. Por ejemplo, si usted comienza a ver que sus preocupaciones acerca de un familiar enfermo son causadas por un pensamiento que no sabe si es verdad, entonces su mente puede tratar de mantenerle preocupado diciendo: "Si no me preocupo, eso significa que él no me importa. "Si comienza a ver que los pensamientos que crean su estrés podrían no ser verdad, su mente podría reaccionar pensando, "Mi estrés me ayuda a hacer mi trabajo". Si comienza a darse cuenta de que sus pensamientos, no la persona a la que le estaba echando la culpa, han creado su ira, entonces el pensamiento, "tengo que hacerle responsable por lo que hizo" puede aparecer.

Así como puede cuestionar la verdad de los pensamientos que crean el sufrimiento, también puede cuestionar la validez de cualquier pensamiento que trata de convencerle para seguir sufriendo. Las formas de resistir de la felicidad, y las preguntas que le ayudarán a dejar de creer estos pensamientos (si los hay), se abordan en los capítulos 16 y 17. Sin embargo, si encuentra una razón para guardar sus pensamientos o emociones no deseadas en cualquier paso en el camino, no dude en saltar al Paso 5 con el fin de desafiar sus razones para seguir sufriendo. No es necesario esperar hasta que haya pasado todos los primeros cuatro pasos.

Los 5 Pasos para El Momento Presente en la vida real

Para ver cómo Los 5 Pasos trabajan con verdaderos pensamientos y circunstancias reales, ahora vamos a ver ejemplos de cómo dos personas diferentes utilizan este proceso en sus vidas.

Ben tiene una entrevista de trabajo con una pequeña empresa de publicidad con la que realmente quiere trabajar. Tiene un nudo en el estómago porque él está preocupado porque no conseguirá la oferta de trabajo. Él está lleno de ansiedad, pensando constantemente, "¿Qué pasa si no consigo el trabajo? ¿Cómo va a ir la entrevista? ¿Y si no están impresionados? "Unas noches antes de la entrevista, él está tan estresado que no puede dormir. Esto es cuando decide que es hora de revisar los 5 pasos que yo le había dado un par de semanas antes (por una cuestión diferente). La siguiente secuencia de comandos representa su proceso de utilización de Los 5 Pasos para pasar de la sensación de ansiedad a la paz. Las preguntas son parte de Los 5 Pasos, y las respuestas de Ben están en cursiva.

Paso 1: Escoja una emoción no deseada

Estoy preocupado por mi próxima entrevista de trabajo y yo no quiero sentirme así nunca más.

Paso 2: Identificar los pensamientos detrás de su emoción no deseada

¿Qué resultado sería "malo"?

Sería malo si no consigo la oferta de trabajo.

Paso 3: Reconocer que su emoción ha sido creada por sus pensamientos y no por sus circunstancias

¿Cómo me siento cuando pienso este pensamiento o digo esta historia?

Me siento ansioso, tenso, nervioso.

Si no hay una "mala" circunstancia que está sucediendo realmente en este momento, pero aun así puedo crear una emoción (estrés) en este momento sólo por el pensamiento, ¿entonces puedo admitir que los pensamientos han creado mi emoción en lugar de las circunstancias?

Sí, puedo admitir que mi situación no es la causa de mi ansiedad, mis pensamientos lo son. Nada malo ha sucedido-Ni siquiera he tenido la entrevista.

Paso 4: Descubrir que no sabe si su pensamiento es cierto

¿Puedo pensar en algunos "malos" efectos posibles de conseguir el resultado que quiero?

Aunque creo que me va a gustar el trabajo mucho, no puedo estar seguro de que me gustará ya que nunca he trabajado realmente allí. Así que puede ser que no me guste el trabajo. Es posible que no se me dé bien. Es posible que no me guste la gente que trabaja allí. Este trabajo me podría darme más estrés o exigir más horas de trabajo que otros trabajos que estoy mirando.

¿Sé con absoluta certeza que este resultado sería "malo" para mi vida? ¿Puedo pensar en algunos posibles efectos "buenos" de conseguir el resultado que no quiero?

Si no obtengo esta oferta de trabajo, podría encontrar un trabajo diferente que me hace más feliz, se me da mejor, paga más, o requiere un menor número de horas. En mi tiempo libre cuando no trabaje, yo podría conocer a alguien genial, o tener algunas experiencias que me enseñen algo importante que en última instancia, me hace más feliz.

Aunque yo realmente quiero conseguir esta oferta de trabajo, la verdad es que no sé si este trabajo sería lo mejor para mí o me haría más feliz.

Simplemente decirme eso me da tanto alivio. Puedo volver a respirar. No tengo que preocuparme por no conseguir la oferta de trabajo porque realmente no sé si eso sería mejor o peor para mi vida.

Paso 5: Cuestionar la validez de cualquier razón para continuar sufriendo (si procede)

Pero si yo no insisto sobre la entrevista entonces no voy a trabajar duro para prepararme para ella, lo que perjudicará mis posibilidades de conseguir la oferta de trabajo.

¿Puedo pensar en alguna razón por la qué no tener ansiedad podría ayudarme a conseguir lo que quiero?

Sin ansiedad, supongo que iba a disfrutar más de mi estudio para la entrevista, lo que podría ayudar a que pase más tiempo en la preparación para la entrevista. Definitivamente, estaría más centrado en la preparación de entrevistas si yo no estuviera estresado. Eso podría hacerme entender la información que estoy aprendiendo más fácilmente, y me ayudará a preparar mejor las respuestas a las preguntas que podrían hacerme. Si no estoy nervioso y ansioso mientras estoy en la entrevista, entonces es muy probable que responda mejor a las preguntas. Probablemente le gustaré más al entrevistador, y disfrutará de estar cerca de mí si estoy más relajado y no lleno de preocupación.

Supongo que no tener ansiedad en realidad podría ayudarme a conseguir la oferta de trabajo. Teniendo en cuenta esto, definitivamente no veo ninguna razón por la que me gustaría mantener mi ansiedad.

He aquí otro ejemplo. Amanda viene a mí para quejarse acerca de cómo ella siente que su relación con su marido no tiene la energía y la alegría que tuvo una vez. Él no ya no le trae flores, y él no parece apreciar todo lo que ella hace en la casa (por no hablar de que el no la ayuda). Ella se siente resentida, decepcionada, y dudosa de que las cosas puedan mejorar. Así es como cambió todo esto. Una vez más, las preguntas que se dan, son parte de los 5 pasos, y las respuestas de Amanda están en cursiva.

Paso 1: Escoja una emoción no deseada

Quiero dejar de sentirme triste por mi matrimonio.

Paso 2: Identificar los pensamientos detrás de su emoción no deseada
¿Cuál es el "mal" resultado que ha ocurrido?
Es malo que mi esposo no me aprecie.

Paso 3: Reconocer que su emoción ha sido creada por sus pensamientos y no por sus circunstancias
¿Cómo me siento cuando pienso este pensamiento o digo esta historia?
Siento tristeza, decepción y resentimiento hacia mi marido.

¿Si no hay una "mala" circunstancia que está sucediendo realmente en este momento, pero aún así puedo crear una emoción (tristeza) ahora sólo al pensar, entonces puedo admitir que los pensamientos han creado mi emoción en lugar de las circunstancias?

Todavía parece como si mi marido está causando mi enojo y decepción.

¿Soy capaz de ser feliz (divertirme) cuando estoy siendo entretenido y distraído de mis pensamientos? ¿Si puedo ser feliz cuando estoy distraído de mis pensamientos, a pesar de que todavía existe la "mala" circunstancia, entonces puedo admitir que mi "mala" circunstancia no está causando mi infelicidad?

Cuando estoy con mis amigos, en el cine, o haciendo yoga, definitivamente puedo todavía disfrutar. A pesar de que todavía existen mis problemas con mi matrimonio, yo todavía puedo ser feliz cuando no estoy pensando en eso. Esto hace que esté muy claro que deben ser mis pensamientos los que están creando mi infelicidad sobre el matrimonio, no el matrimonio.

Sólo admitiendo que mi marido no es el culpable de mi tristeza ya parece aliviar parte de mi resentimiento hacia él.

Paso 4: Descubrir que no sabe si su pensamiento es cierto
¿Cuáles son los hechos y cuál es mi interpretación de los hechos? ¿Estoy absolutamente segura de que mi suposición acerca de sus pensamientos, sentimientos o intenciones es cierta?

Bueno, el hecho es que la rara vez dice "gracias" o "te lo agradezco", ya nunca me trae flores, y no ayuda con la limpieza de la casa. Supongo que mi interpretación es que "estas acciones significan que no me aprecia". Definitivamente parece como si mi interpretación es verdadera y que él no me debe apreciar.

¿He interpretado los hechos sobre la base de lo que estaría pensando si actuase de esa manera? ¿Estoy seguro de que estos expresan sus sentimientos o elige sus acciones de la misma manera como lo hago yo? ¿Es posible que no exprese su amor, aprobación, o la apreciación de la manera en que yo estoy buscando, porque él no siente la necesidad de recibir amor, aprobación o apreciación de esa manera?

Cuando yo aprecio a alguien, trato de hacerles saber esto. Si no muestro gratitud y amor, por lo general significa que es porque no me gusta. Es posible que simplemente no se le ocurriera mostrar su agradecimiento mediante flores y decir "gracias". Él definitivamente no parece necesitar o desear apreciación de esta manera, así que tal vez es por eso que no pone mucho esfuerzo en mostrarme apreciación de estas maneras.

¿Puedo pensar en algunas razones o ejemplos de por qué el pensamiento opuesto (interpretación) podría ser cierto?

Pueden ser señales de reconocimiento el hecho de que él paga nuestra hipoteca, y que él paga mi comida y clases de yoga, entre otras cosas. Él me ha comprado regalos en el último año. Él me hace cumplidos en ocasiones. A veces puedo ver que me aprecia por la forma en que me mira.

Tal vez él me aprecia y simplemente no lo demuestra en las formas que yo quería que lo haga. Sólo decir eso me hace sentir como si un enorme peso se ha levantado de mis hombros. Tal vez mi matrimonio está bien como está. Fueron sólo mis pensamientos acerca de mi marido que me hicieron sentir que no era lo suficientemente bueno, y-a su vez me hicieron sentir triste y resentida. Realmente me siento mucho mejor ahora. Es agradable no tener que preocuparse por eso.

No hay quinto paso, porque su mente no ha creado ninguna razón para mantener la tristeza.

Cómo los 5 pasos nos llevan al presente de inmediato y nos hacen más felices

Cuando estamos sufriendo, estamos centrando a menudo una gran parte de nuestra atención en algunos pensamientos o historias específicas. Cuando no creemos estos pensamientos, nuestra atención está libre por un momento. Nuestra atención se queda por completo en este momento, y de repente, estamos plenamente presentes. Lo que queda es la experiencia del momento presente. Nos sentimos libres, enteros, y felices.

Pero, como se puede imaginar, esta experiencia del momento presente a menudo no dura mucho tiempo. Esta experiencia termina cuando nuestra atención vuelve a otros pensamientos. Podemos estar presente durante unos segundos, unos minutos o unos días antes de que esto suceda. Cuánto tiempo nos quedamos presentes es difícil de predecir, porque depende de una amplia variedad de factores. En general, cuanto más atención prestamos a un pensamiento (por ejemplo, el 10% de nuestro tiempo), y cuanto más tiempo le prestamos atención (por ejemplo, dos meses), más larga será nuestra experiencia del momento presente cuando no creemos en el pensamiento.

Esto puede parecer poco tiempo para estar presente. Sin embargo, incluso cuando nuestra atención no vuelve a otros pensamientos, somos más felices ahora de lo que éramos, porque ya no tenemos la emoción no deseada específica que nuestro pensamiento estaba creando. Si nuestro pensamiento estaba creando una gran cantidad de tristeza, entonces no vamos a tener más esa tristeza, independientemente de si nuestra atención se transfiere al momento presente o simplemente a otros pensamientos.

Imagine que es un aspirante a cantante y que acaba de cantar una nueva canción en el escenario por primera vez. Entonces, cuando se baja del escenario y pregunta a su amigo qué tal lo hizo, él le dice: "¡Eso fue terrible!" ¿Cómo cree que se sentiría en ese momento? Si cree a su amigo, probablemente se sentirá ofendido o avergonzado. Pero si su amigo luego sonríe, y se da cuenta de que estaba bromeando, ¿cómo afectaría esto a su estado emocional? Probablemente sentiría una sensación inmediata de alivio. Su dolor o vergüenza se habrán disuelto en un instante. ¿Por qué pasa esto? Sucedería únicamente porque dejó de creer que las palabras de su amigo eran verdad. Tan pronto como deja de creer las palabras de alguien, la emoción que crearon se disuelve instantáneamente. Este es el mismo tipo de impacto emocional que experimentamos cuando no creemos un pensamiento que nos estaba creando sufrimiento.

Cuando no creemos un pensamiento, el cambio en nuestro estado emocional será relativo a la cantidad de sufrimiento que el pensamiento nos ha estado causando. Si un pensamiento específico ha creado una gran parte de nuestro sufrimiento (durante la última hora o los 10 últimos años), entonces vamos a ser mucho más felices sin él. Sin embargo, si un pensamiento específico no ha creado un sufrimiento notable, y no ha acaparado nuestro tiempo o energía, entonces dejar de creer este pensamiento tendrá muy poco impacto emocional en nosotros y nuestra atención irá directamente de vuelta a todos nuestros otros pensamientos.

Cómo el dejar de creer pensamientos nos hace más felices en la vida y nos ayuda a vivir el momento

Imagínese que va a un espectáculo de magia y mira cómo el mago corta a su ayudante por la mitad. La primera vez que ve esto, podría sentirse asustado o sorprendido por ello, porque cree que lo que está sucediendo es real y verdadero. Pero si el mago entonces muestra al público cómo funciona el truco, la próxima vez que vea que alguien es cortado por la mitad, no será afectado emocionalmente porque no va creerá que lo que está viendo es cierto.

De la misma manera, cuando experimenta una emoción, está creyendo que un pensamiento es verdad. Cuando descubre que no sabe si su pensamiento es cierto, en esencia ha expuesto cómo funciona el truco. Si el mismo pensamiento surge de nuevo en su mente, es mucho menos probable que se deje engañar por el (que lo crea) porque ya ha visto por qué el pensamiento no es conocido como cierto. Al igual que con el truco de magia, si no cree que el pensamiento es cierto, no va a crear una emoción. Por esta razón, una vez que dejar de creer un pensamiento, ese pensamiento es mucho menos probable que surja o que sea creído de nuevo en el futuro.

Por lo tanto, cuando no creemos en los pensamientos que crean nuestro sufrimiento en cualquier situación específica, a menudo terminamos siendo felices en esa situación en el futuro. Incluso si estamos pensando en esas situaciones, y nuestras mentes no callan, todavía no estaremos creyendo los pensamientos negativos que teníamos anteriormente. Esto quiere decir que no vamos a experimentar las emociones que estos pensamientos crean. Echemos un vistazo a algunos ejemplos de cómo podría ser esto en un día típico:

- Por la mañana, podemos experimentar ansiedad al tratar de conseguir que nuestros niños lleguen a la escuela a tiempo con todo lo que necesitan. Si somos capaces de reconocer que no sabemos muy bien si "sería malo si mis hijos llegaran tarde" o "Necesito llevar a mis hijos a la escuela a tiempo", entonces podemos estar en paz mientras preparamos a nuestros hijos por la mañana. Podemos empezar nuestro día con entusiasmo y energía en lugar de sentirse abrumado.

- Podemos sentir ansiedad en el trabajo cuando nuestro jefe no nos muestra aprecio. Si dejamos de creer nuestra suposición de que "él no piensa que soy bueno en mi trabajo" o "voy a ser despedido", entonces podemos dejar de sentir ansiedad en el trabajo. Podemos ser felices en el trabajo e incluso mejorar la calidad de nuestro trabajo, ya que podemos prestarle toda nuestra atención.

- Es posible que nos enfademos cuando nuestro compañero de trabajo no se ofrece para ayudarnos. Si podemos reconocer que no estamos seguros de si nuestro compañero de trabajo está siendo egoísta, y por lo tanto dejar de creer el pensamiento "el no debería ser tan egoísta", entonces podemos disfrutar más fácilmente nuestras interacciones con nuestro compañero de trabajo. Podemos divertirnos con nuestro compañero de trabajo, tratarlo con amabilidad genuina, y todavía ofrecernos a ayudarlo cuando lo necesite.

- Puede que no digamos lo que queremos decir o hagamos lo que queremos hacer cuando estamos con nuestros amigos porque tenemos miedo de lo que pensarán. Si nos damos cuenta de que no sabemos si nuestro pensamiento “sería malo si tuviera una opinión negativa acerca de mí" es en realidad cierto o no, entonces por fin podemos sentirnos libres para simplemente hacer y decir lo que se siente bien y natural para nosotros. Podemos dejar de preocuparnos todo el tiempo por lo que piensan otros de nosotros.

- Cuando lleguemos a casa por la noche, podríamos sentir la decepción o resentimiento hacia nuestro cónyuge por no recoger la compra que necesitábamos. Si podemos ver que nuestra interpretación "ella no se preocupa por mi tiempo" podría no ser cierta, entonces podemos sentir amor hacia nuestro cónyuge en lugar de resentimiento.

Las situaciones por sí mismas no crean nuestra experiencia emocional; son sólo nuestros pensamientos acerca de estas los que nos hacen sufrir. Si no creemos en estos pensamientos acerca de nuestras situaciones y las personas en nuestras vidas, entonces podemos seguir siendo amorosos, felices y en paz cuando estemos en estas situaciones en el futuro. Podemos seguir con nuestro día sin ansiedad, ira, tristeza y preocupación.

Si el pensamiento no deseado surge de nuevo, a menudo vemos este pensamiento como divertido, inútil, irrelevante, delirante, o simplemente interesante, en lugar de creerlo. Sin embargo, es importante tener en cuenta que muchas veces creemos pensamientos que no creíamos previamente. Esto es más probable que ocurra cuando habíamos creído un pensamiento durante mucho tiempo, lo identificamos estrechamente con un pensamiento, o no dejamos de creerlo plenamente.

Pero incluso si creemos uno de nuestros pensamientos de nuevo: 1) La intensidad de la emoción que crea es por lo general sustancialmente más débil, porque no creemos el pensamiento con tanta fuerza; 2) Nos damos cuenta más rápidamente de que nuestra emoción ha sido creada por el pensamiento (en oposición a las circunstancias) porque la emoción a menudo desencadena la memoria de dejar de creer en el pensamiento la última vez que lo experimentamos; 3) Es mucho más fácil dejar de creer el pensamiento porque ya sabemos que el pensamiento crea nuestra emoción, qué preguntas debemos hacernos a nosotros mismos, y por qué se desconoce que el pensamiento es verdad. Después de un par de veces, a menudo ni siquiera necesitamos hacernos alguna pregunta para dejar de creer el pensamiento porque casi instantáneamente reconocemos que no sabemos si el pensamiento es verdad.

A medida que creemos menos en nuestros pensamientos, podemos ser felices en más y más situaciones. Además, si no creemos en los pensamientos negativos que tenemos sobre nosotros mismos, nuestras vidas y eventos del pasado, entonces podemos estar tranquilos y contentos, incluso cuando estamos solos, sin distracciones.

No hay tal cosa como la "felicidad duradera"; sólo hay una serie de momentos individuales. Así ser más feliz simplemente significa que hay momentos más frecuentes de felicidad (aunque hay diferentes grados) y menos momentos de sufrimiento. Llegamos a ser más felices un porcentaje más grande de nuestro tiempo. Como creemos menos pensamientos, experimentamos una mayor libertad y paz en nuestra vida.

Dicho de otra manera, cuando dejamos de creer más pensamientos, hay más silencio (o espacio) entre los pensamientos. El menor número de pensamientos que creemos, más vivimos en el momento presente. Esto significa que hay más experiencia del momento presente entre los pensamientos que crean sufrimiento. Como este espacio entre los pensamientos crece, experimentamos más la paz, el amor, la risa, y la gratitud en nuestra vida.

Cómo implicarse en Los 5 Pasos

La manera más útil y eficaz de leer el resto de este libro es implicarse en Los 5 pasos al Momento Presente ya que se describen en los siguientes capítulos. Si sólo piensa en los conceptos a nivel teórico, puede ser interesante, pero no le dará mucho valor. Al comprometerse con el proceso mientras lee, en realidad puede experimentar la paz que resulta de los pensamientos de incredulidad a medida que lee.

Sin embargo, este libro no sólo tiene la intención de guiarle hacia el momento presente mientras lee. El valor real viene de la aplicación de este proceso a la vida en cualquier momento que experimenta una emoción no deseada. Este proceso está destinado a ser utilizado cuando su cónyuge o hijo hace algo "equivocado" y está a punto de gritarles y comenzar una pelea. Se puede utilizar cuando acaba de ser rechazado, y está sintiendo dolor. Está aquí para cuando no se siente digno de ser amado. Le ayudará a conseguir la paz cuando no puede dejar de preocuparse por un próximo evento. Si está a punto de recurrir a la comida, las drogas o el alcohol para escapar de la manera en la que se siente, este proceso puede aliviar la causa subyacente de su impulso. O cada vez que sus pensamientos estén causando insatisfacción, puede cuestionar sus pensamientos para hacerse presente de nuevo.

La lectura de este libro será conseguirá que se familiarice con cada uno de los pasos y todas las preguntas. Para ayudarle a comprometerse con este proceso por su cuenta después de leer el libro, puede acceder a todas las preguntas y explicaciones en mi sitio web www.liveinthemoment.org a través de la aplicación web interactiva gratuita "Los 5 Pasos para El Momento Presente". De esta manera, cuando una emoción no deseada comienza a afectar a su vida en una fecha posterior, tendrá las herramientas que necesita para traer de vuelta a la paz del momento presente.

Capítulo Cinco

Pasos 1 y 2: Escoger una Emoción No Deseada e Identificar los Pensamientos Detrás de Esta

Escoja una emoción no deseada

Por favor tome un momento ahora mismo para escoger una emoción que no quiere tener más. Debe escoger una emoción que es específica para un determinado momento, situación o circunstancia. Es posible que desee perder su ira hacia alguien que parecía haberle hecho daño. Puede que no quiera sentir vergüenza sobre algún aspecto de su vida. Es posible que desee dejar de experimentar ansiedad en el trabajo. Es posible que desee dejar de juzgar a su pareja debido a que causa tensión en la relación. Es posible que desee dejar de preocuparse por lo que otros piensan cuando está en una situación particular.

Alternativamente, si ya es consciente de un pensamiento específico que sabe que le está haciendo infeliz (o acapara una gran cantidad de su atención), a continuación, puede escribir este pensamiento y vaya directamente al paso 3. Por ejemplo, si tiene un juicio específico acerca de si mismo y no le gusta la forma en que le hace sentir, entonces no tendría que participar en el Paso 2 para ayudarle a encontrar ese pensamiento.

Este proceso es más útil cuando lo hace personal y elige una de sus propias emociones, no la emoción de otra persona o de un ejemplo hipotético. Si está realmente abierto a colaborar con este proceso, entonces puede sentirse libre para comenzar con cualquier emoción, no importa lo intensa que sea o cuánto tiempo usted la ha tenido. Sin embargo, si está indeciso sobre este proceso o está involucrado con el sólo para probarlo, entonces es probable que sea más útil que comience con una emoción que es menos intensa. Si intenta cuestionar emociones intensas o creencias muy arraigadas sólo como una prueba, a menudo no está realmente listo y dispuesto a descubrir que sus pensamientos pueden no ser verdad. Una vez que experimente los beneficios de cuestionar sus pensamientos y se familiarice con el proceso de cuestionar las obras, entonces puede cuestionar mucho más fácilmente los pensamientos que causan emociones intensas o emociones arraigadas, o circunstancias "muy malas".

Al principio, sólo debe elegir una emoción específica. Después de pasar por los 5 pasos para esta emoción, es posible que desee volver a entrar inmediatamente en el paso 1 y elegir otra emoción para disolver.

Cómo identificar los pensamientos detrás de su emoción no deseada

Nuestras emociones no deseadas más comunes generalmente se dividen en cuatro categorías principales: 1) la ira o juicios sobre otros; 2) preocuparse por lo que otros piensan o sentirse herido por las opiniones de otros, y 3) la ansiedad, el estrés, preocupación o temor por el futuro; 4) tristeza, sensación de incompletitud, la indignidad, la vergüenza, la culpa, o juicios acerca de nosotros mismos. Con el fin de ayudarle a encontrar los pensamientos detrás de su emoción no deseada, este capítulo contiene una lista de los pensamientos más comunes (creencias) que crean cada uno de estos tipos de emociones. Luego, para cada emoción, hay una lista de preguntas que le ayudarán a identificar los pensamientos específicos que tienen más probabilidades detrás de su emoción no deseada. Por favor tome un momento para decidir en qué categoría entra su emoción no deseada.

Cuando se pregunta a sí mismo las preguntas de la siguiente sección, la respuesta a cada una de las preguntas es potencialmente uno de los pensamientos detrás de su emoción. A los pensamientos más importantes (respuestas), los que están detrás de su emoción, se hará referencia a como los pensamientos "centrales". Sus pensamientos centrales serán las respuestas que resuenan con usted, provocan una respuesta sentimiento a medida que los piensa, le ofrecen el sentimiento de "sí, eso es ", o al menos parecen describir con precisión lo que está creyendo. Antes de llegar a las preguntas, hay algunas pautas para ayudarle a asegurarse de que será capaz de identificar los pensamientos detrás de su emoción.

- Es muy importante anotar las respuestas (pensamientos) que sienta importantes (independientemente de si son uno o 10). Esto le permite ver sus pensamientos con mayor claridad y ayuda verlos de manera más objetiva, lo que hace que sea mucho más fácil investigar si los pensamientos son verdaderos. Cuando nuestros pensamientos están sólo en nuestra cabeza, es más fácil que tengan una importancia increíble, sean más dramatizados-, y parecer muy ciertos.

- Responder a las preguntas con sinceridad es realmente importante. Es muy común que juzguemos instantáneamente nuestros pensamientos como malignos, egoístas, o "malos" de alguna manera y entonces decidimos no escribirlos. Sin embargo, este proceso sólo es útil si anotamos y cuestionamos los pensamientos que en realidad tenemos. Cualquier forma de "editar" los pensamientos o sólo recoger los pensamientos que "no son tan malos" disminuye la eficacia del proceso de forma sustancial. Si no quiere tener un pensamiento o una emoción específica, primero tiene que admitir que los tiene. Si seguimos escondiéndolos, van a seguir dirigiendo nuestras vidas y creando nuestro sufrimiento. Puede que haga falta mucho coraje y honestidad para ser abierto con nosotros mismos, pero trate de recordar que todo el mundo tiene los llamados "malos" pensamientos, no sólo usted.

- A veces puede parecernos difícil contestar a las preguntas que nos ayudan a identificar los pensamientos detrás de nuestro sufrimiento. Esto es generalmente porque sin saberlo tenemos miedo de ver un pensamiento negativo que tenemos sobre nosotros mismos. Inconscientemente pensamos alguna versión de "si miro los pensamientos negativos que tengo, o incluso reconozco que los tengo, me sentiré peor". Puede que no nos demos cuenta, pero tendemos a tener esta idea de que mientras no admitimos que tenemos ciertos pensamientos negativos, no nos van a afectar. Pero la verdad es que toda nuestra ansiedad, preocupaciones, tristeza, sensación de insuficiencia, y los problemas con nuestras relaciones provienen de pensamientos que no queremos mirar. La conclusión es que no podemos hacer frente a estos pensamientos, y los problemas que causan, hasta que los identificamos.

- Las respuestas muestra bajo cada pregunta se han creado para servir como una guía para saber cómo responder a las preguntas. Responder a las preguntas en el mismo formato que las respuestas del ejemplo puede hacer que su respuesta (el pensamiento) suene de manera diferente de lo que es cuando usted está pensándolo para sí mismo, pero hay dos razones principales por las que es importante responder a las preguntas en el mismo formato. 1) Cuando experimentamos una emoción, a menudo tenemos largas historias sobre lo que pensamos que causó nuestra emoción. Sin embargo, queremos tratar de hacer que este pensamiento o una historia sea lo más sucinta posible con el fin de conseguir llegar realmente al centro de la cuestión. 2) Queremos enmarcar nuestras respuestas a las preguntas (nuestros pensamientos) de una manera que hace que nuestros pensamientos sean más fáciles de dejar de creer. Responder a las preguntas utilizando el mismo formato que las respuestas muestra le ayudará a asegurarse de que esto sucede.

- Por último, también es útil respirar un par de veces de forma profunda o enfocarse en su respiración por unos momentos antes de tratar de identificar los pensamientos.

Identificar los pensamientos que crean su emoción no deseada

Por favor, salte a cualquier emoción que es importante para usted, y omita todas las preguntas para las otras emociones. También, sólo responda a las preguntas que son relevantes para su situación.

Ira

Si está enfadado con alguien (o lo juzga), esta rabia es casi siempre creada por creer una o más de las siguientes reflexiones:

- "Alguien hizo algo malo."
- "Alguien tiene la culpa de la mala acción que cometió."
- "Alguien es malo o algo acerca de ellos es malo debido a lo que hicieron o a cómo son."
- "Un mal resultado ha sucedido." (El "mal" resultado podría ser que no está satisfecho de alguna manera, o cree que algún evento resultó "malamente".)
- "Alguien tiene la culpa del mal resultado." (Si el "mal" resultado es su infelicidad, entonces esa persona es la causa de su infelicidad o de alguna manera está impidiendo o bloqueando su felicidad.)
- "Si alguien actuó de manera diferente (mejor), entonces el resultado sería mejor (por ejemplo, sería más feliz)."
- "El futuro será peor, por lo que alguien hizo."

Preguntas para la ira

En el momento en el que estoy enojado con esta persona o la juzgo, ¿qué pensamientos o historias aparecen por lo general en mi mente?

1) ¿Qué es lo que dijeron o hicieron que fue “malo”? ¿De qué “mal” el resultado tiene la culpa?
Ejemplos de respuesta: "Fue malo que Alicia me insultó", "Es malo que mi esposo no me demuestra gratitud", "Fue malo que mis padres se divorciaron", "Es malo que ella se lesionó", "Es malo que no soy feliz", "Fue malo que no llegamos al espectáculo a tiempo", "Es malo que le gritó a su hijo"

2) ¿Qué están haciendo que no es "lo suficientemente bueno"?
Ejemplos de respuesta: "Alicia no me respeta lo suficiente", "Mi jefe no es lo suficientemente bueno", "Él no es lo suficientemente agradecido", "No es lo suficientemente útil en la casa", "Mi hijo no me habla lo suficiente"

3) ¿Qué pienso acerca de la persona que hizo algo "malo", es el culpable del "mal" resultado, o está haciendo algo que no es "lo suficientemente bueno"?
Ejemplos de respuesta: "Alicia me faltó al respeto porque ella me insultó", "Juan es desconsiderado porque no me muestra suficiente aprecio", "Él es egoísta porque se divorció de mi madre", "Él es perezoso porque él permitió que ella se lesionara", "Él es estúpido, porque nos hizo llegar tarde al espectáculo", "Ella es una mala madre porque ella le gritó a su hija"

4) ¿Qué debería ser diferente en la manera que son, o qué debería haber sido diferente en la forma en que actuaron?
Ejemplos de respuesta: "Alicia debería respetarme", "Juan debería apreciarme más", "Ella no debería haber sido tan egoísta", "Él no debería haber sido tan perezosos", "Él debería haber estado listo antes", "Ella no debería haber gritado a su hija"

5) ¿Qué necesito cambiar de ellos, o en su forma de actuar, para que yo sea feliz?
Ejemplos de respuesta: "Necesito que Alicia me respete más para que yo sea feliz", "Necesito que mi jefe sea más agradable para ser feliz", "Necesito que Juan sea más agradecido para que yo sea feliz", "Necesito que limpie más la casa para que yo sea feliz ", "Necesito que mi hijo hable conmigo más para que yo sea feliz"

6) ¿Cómo me sentiría si cambiaran su forma de actuar o si el "mal" resultado nunca hubiera sucedido?

Ejemplos de respuesta: "Me sentiría feliz si Alicia me respetara", "Me sentiría feliz si Juan me mostrara suficiente aprecio", "Me sentiría feliz si mi padre no se hubiera divorciado de mi madre", "Me sentiría feliz si ella no se hubiera lesionado", "Me sentiría feliz si hubiéramos llegado al espectáculo a tiempo", "Me sentiría feliz si ella fuera más amable con su hija"

7) Si yo creo que algo tiene que ser diferente para que yo sea feliz, o que cambiar algo me haría más feliz, ¿entonces lo que eso quiere decir es que creo que es la causa de mi infelicidad?
Ejemplos de respuesta: "Mi sentimiento de infelicidad es causado por los insultos de Alicia", "Mi sentimiento de resentimiento es causado por la falta de apreciación de Juan ", "Mi sentimiento de amargura es causado por el divorcio de mis padres", "Mi sentimiento de rabia es causado porque él permitió que ella se lesionase", "Mi sentimiento de rabia es causada por no llegar al espectáculo a tiempo", "Mi sentimiento de rabia es causado por verla gritar a su hija "

8) ¿Qué impacto tendrá este "mal" resultado en cómo me siento en el futuro? ¿Qué van a hacer en el futuro?
Ejemplos de respuesta: "Alicia seguirá faltándome al respeto", "nunca me sentiré feliz con mi matrimonio, porque Juan no me aprecia", "Me quedaré con la amargura", "Seguiré enojado con él", "Mi marido continuará ignorándome y llegando tarde a eventos", "Ella continuará gritándole innecesariamente a su hija"

Ansiedad

Si tiene ansiedad, estrés, preocupación o temor por el futuro, entonces casi seguro cree uno o más de los siguientes pensamientos:

- "Un resultado específico sería mejor y me haría a mi (u a otros) el más feliz."
- "Cualquier resultado que no sea la mejor opción sería peor y me haría (u a otros) menos feliz."
- "Un resultado específico sería malo."

Preguntas para la ansiedad

En el momento en que siento ansiedad, estrés, preocupación o temor por el futuro, ¿qué pensamientos o historias pasan por lo general a través de mi mente?

- Si sus pensamientos o historias son acerca de cómo un resultado específico sería "malo" para otra persona, es importante ser honesto con usted mismo y comprobar si realmente tiene ansiedad porque piensa que el resultado sería "malo" para usted.

1) ¿Qué necesito yo (u otros) obtener, cambiar o mantener para ser feliz?
Ejemplos de respuesta: "Necesito conseguir el éxito para que yo sea feliz", "Tengo que no perder a mi novio para que yo sea feliz", "Mi hijo tiene que dejar a su novia para que él sea feliz", "Tengo que estar saludable para que mis hijos sean felices", "Mi hija tiene que tener un mejor trabajo para que yo sea feliz", "Necesito casarme para que yo sea feliz"

2) Si tengo que conseguir o cambiar algo para que yo sea feliz, ¿entonces lo que eso quiere decir es que creo que es la causa de mi infelicidad?
Ejemplos de respuesta: "Mi sentimiento de vergüenza es causado por no tener éxito", "Mi sentimiento de tristeza es causado por que mi hija tiene un mal trabajo", "Mi sensación de incompletitud es causada por la soltería"

3) ¿Qué resultado sería "mejor" o me haría a mi (u a otros) el más feliz?
Ejemplos de respuesta: "Yo sería el más feliz si tuviera éxito", "Yo sería la más feliz si yo no perdiera a mi novio", "Mi hijo sería el más feliz si él rompiese con su novia", "Mis hijos serían los más felices si yo siguiera siendo saludable", "Yo sería el más feliz si mi hija tuviera un trabajo mejor"," Yo sería el más feliz si me casara"

4) Si yo creo que esta circunstancia "perfecta" sería "mejor" o me haría a mi (u a otros) el más feliz, entonces, ¿qué es lo que pienso acerca de la posibilidad de no alcanzar este resultado?
Ejemplos de respuesta: "No voy a ser tan feliz si no tengo éxito", "No voy a ser tan feliz si pierdo mi novio", "Mi hijo no será tan feliz si se queda con su novia", "Mis hijos no serán tan felices si me lesiono o me pongo enfermo", "No voy a ser tan feliz si mi hija no consigue un trabajo mejor", "no voy a ser tan feliz si no me caso"

5) ¿Qué resultado sería "malo"?
Ejemplos de respuesta: "Sería malo para mí si no consigo el éxito", "Sería malo para mí si perdiera a mi novio", "Sería malo para mi hijo si se quedase con su novia", "Sería malo para mis hijos si me lesiono o me pongo enfermo", "Sería malo para mí si mi hija no consiguiera un trabajo mejor", "Sería malo para mí si no me caso"

Preocuparse por lo que piensan otros

Si se preocupa por lo que piensan otros, se preocupa porque usted no conseguirá el amor y la aprobación de los demás, o si se siente herido porque perdió o no recibió amor y aprobación, entonces está casi seguro creyendo uno o más de los siguientes pensamientos:

- "Alguien tiene una opinión negativa acerca de mí o no me ama, aprueba o aprecia." (Independientemente de si se lo dijeron de forma explícita o sólo está adivinando.)
- "La opinión que alguien tiene de mí es verdadera."
- "Sería bueno conseguir el amor y la aprobación de alguien, ya que me haría feliz, seguro, digno, o completo, o eso me curaría de alguna otra manera."
- "Sería malo no conseguir el amor y la aprobación de alguien o perder el amor y la aprobación de alguien porque me impediría ser feliz o me haría sufrir (por ejemplo, confirmaría que soy indigno, indigno de ser amado, o no lo suficientemente bueno). "
- "Alguien no va a amarme y aceptarme si conocieran el verdadero yo"

Preguntas para preocuparse por lo que otros piensan

¿En el momento en que estoy preocupado por lo que otros piensan o me siento perjudicado por lo que otra persona piensa, qué pensamientos o historias por lo general pasan por mi mente?

1) ¿Qué piensan de mí?
Ejemplos de respuesta: "Adán no me aprecia", "Tara en realidad no me ama", "Él cree que yo no soy lo suficientemente bueno para él", "Mi jefe piensa que soy estúpido", "Él cree que soy poco atractivo", "Mi padre piensa que soy un fracaso "

2) ¿Qué pienso que su opinión significa sobre mí?
Ejemplos de respuesta: "Si Adán no me aprecia, entonces eso quiere decir que no soy digno de aprecio", "Si Tara no me quiere, entonces eso debe significar que no soy digno de ser amado", "Si ella piensa que no soy lo suficientemente bueno, entonces eso debe significar que no soy lo suficientemente bueno", "Si mi jefe piensa

que soy estúpido, entonces eso debe significar que soy estúpido", "Si él cree que soy poco atractivo, entonces eso debe significar que soy poco atractivo", "Si mi padre cree que soy un fracaso, entonces eso debe significar que soy un fracaso "

3) ¿Qué es lo que quiero que piensen de mí?
Ejemplos de respuesta: "Quiero que Adán piense que soy digno de aprecio", "Quiero que Tara piense que soy digno de ser amado", "Yo quiero que piense que soy lo suficientemente bueno", "Quiero que mi jefe piense que soy inteligente", "Yo quiero que piense que soy bonita", "Quiero que mi papá piense que soy digno de aprobación "

4) ¿Cómo me haría sentir su amor, aprobación, o su aprecio?
Ejemplos de respuesta: "Si Adán me apreciara, eso me haría sentir completo", "Si Tara me amase, eso me haría sentir seguro", "Si él pensara que yo soy lo suficientemente bueno, eso me haría sentir lo suficientemente bueno", "Si mi jefe pensara que yo soy inteligente, eso me haría sentir como si pudiera relajarme", "Si él pensara que yo soy bonita, eso me haría sentir digna de ser amada", "Si mi padre me aprobase, eso me haría sentir contento conmigo mismo "

5) ¿Si pienso que su amor, aprobación, o apreciación me haría sentir feliz, entonces que quiere eso decir que pienso que es la causa de mi infelicidad?
Ejemplos de respuesta: "Mi sensación de incompletitud es causada por no recibir reconocimiento", "Mi sensación de inseguridad es causada por no tener a alguien que me ame", "Mi sensación de insuficiencia es causada porque él piensa que no soy lo suficientemente bueno", "Mi sensación de estar abrumado es causada porque mi jefe piensa que no soy inteligente", "Mi sentimiento de tristeza es causado por pensar que no soy atractiva",

"Mi sentimiento de infelicidad es causado por no tener la aprobación de mi padre "

6) ¿Qué temo que pensarán de mí?
Ejemplos de respuesta: "Tengo miedo de que Adán piense que no soy digno de aprecio", "Tengo miedo de que Tara piense que no soy digno de ser amado", "Tengo miedo de que él piense que no soy lo suficientemente bueno", "Tengo miedo de que mi jefe piense que soy estúpido", "Tengo miedo de que él piense que soy poco atractivo", "Tengo miedo de que mi papá piense que no soy digno de aprobación"

7) ¿Por qué no puedo ser yo mismo cuando estoy con ellos? ¿Por qué no puedo hablar o actuar con honestidad en estos momentos? ¿Qué me asusta que vaya a pasar?
Ejemplos de respuesta: "Adán no me va a apreciar si yo sólo hago lo que tengo ganas de hacer", "Tara no me amará si conoce el verdadero yo", "Ella va a pensar que soy estúpido si actúo tal y como soy", "Él no va a querer pasar tiempo conmigo si yo no actúo como si fuera feliz", "Ella va a sentirse lastimada si le digo la verdad", "Ella me rechazará si yo no finjo estar interesados en las mismas cosas que ella", "Él va a pensar que soy aburrido si no sigo hablando "

8) ¿Cómo me sentiría si la gente tuviera estas opiniones negativas sobre mí, yo no conseguiría su amor y aprobación, o perdiera su amor y aprobación?
Ejemplos de respuesta: "Me quedaría infeliz si no me aprueban", "Nunca me sentiría completo si no encuentro a alguien que me ame", "Yo no sería capaz de relajarme si no consigo ganar su amor", "Me sentiría inútil si él deja de amarme", "Me sentiría herido si pensara que yo no soy lo suficientemente bueno"

Tristeza

Si siente tristeza, autocompasión, culpa, vergüenza, vergüenza, indignidad, o una sensación de que falta algo (incompletitud), entonces es casi seguro que tiene al menos uno de los siguientes pensamientos:

- "Las circunstancias perfectas me harían feliz (o, de otro modo me satisfarían)."
- "Algo de mí o de mi vida es malo, no es lo suficientemente bueno, o no es de la manera que debe ser."
- "Yo hice algo malo."
- "Yo tengo la culpa de mi mala acción o todo lo que es malo de mí o de mi vida."
- "Un mal resultado me ha pasado a mí o a otra persona."
- "Yo soy el culpable de un mal resultado."
- "Me siento mal por la mala característica, acción, circunstancia, o el resultado de mi vida"
- "La mala característica, acción, circunstancia, o el resultado pasó o es de la forma que es porque soy malo"
- "El futuro va a ser malo."

Preguntas para la tristeza

¿En el momento en que me siento triste, culpable, avergonzado, desconcertado, indigno, o incompleto, qué pensamientos o historias por lo general pasan por mi mente?

1) ¿Cuáles son las circunstancias "perfectas" que quiero? ¿Qué necesito obtener o cambiar en mí o de mi vida para que yo sea feliz?
Ejemplos de respuesta: "Tengo que estar más delgado para que yo sea feliz", "Tengo que ser exitoso para que yo sea feliz", "Necesito

encontrar a alguien que me ame para que yo sea feliz", "Tengo que cumplir mi potencial para que yo sea feliz ","Tengo que ofrecer a mis hijos un mejor barrio en el que crecer para que yo sea feliz"

2) ¿Cómo me haría sentir el conseguir las circunstancias "perfectas"?
Ejemplos de respuesta: "Me sentiría feliz si yo fura delgado", "Me sentiría feliz si tuviera éxito", "Me sentiría feliz si encontrara a alguien que me ame", "Me sentiría feliz si cumpliera mi potencial" "Me sentiría feliz si pudiéramos mudarnos a un barrio más bonito"

3) ¿Si creo que necesito estas circunstancias "perfectas" para ser feliz, o que el conseguir estas circunstancias "perfectos" me haría feliz, entonces lo que eso quiere decir que creo que es la causa de mi infelicidad?
Ejemplos de respuesta: "Mi sentimiento de vergüenza es causado por mi peso", "Mi sensación de insuficiencia es causada por mi falta de éxito", "Mi sensación de incompletitud es causada por la soltería", "Mi sentimiento de infelicidad es causado por no haber cumplido mi potencial", "Mi sentimiento de infelicidad es causado por vivir donde lo hacemos"

4) ¿Qué aspecto de mí mismo, mi vida y mis acciones anteriores me avergüenza? ¿Qué "mal" resultado ha ocurrido?
Ejemplos de respuesta: "Es malo que tenga exceso de peso", "Es malo que yo sea tímido", "Fue malo que no consiguiera la promoción", "Es malo que todavía esté solo", "Es es malo que mi hijo se haya metido en problemas en la escuela", "Es malo que esté triste", "Fue malo que le gritara a mi esposa", "Fue malo que se lesionase"

5) ¿Qué es lo que no es "suficientemente bueno" acerca de mí o de mi vida?

Ejemplos de respuesta: "Yo no soy lo suficientemente delgado", "Yo no soy lo suficientemente sociable", "Yo no soy lo suficientemente exitoso", "Mi hijo no se comporta lo suficientemente bien", "No he logrado lo suficiente", "Mi barrio no es lo suficientemente agradable"

6) ¿Qué debería ser diferente en mi vida o en la manera que soy? ¿Qué debería haber hecho de otra manera?
Ejemplos de respuesta: "No debería tener sobrepeso", "Yo debería ser más sociable", "Yo no debería estar todavía en esta baja posición en el trabajo", "No no debería seguir estando soltero, a mi edad", "Debería haber educado a mi hijo mejor", "Yo no debería estar triste", "No debería haberle gritado a mi esposa", "No debería haber dejado que se lesionara", "Yo debería ser capaz de permitirme vivir en una zona mejor "

7) ¿Qué pienso que esta "mala" característica, acción, circunstancia, o resultado en mi vida significa sobre mí?
Ejemplos de respuesta: "Yo soy feo porque estoy gordo", "Yo soy un cobarde porque soy tímido", "No valgo nada porque trabajo en un trabajo mal pagado", "Yo soy peor que los demás, porque todavía estoy solo", "Soy una mala madre porque crié a un hijo problemático", "Soy débil por estar triste "" Soy un mal marido, porque le grité a mi esposa", "Yo soy egoísta porque dejé que mi amigo se lesionara", "Yo soy una vergüenza porque no puedo darme el lujo de vivir en un barrio más bonito"

8) ¿Por qué es esta "mala" característica o circunstancia de la manera que es? ¿Por qué ocurrió el resultado o acción "mala"?
Ejemplos de respuesta: "No puedo seguir mi dieta porque no valgo nada", "No puedo hablar por mí mismo porque soy un cobarde", "No obtuve una promoción porque no soy lo suficientemente bueno", "No puedo encontrar a alguien que me ame porque tengo

algo malo en mí", "Mi hijo es un creador de problemas porque soy una mala madre", "Se ha lesionado porque soy estúpido"

9) ¿Qué impacto tendrán esta "mala" característica, acción, circunstancia o resultados específicos en el futuro?
Ejemplos de respuesta: "nunca voy a encontrar a alguien que me ame", "Siempre voy a ser un fracaso", "Mi hijo va a seguir metiéndose en más y más problemas", "Yo nunca conseguiré un trabajo que utiliza mi potencial", "Nunca voy a ser feliz", "Él me odiará para siempre porque yo lo lesioné"

Todas estas preguntas tienen el propósito de servir como una guía para ayudarle a encontrar los pensamientos detrás de sus emociones, pero no dude en preguntarse a si mismo otras preguntas que pueden ayudarle a que se acerque al corazón de lo que está creyendo. Una vez que tenga varios pensamientos básicos anotados, por favor revise sus pensamientos, y escoja el más importante a tener para el resto de los 5 pasos. A continuación, aplicará diferentes preguntas a este pensamiento con el fin de descubrir cuál es la causa de su emoción y que no sabe si es cierta. Una vez que haya pasado por los 5 pasos con este pensamiento, puede volver a hacerlo con cualquier otro pensamiento que desea creer. Si los nuevos pensamientos o juicios vienen a medida que avanza a través de los otros pasos, asegúrese de escribirlos para que pueda interrogarlos al igual que hará con los pensamientos que usted acaba de encontrar.

Capítulo Seis

Paso 3: Reconocer que Su Emoción ha sido Creada por Sus Pensamientos y No por Sus Circunstancias

A pesar de que ahora haya identificado unos pensamientos detrás de sus emociones no deseadas, es probable que todavía crea que sus emociones son creadas directamente por sus circunstancias. Ciertamente, puede parecer como si las acciones de otra persona han provocado nuestra ira, un evento no deseado nos ha hecho triste, o una situación específica nos hace infelices.

Este capítulo contiene cinco preguntas diferentes que tienen como objetivo ayudarle a descubrir directamente que los pensamientos y las historias detrás de sus emociones son en realidad la causa de sus emociones, en lugar de las propias circunstancias. Puede hacerse las siguientes preguntas basadas en los pensamientos que encontró en el último paso. Usted puede optar por responder a estas preguntas mentalmente o puede que le resulte más útil escribir sus respuestas. Normalmente, cuando usted participa en este proceso por su cuenta, debería dejar de hacerse las preguntas una vez que reconozca que su emoción fue creada por un pensamiento. Sin embargo, por ahora, sería de gran ayuda leer todas las preguntas con el fin de familiarizarse con ellas.

1. ¿Cómo me siento cuando pienso este pensamiento o digo esta historia?

Por favor tome un momento para cerrar los ojos y prestarle un poco de atención a la idea que haya encontrado. Dígase a sí mismo la historia en detalle y préstele toda su atención. Imagínese la situación en su mente. Imagine el escenario con todos los detalles pertinentes. Mire la expresión facial de todos, mire los detalles del fondo, y preste toda su atención. Tómese unos segundos para dejar de leer e imagine esto ahora.

¿Cómo se siente cuando piensa este pensamiento? ¿Pensar en esta historia le crea una emoción? Hace un momento probablemente no sentía ninguna emoción. Luego, sólo por pensar, comenzó a experimentar una reacción emocional.

Puede parecer como si una circunstancia o acontecimiento "malo" es responsable de la creación de su emoción no deseada, pero no existe ninguna circunstancia "mala" o evento sucediendo en este momento para crear su emoción. Solamente está leyendo un libro, pero experimentó una reacción emocional, no obstante. Si un evento específico creara una experiencia emocional específica, sólo sería capaz de crear esa experiencia emocional, mientras que el evento estuviera sucediendo realmente. Un evento o circunstancia específica podría haber ocurrido en el pasado, pero no está sucediendo ahora. Por lo tanto, el evento no puede crear su reacción emocional en este momento. Si nota una reacción emocional en este momento, tiene que haber sido creada por algo que está pasando en estos momentos. Ya que estaba prestando atención a los pensamientos, sus emociones deben ser una reacción directa a los pensamientos que acababa de tener, no cualquier circunstancia o evento. Puede que no haya sido capaz de tener pensamientos sobre el evento si el evento nunca hubiera pasado, pero aún así son los pensamientos los que están creando su emoción y no el evento.

¿En comparación, si se dio una ducha la semana pasada que hizo que su pelo estuviera mojado, podría hacer que su cabello estuviera mojado de nuevo ahora con sólo pensar en la ducha que tomó? No. Esto es debido a que el agua ha creado su pelo mojado, no sus pensamientos. Si pudiera hacer que su pelo estuviera mojado en este momento sólo con el pensamiento, entonces sabría que los pensamientos hacen que el pelo esté mojado. De la misma manera, ya que los pensamientos pueden crear una emoción en este momento sólo con pensar en un evento pasado, sabemos que los pensamientos solo están creando nuestra emoción.

Si su pensamiento es sobre el futuro, ya que ningún evento "malo" ha sucedido en realidad, la emoción no puede ser creada por un evento. La emoción sólo puede ser creada por un pensamiento. Si piensa darse una ducha la próxima semana, ¿podría esto hacer que su cabello se mojara en este momento? No. Esto es porque el agua crea el pelo mojado, no los pensamientos. Si el pensar en darse una ducha la próxima semana mojase su pelo en este momento, usted sabría sin duda que los pensamientos causaron que su cabello estuviera mojado, y no el agua. De la misma manera, ya que pensar en un acontecimiento futuro puede crear ansiedad, preocupación o enojo en este momento, sabemos que solo los pensamientos están creando estas emociones.

Incluso si no llega a sentir las emociones de estos ejercicios, es probable que pueda admitir que muchas veces parecemos experimentar emociones como resultado de circunstancias que sucedieron en el pasado o puedan ocurrir en el futuro. Podemos llorar por años después de la muerte de un ser querido. Podemos estar enojados con nuestros padres veinte años después de que nos fuéramos de casa por cosas que hicieron en nuestra infancia. Del mismo modo, podríamos experimentar el miedo y la ansiedad ante la perspectiva de que una reunión o una entrevista de trabajo vaya mal mucho antes de que la reunión o entrevista suceda. Si estamos experimentando la emoción ahora, cuando nada está sucediendo ahora, o nada ha pasado, el evento no puede estar creando la emoción. La única acción sucediendo en este momento es nuestra manera de pensar. Por lo tanto, sólo nuestro pensamiento está creando nuestra emoción.

Las preguntas: ¿Qué emociones o sensaciones físicas puedo experimentar cuando creo este pensamiento? ¿Si un evento en sí mismo crea mi emoción, entonces no sería el evento sólo capaz de crear la emoción mientras estaba sucediendo realmente? ¿Si no hay "mala" circunstancia que está sucediendo realmente en este momento, pero aun así puedo crear una emoción en este momento sólo por el pensamiento, entonces puedo admitir que los pensamientos han creado mi emoción en lugar de las circunstancias?

2. ¿Podría yo u otra persona ser feliz a pesar de tener las mismas circunstancias de hecho?

Ciertas circunstancias parecen crear respuestas emocionales específicas. Parece obvio que algunas circunstancias son responsables de la creación de la tristeza o la ira, y otras circunstancias crean la felicidad.

Sin embargo, con el fin de afirmar que una circunstancia específica crea una experiencia específica, esta debe siempre crear esa misma experiencia, para cada persona, cada vez. Por ejemplo, una bombilla encendida crea la luz. Todo el mundo que ve una bombilla encendida experimentará la luz, siempre, durante el tiempo que estén alrededor de la bombilla. Una llama crea calor. Cuando alguien entra en contacto con una llama, experimentará siempre, y durante el tiempo que están cerca de la llama. Tocar un tambor genera sonidos. Si alguna persona se mueve cerca de un tambor que late, experimentará el sonido, siempre, durante el tiempo que estén cerca del tambor.

Si las circunstancias específicas crean reacciones emocionales específicas, cada circunstancia siempre crearía la misma reacción emocional, para todo el mundo, cada vez. Por ejemplo, si una situación de vida específica creara directamente vergüenza, entonces todo el que tuviera esa misma situación de vida no tendría más remedio que sentirse avergonzado siempre. Si una evaluación de desempeño en el trabajo creara ansiedad, entonces todo el mundo siempre experimentaría ansiedad antes de sus exámenes. Si un insulto específico creara enojo, entonces todo el mundo siempre iba a reaccionar con ira a ese insulto.

Evidentemente, esta no es la manera en la que funciona la vida. La misma circunstancia a menudo se corresponde con emociones muy diferentes para diferentes personas y diferentes emociones para la misma persona en diferentes momentos.

Si dos personas viven en el mismo tamaño de apartamento de un dormitorio, una persona podía estar orgullosa de su situación de vida y el otro podría estar avergonzado de ello. Si a dos personas se les llama "feos", una persona puede sentirse muy molesta, mientras que el otro podría reírse de ello. Si dos personas tienen una evaluación de desempeño en el trabajo, una persona podría sentir ansiedad por ello, mientras que el otro puede sentirse confiado y entusiasmado. Además, la misma persona puede a veces sentirse feliz por su situación de vida y, a veces avergonzado. La misma persona puede a veces sentir ira por un insulto y, a veces no se encuentra afectado por el. La misma persona puede a veces sentir ansiedad antes de un examen de rendimiento y, a veces sentirse confiado.

Si dos personas son asaltadas a punta de pistola, una persona podría sentirse indignada por la violación, y la otra puede sentirse aliviada porque no estaba herida. Un día en el que el pelo nos queda "mal" puede hacer que nos sintamos molestos algunos días y otros días no. A veces nos puede volver locos que nuestras parejas dejen sus platos en el fregadero, y otras veces es posible que no nos moleste en absoluto. Si la misma circunstancia puede corresponder con muy diferentes emociones en diferentes momentos, entonces nuestras emociones no deben ser creadas por las circunstancias que nos encontramos.

Para llevarlo aún más lejos, la gente puede ser feliz en medio de acontecimientos aparentemente trágicos, y pueden sufrir aparentemente en medio de grandes circunstancias. Si un miembro de la familia muere, todavía podemos ser felices si estamos muy contentos de conseguir la herencia o contentos de ver que su sufrimiento ha acabado. Si nos despiden de nuestro trabajo, podemos estar contentos si estábamos buscando una excusa para salir o si estamos entusiasmados con la posibilidad de encontrar un trabajo que nos gusta más. Si nuestro marido presenta una demanda de divorcio, todavía podemos ser felices si hubiésemos dejado de amarlo, pero teníamos miedo de pedir el divorcio nosotros mismos o si queríamos estar solos otra vez.

Del mismo modo, podemos preocuparnos por nuestra seguridad financiera, no importa lo ricos que seamos. Podemos sentirnos amados y triste, incluso cuando nuestro cónyuge y familia verdaderamente nos aman. Podemos sentirnos deprimidos por el exceso de peso, incluso si todo el mundo piensa que estamos delgados. Podemos enfadarnos con alguien, incluso si nos tratan con amor y bondad. Podemos sentirnos ingratos e incompletos, incluso si tenemos casi todo lo que siempre quisimos.

A menudo tendemos a pensar que nuestra vergüenza o la vergüenza es el resultado de nuestra apariencia física insuficiente, rasgos de la personalidad, el estado civil, trabajo, coche, o situación de vida. Pero cuando éramos niños pequeños, casi todos estábamos muy contentos (sin vergüenza), independientemente de cuánto de "malas" eran las circunstancias. Si nos acostumbramos a ser felices con una circunstancia determinada, y ahora estamos avergonzados por la misma circunstancia, no puede ser la misma circunstancia que está creando nuestra vergüenza.

Si la "peor" de las circunstancias nos puede dejar contentos, y la "mejor" de las circunstancias puede resultar en sufrimiento, entonces está claro que las circunstancias no crean nuestras emociones. Las circunstancias mismas son neutrales. La misma circunstancia a menudo se corresponde con diferentes emociones para diferentes personas porque todos podemos tener diferentes pensamientos acerca de la circunstancia. Incluso si nuestra reacción emocional ocurre inmediatamente después de un evento y parece completamente lógica y conectada a ese evento, son todavía nuestros pensamientos los que crean nuestras reacciones emocionales. Siempre hay pensamientos que surgen de una circunstancia y nuestra reacción emocional a ella. Rara vez nos damos cuenta de estos pensamientos sólo porque no se nos ha pedido prestarles atención.

Independientemente de cuál sea la circunstancia, y sin importar si la circunstancia está sucediendo ahora o en el pasado, sólo pueden ser nuestros pensamientos acerca de la circunstancia los que crean nuestras emociones.

Las Preguntas: ¿Podría alguien ser feliz a pesar de tener la misma circunstancia? ¿Alguna vez he sido feliz, o experimentado una emoción diferente, en las mismas condiciones? Si la propia circunstancia crea una respuesta emocional específica, ¿no crearía siempre la misma respuesta emocional para mí y para todos los demás? ¿Puedo ser feliz en esta situación si tuviera diferentes pensamientos sobre ella? ¿Si alguien más podría ser feliz a pesar de tener la misma "mala" circunstancia, si podría ser feliz si tuviera diferentes pensamientos acerca de la circunstancia, o si he sido feliz en un momento dado con la misma circunstancia, puedo admitir que la circunstancia en sí no es la creadora de mi emoción?

3. Si no supiera que el mal evento había ocurrido, ¿seguiría sufriendo?

Imagine que fue al médico para un examen médico de rutina, y cuando le dio los resultados, se enteró de que tiene una enfermedad dañina. ¿Cómo cree que se sentiría en ese momento? Usted puede sentir rabia, tristeza, desesperación o ansiedad. ¿Qué fue lo que creó sus emociones en ese momento? Ciertamente parece como si la enfermedad en sí creó las emociones. Pero, si la enfermedad en sí crea tristeza, entonces usted se habría sentido triste, tan pronto como desarrolló la enfermedad. Si no supiera que tiene la enfermedad dañina, ¿sentiría todavía la tristeza, la ira, la desesperación, y la ansiedad al respecto? No. Si ya tiene la enfermedad, pero aún no experimenta una reacción emocional a la misma, esto debe significar que la propia (la circunstancia) enfermedad no es lo que crea sus emociones.

Si bien parece que las circunstancias crean directamente nuestras emociones, en realidad no podemos experimentar una emoción a menos que nuestras mentes sepan acerca de la circunstancia. En otras palabras, no podemos tener una reacción emocional a una circunstancia hasta que tengamos pensamientos sobre ella. Si un evento en sí mismo crease directamente una emoción no deseada, el evento crearía la emoción no deseada tan pronto como sucediera. Si un ser querido se lesiona en un accidente de coche mientras usted está dormido, ¿cuándo experimentará una reacción emocional a este evento? Sólo comenzará a sentirse triste, una vez que se enteró de lo sucedido y podría tener pensamientos sobre él. Si la lesión de su ser querido (la circunstancia) hubiera creado directamente su tristeza, entonces usted podría experimentar inmediatamente tristeza tan pronto como el evento ocurriera. Si usted no experimenta tristeza hasta que empezó a pensar en lo que pasó, entonces tienen que ser sus pensamientos los que están creando su tristeza.

En comparación, si estaba dormido y alguien vertiera agua sobre su cabeza sin despertarle, su pelo todavía se mojaría. Su cabello se mojará porque el agua provoca directamente que el pelo este mojado. Si su cabello no se mojara hasta que se despertara y pensase: "Alguien echó agua en mi cabello", sabría que sus pensamientos fueron necesarios para mojar su pelo. Es evidente que una circunstancia no puede crear una reacción emocional sin pensamientos.

Las Preguntas: ¿Estaría sufriendo si no supiera que el evento ocurrió? Si las circunstancias no hubieran creado una emoción sin que mi mente supiera lo que pasó (pensamientos), ¿entonces puedo admitir que la propia circunstancia no tiene el poder de crear mi emoción? ¿Si mis pensamientos pueden crear mi emoción sin que nada esté sucediendo ahora (por ejemplo, pensar en el pasado o en el futuro), pero un evento no puede crear una emoción sin mis pensamientos (mente que sabe lo que pasó), entonces puedo admitir que mis pensamientos han creado mi sufrimiento, y no una circunstancia?

4. ¿Soy capaz de ser feliz (divertirme) cuando estoy siendo entretenido y distraído de mis pensamientos?

Si una circunstancia "mala" en sí crea una emoción no deseada específica, entonces siempre y cuando tengamos esa misma "mala" circunstancia, no seríamos capaces de escapar de la emoción no deseada específica que la circunstancia crea. Si nuestra falta de atractivo crea directamente nuestra tristeza, entonces no seríamos capaces de escapar de esta tristeza, siempre y cuando seamos poco atractivos. Si nuestra relación "mala" crea nuestra infelicidad, entonces no seríamos capaces de sentirnos felices sin dejar de estar en la relación. Si nuestro "mal" trabajo es la causa de nuestro sentimiento de vergüenza, entonces no podríamos tener un descanso de esta vergüenza, mientras estemos en nuestro "mal" puesto de trabajo.

Sin embargo, en la vida, independientemente de lo "malas" que sean nuestras circunstancias, a menudo todo lo que se necesita para dejar de sentir una de nuestras emociones no deseadas es simplemente participar en nuestros pasatiempos favoritos o alguna forma de entretenimiento. Puede parecer que nuestra falta de atractivo crea directamente nuestra tristeza, pero todo lo que tenemos que hacer para dejar de sentirnos tristes es poner uno de nuestros programas favoritos de televisión. Puede parecer que nuestra "mala" relación crea nuestra infelicidad, pero todo lo que tenemos que hacer para dejar de sentirnos infelices es ir a bailar. Puede parecer como si nuestro "mal" trabajo crea nuestra vergüenza, pero para dejar de sentir vergüenza podemos ir a jugar con nuestros hijos.

No importa cómo de "malas" sean nuestras circunstancias, y no importa la emoción no deseada que estamos viviendo, por lo general, dejamos de sentir la emoción no deseada cuando estamos jugando con nuestros hijos, viendo la televisión, bailando, escuchando música, haciendo yoga, comiendo una comida deliciosa, o practicando deportes. Así que ¿por qué somos capaces de dejar de experimentar nuestras emociones no deseadas y divertirnos (ser felices) con sólo entretenernos a nosotros mismos? Esto ocurre simplemente porque el entretenimiento nos distrae de los pensamientos negativos que en realidad están creando nuestro sufrimiento. Si una "mala" circunstancia creó nuestra emoción no deseada, entonces no seríamos capaces de escapar de la emoción no deseada simplemente distrayéndonos de nuestros pensamientos.

Si nuestra "mala" circunstancia persiste, pero aún podemos hacernos felices simplemente con distraernos de nuestros pensamientos negativos, entonces tienen que ser nuestros pensamientos los que están creando nuestra infelicidad.

Las Preguntas: ¿Qué distracciones uso normalmente para escapar de mi emoción (por ejemplo, alcohol, comida, entretenimiento, aficiones, etc.)? Si puedo ser feliz cuando estoy distraído de mis pensamientos, a pesar de que todavía existe la "mala" circunstancia, ¿entonces puedo admitir que mi "mala" circunstancia no es la causa de mi infelicidad?

5. ¿Cuáles son los hechos y cuáles son mis pensamientos sobre los hechos?

Por lo general no nos damos cuenta, pero formamos constantemente pensamientos acerca de circunstancias y luego, sin saberlo, consideramos que estos pensamientos son en realidad parte de los hechos. Por ejemplo, podemos pensar, "*Soy* feo", "Él *es* malo", "Esta situación *es* terrible", "Sus acciones *fueron* inapropiadas", o "*No* me aprecia". En general, consideramos que estos pensamientos no son diferentes de hechos tales como "su nombre *es* Amanda", "esto *es* una manzana", "mi casa *es* roja", o "yo *tengo* seis pies de altura". Pensamos inocentemente y a menudo sin saberlo, estos pensamientos como si fueran hechos y luego llegamos a la conclusión de que nuestras emociones fueron creadas por estos "hechos". Sin embargo, los pensamientos antes mencionados no son hechos. Son pensamientos sobre hechos.

Imagínese que está esperando en la cola para una taza de café, y luego un hombre le dice: "Fuera de mi camino", mientras trata de colarse a través de la cola para llegar a la zona de estar. Ahora imagine que este incidente le deja un poco enojado con el hombre. ¿Qué habría provocado nuestra ira en esta situación? La mayoría de nosotros piensa, naturalmente, "Sus palabras irrespetuosas provocaron mi enojo". En otras palabras, parece como si los hechos mismos crearon nuestra ira. Pero ¿cuáles fueron los hechos y cuáles fueron nuestros pensamientos acerca de los hechos? Los únicos hechos fueron las palabras "Fuera de mi camino". No es como si sus palabras fuesen de hecho una falta de respeto; sus palabras no fueron más que sus palabras, completamente neutrales. Por lo tanto él no hablaba "palabras irrespetuosas"; sólo tuvimos un pensamiento sobre sus palabras que dice, "Eso es una falta de respeto".

Nuestros pensamientos no tienen nada que ver con sus palabras (los hechos). Son dos cosas separadas. Existen en dos lugares completamente distintos. Sus palabras fueron pronunciadas delante de nosotros y se detectan a través de nuestros sentidos, mientras que nuestro pensamiento "que es una falta de respeto" sólo existe como un concepto en nuestra mente. Nuestra emoción es creada por el concepto (pensamiento), no por los hechos. Nuestra emoción se debe a lo que está sucediendo en nuestra mente, no por lo que está pasando en frente de nosotros. Nuestra ira es causada por el pensamiento "que es una falta de respeto", no por las palabras "Fuera de mi camino". Si no tuviéramos este pensamiento sobre sus palabras, no experimentaríamos ninguna reacción emocional a ellas.

Estamos constantemente etiquetando a las personas, acciones, palabras, situaciones y acontecimientos como "malos", "no suficientes", o "incorrectas". Decimos: "Ella *es* molesta", "Ella *es* aburrida", y "Ella *es* fea" como si fueran hechos. Entonces experimentamos una reacción emocional a estas etiquetas, y nos tratamos a nosotros mismos y a los demás de acuerdo a esta. Pero ¿cuáles son los hechos y cuáles son nuestros pensamientos acerca de los hechos? Una chica no puede *ser* "mala", "aburrida", o "fea". Estos conceptos no son parte de los hechos. Alguien sólo puede realizar acciones o hablar palabras, que nuestros pensamientos etiquetan como "aburridas" o "molestas". "Aburrido" y "molesto" no se puede ver y no se puede tocar. Cualquier concepto que diga que ciertas palabras o acciones son "aburridas" o "molestas" sólo existe como pensamientos en nuestras propias mentes.

Puede parecer como si "feo" se puede ver y tocar. Piense en esto, sin embargo: una cara, ojos, nariz, y el pelo se pueden ver y tocar. No son "feas", son sólo partes del cuerpo. Después de experimentar una parte del cuerpo a través de nuestros sentidos, entonces tenemos la idea de que "la nariz es fea". Su nariz no puede ser "fea", la nariz sólo puede ser la nariz. "Fea" es sólo un pensamiento sobre su nariz. Nuestro pensamiento es totalmente independiente de los hechos.

Del mismo modo, tendemos a creer pensamientos como "mi vida no debería ser así", "no debería haber hecho eso", o "yo debería ser diferente". Creemos que estos pensamientos como si fueran verdad, por lo que tienden a dirigir nuestras vidas y crear un montón de vergüenza y de ira. Pero ¿dónde existe el "debería"? ¿Puedes verlo o tocarlo? ¿Es realmente una regla escrita en piedra en algún lugar que se debe seguir? La idea de "debería" es sólo un concepto que sólo existe en nuestras mentes. No es un hecho que realmente debemos actuar de cierta manera, nuestra vida debe ser de una cierta manera, o que ellos deberían actuar de cierta manera. Nuestras acciones y nuestras vidas son lo que son. Cualquier idea de que deben ser diferentes no existe en ninguna parte, sino como un pensamiento en nuestra propia mente.

Los hechos son los que sabemos que son verdad. Lo que experimentamos directamente a través de nuestros sentidos son los hechos. Los hechos son la realidad. Luego nos imponemos nuestras ideas de "bueno" y "malo", "correcto" e "incorrecto", "debería" y "no debería" a la realidad y reivindicamos que esas ideas son hechas. Los hechos son completamente neutrales. La realidad sólo es. La realidad no tiene una perspectiva. Nada puede ser de hecho "malo" o "no lo suficientemente bueno", y nada "debe" ser de cierta manera, porque los hechos no contienen puntos de vista dentro de ellos.

Una vez que podemos ver que parte de lo que consideramos hechos son en realidad nuestros pensamientos sobre los hechos, entonces podemos empezar a reconocer que nuestras emociones son creadas por nuestros pensamientos y no por los hechos. Sólo entonces es posible comenzar a cuestionar si estos pensamientos son realmente ciertos. La realidad misma es libertad. Son sólo nuestros pensamientos acerca de la realidad los que crean todo nuestro sufrimiento y el descontento.

Las Preguntas: ¿"Malo" existe como parte de los hechos, o es sólo una parte de mis pensamientos sobre los hechos? ¿Puedo ver, oír, o tocar el "mal" de algo o alguien, o es el "mal" de algo o de alguien solo pensamientos sobre lo que veo, oigo, o toco? ¿El "malo" se encuentra físicamente fuera o sólo en mi propia mente? ¿La idea de cómo "deberían" ser las cosas existe en otro lugar que no sea un pensamiento en mi mente? ¿Mi emoción está siendo creada directamente por los hechos o es creada por mis pensamientos sobre los hechos?

Reconocer que un pensamiento ha creado nuestra emoción elimina parte de nuestro sufrimiento

Reconocer que su emoción en realidad ha sido creada por un pensamiento, y no sus circunstancias, es un gran paso hacia la libertad. Ver esto suele debilitar nuestra creencia en nuestro pensamiento y puede debilitar considerablemente la emoción que le sigue.

Si puede ver que su pensamiento ha creado su sufrimiento, entonces puede dejar de culpar a cualquier persona, acción, evento o circunstancia que pensaba que era la causa de su sufrimiento. Este reconocimiento solo puede liberarnos de una gran cantidad de ira y resentimiento en nuestras vidas. Puede también impedir que actuemos dolorosamente hacia el que creíamos era el culpable.

Dado que no tenemos control sobre muchas de las circunstancias o acontecimientos en nuestras vidas, a menudo parece como si nosotros no tenemos control sobre nuestras emociones y que se han infligido a nosotros sin nuestro permiso. A menudo, esto puede hacernos sentir como si fuéramos impotentes. Nos sentimos como si fuéramos una víctima. Pero si es capaz de reconocer que sus pensamientos son la causa de su sufrimiento, entonces, de repente, ya no es impotente. Usted ya no es una víctima. Ahora tiene un cierto control. Esto significa que ninguna circunstancia, ningún evento, y ninguna persona tiene el poder de hacerle sufrir. Usted ya no tiene que creer que sus emociones se infligen sobre sí mismo sin su permiso. Y usted no tiene que creer los pensamientos que le hacen infeliz. Este es un descubrimiento verdaderamente liberador.

A pesar de que no disfrutemos de vivir la vida sintiéndonos como una víctima o aferrándonos a la ira hacia los demás, a menudo puede ser difícil para nosotros admitir que los pensamientos están causando nuestro sufrimiento. Si se encuentra resistiendo fuertemente este reconocimiento, puede saltar a la primera sección del capítulo 17 llamado "Quiero seguir culpando a otros por mi sufrimiento".

Capítulo Siete

Paso 4: Descubrir que No Sabe si Su Pensamiento es Verdad

No podemos obligar a nuestros pensamientos a que se detengan o se vayan

Ahora que ha reconocido que su pensamiento ha creado su emoción no deseada, lo más probable es que desee deshacerse de ese pensamiento. Pero tratar de silenciar su mente, controlar sus pensamientos, dejar sus pensamientos, dejar de lado sus pensamientos, o eliminar sus pensamientos no funciona. Nuestras mentes son demasiado inteligentes para permitir que los pensamientos paren otros pensamientos. Nuestros pensamientos no desaparecen cuando pensamos: "Yo no quiero pensar estos pensamientos", "¡Vete pensamiento!", "Voy a dejar de pensar este pensamiento", o "Voy a dejar de pensar ahora".

Por ejemplo, si se está preocupando de si su hijo obtendrá una "buena" calificación en su examen de la escuela, entonces decirse a sí mismo: "Yo no quiero preocuparme", no va a impedir que se preocupe, ya que no elimina la causa de por qué le está prestando atención a sus pensamientos preocupantes.

Los pensamientos sobreviven por la energía que reciben de nuestra atención. No tenemos más remedio que prestar atención a lo que es más importante para nosotros. Así que si estamos prestando atención a un pensamiento, es porque inconscientemente creemos que el pensamiento es más importante que lo que está pasando en frente de nosotros. En general, le prestamos la mayor atención a los pensamientos que parecen importantes tanto para nuestra felicidad como para nuestra supervivencia. Por ejemplo, nuestros juicios sobre los demás ayudan a mejorar nuestra opinión de nosotros mismos. Nos preocupamos por el futuro, porque creemos que nuestra felicidad depende de conseguir el resultado futuro que queremos. Nos decimos a nosotros mismos historias tristes del pasado, ya que hacerlo nos ayuda a mantener un cierto aspecto de nuestra identidad (nuestra supervivencia).

Puede parecer como si supiéramos que nuestro pensamiento sólo crea sufrimiento, pero si el pensamiento no tuviera ninguna importancia para nosotros, sencillamente, no le prestaríamos ninguna atención. Ya que creemos automáticamente nuestros pensamientos, casi siempre parecen más importantes que el momento presente, más importantes que lo que está sucediendo realmente en frente de nosotros.

Cuanto más tratamos de detener o controlar los pensamientos, más atención les prestamos. Y además de nuestros pensamientos originales restante, también terminamos añadiendo una capa de nuevos pensamientos acerca de cómo deshacerse de nuestros pensamientos iniciales-así como una capa de conflicto interno, porque pensamos, "¿Por qué no se van estos pensamientos?", "¡Yo no quiero pensar estos pensamientos! ", o" ¡Debe ser mi culpa que no puedo evitar mis pensamientos! "

Ejercicio: Para ilustrar este punto, trate de silenciar su mente ahora. Cierre los ojos e intente cualquier estrategia que desee y vea qué pasa. Si no tiene una estrategia preferida, trate de contar las respiraciones y vea hasta cuanto puede contar mientras se centra en cada respiración. La mayoría de nosotros, sólo podemos hacer esto durante unos segundos, tal vez unos pocos minutos como máximo. ¿Hasta cuánto contó antes de que su mente le interrumpiera y llamase su atención? Casi seguro no fue el tiempo suficiente para hacer que sea más feliz. Ahora imagine lo difícil que sería acallar su mente cuando está en el proceso de sentirse triste, enojado, estresado o preocupado. Para dar un paso más, trate de imaginar lo difícil que sería acallar su mente mientras está participando en sus actividades diarias (especialmente las que parecen "causar" ira o el estrés).

Los pensamientos que no se creen no crean emociones

Afortunadamente, no necesitamos deshacernos de nuestros pensamientos con el fin de dejar de experimentar las emociones que crean. Si ve una película en la que el personaje principal es engañada por su marido, es probable que se sienta triste o enfadada si cree que su actuación. Pero si no cree a los actores, entonces incluso las escenas más tristes o más dramáticas no provocan una reacción emocional. Si un amigo le dice que su hijo resultó herido en un accidente de coche ayer, y le cree, es probable que se sienta molesto. Pero, si no cree a su amigo en absoluto, no tendría ningún motivo para sentirse molesto.

Así como ver una película o escuchar las palabras de otros sólo crean emociones cuando nos las creemos, escuchar nuestros propios pensamientos sólo crea emociones cuando los creemos. No importa el pensamiento que surja en nuestra mente, no vamos a experimentar una reacción emocional a él si no nos lo creemos.
No hay necesidad de preocuparse por deshacerse de sus pensamientos, detenerlos, soltarlos o dejarlos ir. Independientemente de lo que alguien le esté diciendo a usted, si no cree lo que está diciendo, puede seguir escuchando sus palabras sin que creen emociones no deseadas. Lo mismo puede decirse de nuestros pensamientos. *Independientemente de lo que un pensamiento está diciendo, si no creemos el pensamiento, este puede permanecer en nuestras mentes sin crear emociones. Por lo tanto, nuestros pensamientos mismos nunca fueron el problema. Es sólo nuestra creencia en los pensamientos la que crea todo nuestro sufrimiento.*

Una vez que dejamos de creer que un pensamiento específico es verdad, el pensamiento ya no nos proporciona ningún valor. Por ejemplo, si dejamos de creer nuestro juicio acerca de alguien, entonces este juicio no hará que nos sintamos mejor con nosotros mismos nunca más. Si un pensamiento no nos provee valor, entonces no tiene ninguna importancia para nosotros, y no tenemos ninguna razón para prestarle atención. Dado que la atención ofrece al pensamiento la energía que necesita para sobrevivir, la pérdida de atención por lo general hace que el pensamiento desaparezca por sí solo. Nuestros pensamientos casi siempre desaparecen totalmente por su cuenta cuando no creemos que son verdad.

Nuestras emociones se crean al creer que nuestros pensamientos son verdad sin saberlo

Por favor tome un momento para localizar los pensamientos que encontró en el paso 2 ¿Hay alguna incertidumbre acerca de lo que cree que es "malo", era "malo", o sería "malo"? ¿Hay alguna duda acerca de lo que piensa que necesita para obtener, cambiar o mantener para ser feliz? ¿O cree que cada uno de sus pensamientos es cierto? Si estamos viviendo una emoción, debe ser porque estamos creyendo los pensamientos detrás de esta, porque si no lo hiciéramos, no crearían la emoción. Nuestras emociones sólo pueden ser creadas por la creencia de que un pensamiento es verdad.

Tendemos a pasar por la vida creyendo sin saberlo, que nuestros pensamientos acerca de circunstancias son del todo ciertos. No pensamos, "No estoy seguro de si esta situación es terrible", pensamos, "Esta situación es terrible". No pensamos, "No estoy seguro de si soy feo", pensamos, "*soy* feo". No pensamos, "Yo no sé si él es malo", pensamos, "Él *es* malo". No pensamos, "Podría hacerme más feliz si consigo la promoción", pensamos, "*Necesito* esta promoción para ser feliz". No pensamos, "Si no paso la prueba puede que sea malo para mi vida", pensamos, "Fallar la prueba *sería* malo". A pesar de que parece que hay incertidumbre en un pensamiento como "algo malo podría suceder", la incertidumbre es sólo acerca de si va a suceder, mientras que nuestra ansiedad se crea a partir de la certeza de que el resultado que tememos "sería malo" si ocurriera. Tan pronto como nos creemos alguno de estos pensamientos, experimentamos nuestras aparentemente emociones "negativas".

Ya que creemos que nuestros pensamientos son verdad, nuestras emociones casi siempre parecen completamente justificadas y lógicas, y parecen como si fueran la única reacción apropiada. Creemos que tiene sentido estar triste cuando fallamos en conseguir algo que queríamos. Pero sólo lo parece así porque estamos plenamente convencidos, "Es malo que yo no consiga lo que quiero" o "Hubiera sido mejor si hubiera conseguido lo que quería". Parece lógico que nos enojemos con nuestro marido cuando se olvida de nuestra cita para cenar. Pero esta reacción sólo parece lógica porque creemos, "*Es* malo que se olvidó" o "*Debe* no preocuparse por mí". Sin embargo, el hecho de la cuestión es que todos estos tipos de pensamientos son sólo suposiciones. Estos pensamientos no son los hechos, y no se sabe si son verdad. Son simplemente teorías no investigadas e interpretaciones de los acontecimientos en nuestra vida.

Nos hacemos preguntas para ayudarnos a creer nuestros pensamientos

El propósito del Paso 4 es ayudarle a darse cuenta de que no sabe si sus pensamientos son verdaderos. La forma de hacer esto es haciéndonos preguntas. Veamos un par de ejemplos rápidos de cómo las preguntas nos pueden ayudar a dejar de creer un pensamiento:

- Si pensamos, "Ella me *faltó* al respeto", entonces podríamos preguntarnos "¿Puede alguien tener una perspectiva diferente sobre la situación? ¿Si alguien más podría tener una perspectiva diferente, puedo estar seguro de que mi pensamiento es cierto? "Esto nos podría ayudar a ver que," Realmente no sé a ciencia cierta que estaba siendo irrespetuosa".

- Si pensamos, "*Es* malo que no haya conseguido la oferta de trabajo", entonces podríamos preguntarnos: "¿Sé a ciencia cierta que esta circunstancia es mala para mi vida y no tendrá buenos efectos?" esto podría ayudar a que reconozcamos, "no sé si fue bueno o malo el no conseguir la oferta de trabajo".

- Si creemos, "Yo no *soy* digno de amor", entonces podríamos preguntarnos: "¿Puedo pensar en algunas razones o ejemplos de por qué lo opuesto podría ser cierto?" Esto nos puede ayudar a descubrir, "Es es definitivamente posible que yo sea digno de amor".

A veces las preguntas nos pueden mostrar que no sabemos si nuestro pensamiento es cierto, y a veces veremos que nuestro pensamiento en realidad no es cierto en absoluto. De cualquier manera, cuando hemos dejado de creer que nuestro pensamiento es verdad - cuando no creemos en el pensamiento - dejamos de experimentar la emoción que nuestro pensamiento crea. La paz que queda es la experiencia del momento presente.

Cómo utilizar las preguntas para dejar de creer sus pensamientos

En los siguientes ocho capítulos, hay 34 preguntas principales diferentes para ayudarle a dejar de creer sus pensamientos. Cada una de estas preguntas es una solución independiente y tiene su propia sección dedicada a la explicación de su uso. Todas las preguntas tienen el propósito de golpear en sus pensamientos desde diferentes ángulos, exponiendo diferentes razones por las que sus pensamientos pueden no ser ciertos, tratando de encontrar una forma de que se dé cuenta de que no sabe si su pensamiento es verdad. Algunas preguntas pueden demostrar que su concepto de "malo" en realidad no existe, mientras que otras preguntas tienen el propósito de mostrar que una circunstancia específica puede ni siquiera cumplir con su propia definición de "malo".

Hay 34 preguntas diferentes para ofrecerle diferentes opciones (soluciones) para ayudarle a dejar de creer sus pensamientos, y debido a que ciertas preguntas sólo están hechas para ser aplicadas a ciertos pensamientos. Es posible que necesite preguntarse sólo una de las principales preguntas (y sus sub-preguntas) con el fin de dejar de creer en su pensamiento, o puede necesitar varias preguntas para dejar de creer el pensamiento.

En lugar de sólo leer a través de los siguientes ocho capítulos, se dará cuenta de que este proceso es más probable que disuelva su emoción no deseada y logre traerle al presente si salta a los capítulos y preguntas que son relevantes para los pensamientos específicos que encontró en el paso 2. Con el fin de ayudarle a averiguar qué preguntas hacerse a sí mismo, las 34 preguntas se dividen en capítulos por tipo de pensamiento. A continuación se muestra una lista de los capítulos y explicaciones rápidas de cuándo utilizar las preguntas dentro de estos.

Capítulo 8 - Preguntas para Dejar de Creer Cualquiera de Sus Pensamientos. No importa lo que pensabas que creías, siempre comienza con estas preguntas.

Capítulo 9 - Preguntas para Dejar de Creer Sus Pensamientos sobre Circunstancias Actuales o Pasadas. Este capítulo es para cuando su pensamiento tratan de un evento "malo" del pasado, o si piensa que algo de su vida es "malo" o "no lo suficientemente bueno". Los sentimientos de que algo falta en su vida se abordan aquí.

Capítulo 10 - Preguntas para Dejar de Creer Sus Pensamientos sobre Resultados Futuros. Sus pensamientos sobre el futuro (incluyendo todos los pensamientos de ansiedad) se tratan en este capítulo.

Capítulo 11 - Preguntas para Dejar de Creer Sus Pensamientos sobre las Opiniones de Otros. Esto es para ayudarle a dejar de creer los pensamientos que le hacen reaccionar emocionalmente a lo que las personas piensan y hacen que se preocupe por lo que la gente piensa.

Capítulo 12 - Preguntas para Dejar de Creer Sus Juicios sobre Otros.

Capítulo 13 - Preguntas para Dejar de Creer Sus Juicios sobre Si Mismo.

Capítulo 14 - Preguntas para Dejar de Creer Su Concepto de Culpa. Las preguntas en este capítulo son para ayudarle a dejar de creer los pensamientos que causan la ira, el resentimiento, la vergüenza y la culpa. Si piensa que nada de sí mismo o los demás es "malo", estas preguntas tienen el propósito de ayudarle a darse cuenta de que nadie tiene la culpa de cualquier acción o resultado que creemos que es "malo".

Capítulo 15 - Preguntas para Dejar de Creer Su Idea de Cómo Deben Ser las Cosas. Estas preguntas son para cualquiera de sus pensamientos que contienen un "debería".

Cuando una de las preguntas le haya ayudado a creer en su idea central, por lo general hay una sensación correspondiente como "aaahh, veo", paz, ayuda, o alguna clara sensación de que la emoción ha perdido su poder. Si hace una pregunta, pero no le ayuda a dejar de creer su pensamiento, no se preocupe por eso, simplemente pase a otra pregunta. Cada pregunta es de gran ayuda en diferentes momentos, por diferentes pensamientos. No todas las preguntas funcionarán en todo momento.

Si la sensación de alivio o la paz de dejar de creer en un pensamiento no parece corresponder a la cantidad de sufrimiento que el pensamiento parecía causar, entonces es probable que no haya dejado de creer por completo el pensamiento o que no estaba investigando la idea central. Cuando sucede esto, vale la pena cuestionar el pensamiento más, cuestionando un pensamiento diferente que encontró, o volver al Paso 2 para ver si puede identificar otros pensamientos que están en juego.

Una vez que su emoción se ha disuelto, no hay necesidad de preguntarse a sí mismo más preguntas con respecto al pensamiento que lo creó. Usted puede escoger cualquiera otra emoción y pasar por el proceso de nuevo, o puede optar por leer a través de todas las preguntas de este libro para ayudarle a que se familiarice con estas. Entonces, al aplicar este proceso a uno de sus pensamientos en una fecha posterior, puede ir directamente a las preguntas que mejor le ayudarán a dejar de creer a su pensamiento.

La incertidumbre sobre el futuro no crea ansiedad

Puede parecer que la incertidumbre en cuanto a si un pensamiento es verdad o no-la misma incertidumbre que estamos tratando de crear aquí-puede conducir a la ansiedad. Tendemos a tener esta idea de que la ansiedad se crea por no saber el futuro. Sin embargo, la incertidumbre sobre el futuro no crea ansiedad. La ansiedad es creada por la creencia de que un "mal" resultado es posible. ¿Experimentaría algún tipo de ansiedad, si su amigo le dijera: "Te daré 100 dólares mañana para tu cumpleaños, pero no voy a decirte si serán billetes de $20, de $10 o billetes de $1"? Hay incertidumbre, pero cada resultado es igual de "bueno", por lo que la incertidumbre es irrelevante y no llevará a la ansiedad.

Sin embargo, después de dejar de creer en un pensamiento, nuestras mentes pueden formar un nuevo pensamiento que crea ansiedad. Por ejemplo, si creemos el pensamiento, "A mi novio ya no le importo", entonces podemos experimentar tristeza. Si no creemos nuestro pensamiento, reconociendo que "No sé si es verdad que a mi novio ya no le importo", entonces ya no se sentiría triste. Pero, entonces podemos formar un nuevo pensamiento, "Sería malo si mi novio dejara de preocuparse por mí", lo que crearía ansiedad.

Por lo tanto, si alguna vez encuentra que dejar de creer un pensamiento le ha creado ansiedad, todo lo que tiene que hacer es hacerse la pregunta "¿Qué resultado es el que pienso que sería malo?" Una vez que haya identificado el resultado futuro que piensa que "sería malo "(qué resultado teme), entonces puede ir al Capítulo 10 para cuestionar si realmente conoce si este resultado futuro" sería malo".

Cómo responder a las preguntas

Cuando nos hacemos una de las preguntas que se dan, la respuesta inmediata a menudo parece confirmar lo que hemos estado pensando todo el tiempo. Si la pregunta es, "¿Estás seguro?", La respuesta inmediata, tal vez puede ser, "¡Sí estoy seguro!" Este tipo de respuesta es lo que viene cuando nuestra mente piensa que ya sabe la respuesta y en realidad no nos tomamos el tiempo de descubrir la respuesta por nosotros mismos en este momento. Responder a una pregunta basada en el primer pensamiento que viene a nuestra mente no nos permitirá descubrir la respuesta que es verdad para nosotros.

En lugar de responder a una pregunta de esta manera, pare y tome un respiro después de preguntarse una de las preguntas. Sea paciente, espere unos segundos, y deje que la respuesta venga. No acuda a su conocimiento, lo que usted piensa que es la respuesta correcta, o lo que cree que la respuesta debe ser. Las respuestas que está buscando, por naturaleza, a menudo entra en conflicto con lo que sabe, lo que le han enseñado, y lo que ha creído. Es por eso que empezamos desde cero. Responda a la pregunta con honestidad e inocentemente. Trate esto como un nuevo descubrimiento, como un territorio desconocido. Si es necesario, mire a su propia experiencia en la vida para descubrir lo que es verdad para usted.

Puesto que nuestras mentes parcialmente no quieren creer pensamientos, nuestros pensamientos pueden intentar engañarnos de algunas maneras.

- Los pensamientos pueden tratar de responder a las preguntas con una historia o justificación que sólo proporciona evidencia que parece probar que nuestro pensamiento es verdad.

- Los pensamientos pueden impedirnos ver la verdad por complicar las respuestas tanto que es difícil encontrar la verdad.

- Los pensamientos pueden ir por la tangente para evitar responder a la pregunta directamente.

- Los pensamientos pueden tratar de responder a las preguntas: "*¿Sabe usted con seguridad?*" O "*¿Es cierto?*", Con respuestas tales como "Estoy casi seguro" o "Estoy 99% seguro". Sin embargo, si no estamos 100% seguros de que nuestro pensamiento es cierto, si hay una posibilidad de que no lo sea, entonces el hecho es que nosotros no sabemos realmente si nuestro pensamiento es verdad. Nuestra propia verdad se convierte en: "Yo no sé si este pensamiento es verdad". Las dos únicas posibilidades son que o bien estamos seguros de que nuestro pensamiento es verdadero o no estamos seguros. Independientemente de si estamos el noventa y nueve por ciento seguros o el uno por ciento seguros, no estamos seguros del todo. O bien el pensamiento es un hecho ("esto es una manzana") o no se sabe que es verdad. No hay nada en el medio. Si no estamos seguros, entonces nuestra respuesta debe ser: "No sé si este pensamiento es verdad".

Al responder a, "¿Es esto cierto?", con "Estoy casi seguro", o "hay una pequeña posibilidad de que esté equivocado", entonces todavía no hemos creído nuestro pensamiento, y vamos a continuar experimentando nuestra emoción no deseada. Pero si podemos dar un paso más allá y acaba de reconocer que nuestra respuesta "Estoy casi seguro de que mi pensamiento es verdad", en realidad significa: "Realmente no sé si mi pensamiento es cierto en absoluto", entonces la emoción se disuelve. Si nuestra respuesta es: "Estoy casi 100% seguro de que mi pensamiento es verdad", entonces tendríamos que admitir que ya no estamos seguros de que nuestro pensamiento es verdad, debe decir que, "la verdad es que no sé si mi pensamiento es verdad".

Por ejemplo, podemos experimentar ansiedad al pensar, "Sería malo si mi novia rompiera conmigo". Pero después de hacernos a nosotros mismos algunas preguntas, podemos ser capaces de reconocer que hay una pequeña posibilidad de que este resultado pueda ser "bueno" para nuestra vida. Si respondemos a, *"¿Estoy seguro de que este pensamiento es verdad?"*, Con *"Estoy casi seguro de que sería malo si mi novia rompiera conmigo"*, entonces nuestra ansiedad permanecerá. Sin embargo, puesto que en realidad no sabemos con certeza que "Sería malo si esto sucedió", la verdad es, "Realmente no sé si perder mi novia sería bueno o malo para mi vida". Si somos capaces de admitir esto, entonces ya no estamos creyendo el pensamiento que creó nuestra emoción, y no tendríamos ninguna razón para sentir más ansiedad.

Debido a estos trucos, la forma más eficaz para responder a preguntas tales como, "¿Sabes a ciencia cierta?" O "¿Es cierto?", Es con "sí", "no" o "no sé". Para otro tipo de preguntas, puede optar por responder mentalmente las preguntas o puede que le resulte más útil escribir sus respuestas.

Capítulo Ocho

Preguntas para Dejar de Creer Cualquiera de Sus Pensamientos

Desde muy temprana edad, estamos condicionados a juzgar cosas-acciones, palabras, situaciones, eventos, experiencias, sentimientos, a las personas como "buenas" o "malas". Independientemente de lo que usted está pensando, o de la emoción que está experimentando, las preguntas de este capítulo pueden ayudarle a dejar de creer sus pensamientos.

1. ¿Es cierto?

Tan pronto como nos encontramos con un pensamiento que crea nuestro sufrimiento, la primera pregunta que siempre debemos hacernos es la sencilla pregunta: "¿Es cierto?" Si nos detenemos por un momento y nos permitimos mirar realmente, esta pregunta es a menudo suficiente para ayudarnos a descubrir que no sabemos a ciencia cierta si nuestro pensamiento es verdad. Por otro lado, si la respuesta es un inmediato "¡sí mi pensamiento es cierto!" - Ya que a menudo es-vale la pena preguntarse, "¿Estoy absolutamente seguro de que mi pensamiento es cierto?"

Muchas veces, cuando experimentamos emociones intensas, es porque estamos creyendo pensamientos con palabras extremas como "todos", "nadie", "siempre", "nunca", "todo" o "nada". Estas palabras extremas intensifican nuestras emociones, ya que no dejan lugar a la positividad en absoluto. Por ejemplo, podemos pensar: "Todo el mundo me odia", "Nadie me quiere", "Él siempre es malo conmigo", "Nunca voy a encontrar una esposa", "Me duele todo el cuerpo", o "Nada va a mi manera". Pero si nos preguntamos, "¿Estoy seguro de que este pensamiento es verdad?", Entonces por lo general es posible reconocer que no podemos tener la certeza de que tales declaraciones extremas son verdaderas.

Del mismo modo, también tendemos a tener, sin saberlo, pensamientos que exageran el efecto "malo" de los eventos no deseados. Por ejemplo, podríamos pensar: "Mi padre me va a matar si me despiden de mi trabajo", "Mi vida ha terminado si mi novio me deja", "Necesito este trabajo", o "Tengo que tenerlo todo hecho". Cuando creemos estos pensamientos, podemos experimentar un montón de miedo. Pero si cuestionamos la verdad de estos pensamientos, a menudo es evidente que estos pensamientos no son realmente ciertos.

Cuando reconocemos que nuestra declaración extrema o efecto exagerado "malo", o bien no es cierto o no se sabe si es verdad, perdemos nuestra razón de sentir la intensa emoción no deseada que habíamos estado experimentando.

Las preguntas: ¿Es cierto? ¿Estoy absolutamente seguro de que mi pensamiento es cierto? ¿Puedo estar absolutamente seguro de que una afirmación tan extrema es exacta? ¿Estoy seguro de que no estoy exagerando los efectos de un "mal" resultado?

2. ¿Puedo pensar en algunas razones o ejemplos de por qué lo opuesto podría ser cierto?

En cualquier momento en que estamos viviendo una emoción, es porque estamos creyendo que un pensamiento es verdad. Dado que no queremos pensar en nosotros mismos como "equivocados", inconscientemente queremos seguir creyendo que teníamos "razón" al creer que nuestro pensamiento es verdad. Debido a esta dinámica, una vez que creemos un pensamiento, nuestra mente generalmente sólo buscan evidencia que apoye nuestro pensamiento. El hacer esto, por supuesto, perpetúa nuestras emociones no deseadas.

Por ejemplo, una vez que pensamos, "Mi marido no me aprecia", podemos ver inmediatamente un montón de imágenes de eventos pasados proyectadas en nuestra mente que ayudan a demostrar que nuestro pensamiento es verdad. Sólo pensaríamos en los momentos en los que no conseguimos ninguna alabanza de nuestro marido, y no en los momentos en los que sí lo hizo. Podríamos dejar de lado los detalles clave de una historia, como el hecho de que nuestro esposo ni siquiera sabía que hicimos algo digno de alabanza. Si nuestras mentes piensan en cualquier momento cuando dijo "gracias", a continuación, por lo general, interpretamos que ese "gracias" fue dicho de una manera irreflexiva e indiferente.

La evidencia que utilizamos para probar que nuestros pensamientos son verdad casi siempre está sesgada, casi siempre incluye sólo recuerdos que respaldan nuestro reclamo, y casi siempre se basa en cualquier perspectiva o interpretación que pensamos demuestra nuestro punto. Este proceso de solo encontrar evidencia de apoyo para nuestros pensamientos acaba fortaleciendo nuestras creencias e intensificando nuestras emociones.

Ahora que sabemos cómo nuestras mentes hacen que sigamos creyendo pensamientos, podemos voltear este proceso al revés con el fin de ayudarnos a descreer nuestros pensamientos no deseados. Una vez que somos conscientes de un pensamiento que queremos dejar de creer, en lugar de buscar evidencia de apoyo, todo lo que tenemos que hacer es buscar algunas razones posibles o ejemplos de por qué lo contrario de nuestro pensamiento podría ser verdad. En otras palabras, si pensamos que una situación es "mala", podemos buscar razones o ejemplos de por qué podría ser "buena". Si podemos encontrar algunas razones genuinas o ejemplos por qué el pensamiento positivo puede ser cierto, entonces esto a menudo nos hace darnos cuenta de que no podemos estar seguros si nuestro pensamiento negativo es verdadero.

Si pensamos, "Mi jefe es malo", entonces podríamos ser capaces de recordar un par de veces cuando fue agradable con nosotros o para otros. Si pensamos, "Mi trabajo es una mierda", podemos tratar de recordar todos los aspectos de nuestro trabajo que nos gustan. Si pensamos, "Soy indigno del amor de nadie", entonces podemos tratar de encontrar algunas de las razones por las que pensamos que alguien quiere amarnos. Si hemos decidido: "Yo no gano suficiente dinero", entonces podemos buscar algunas razones de por qué en realidad tenemos dinero suficiente. Si pensamos, "Mi novia dijo" gracias "de una manera que no muestra aprecio", entonces podemos tratar de encontrar razones por las que es posible que malinterpretemos sus intenciones y en realidad estaba agradecida cuando lo dijo. Si pensamos que es "malo" que nuestro marido siempre deja su ropa sucia en el suelo, entonces podemos tratar de encontrar razones por las que su hábito podría ser "bueno" para nosotros o nuestra relación (por ejemplo, nos da oportunidades consistentes para hacer cosas para la persona que amamos).

Cuando sólo buscamos pruebas para demostrar que nuestro pensamiento negativo es cierto, o sólo de recordamos y reflexionamos sobre los aspectos negativos de cualquier situación, siempre tendremos razón e inevitablemente sufriremos las consecuencias. Pero casi siempre es posible encontrar razones o ejemplos genuinos de por qué cualquier situación, persona o evento es positiva. *Cuando estamos acostumbrados a pensar en una circunstancia como "mala", puede tomar un poco de esfuerzo, creatividad, o incluso honestidad brutal para encontrar algunas de las razones por las qué el pensamiento opuesto podría ser cierto, pero siempre es posible.* Incluso puede requerir unos minutos (o más) de pensar con el fin de encontrar razones o ejemplos genuinos de por qué lo opuesto podría ser cierto.

Si somos capaces de reconocer que lo contrario de nuestro pensamiento podría ser cierto, esto por lo general nos hace darnos cuenta de que en realidad no podemos estar seguros de que nuestro pensamiento es verdad. Una vez que somos capaces de reconocer que no sabemos si nuestro pensamiento es cierto, entonces la emoción que nuestro pensamiento estaba creando de forma natural se disuelve, o al menos pierde mucho de su poder.

Esta pregunta se puede aplicar a cualquier pensamiento y es a menudo la única pregunta que debemos hacernos a nosotros mismos con el fin de dejar de creer en un pensamiento.

Las Preguntas: ¿Puedo pensar en algunas razones o ejemplos de por qué lo opuesto podría ser cierto? ¿Si hay algunas razones o ejemplos (memorias) de por qué el pensamiento opuesto podría ser cierto, puedo estar absolutamente seguro de que mi pensamiento es cierto?

3. ¿Estoy seguro de que mi pensamiento es cierto, o es sólo un punto de vista?

Imagínese que fue a ver una película con unos amigos. Al salir del cine, le dice a sus amigos: "Creo que esa película no fue muy buena". Dice esto con una cierta suavidad y ligereza; sabe que está dando a su opinión, su punto de vista. Luego imagine que sus amigos responden diciendo que piensan que la película fue realmente genial. Puesto que entiende que su declaración fue sólo una opinión, reconoce sus opiniones, y las encuentra curiosas, pero no discute sobre ello.

Ahora imagine un escenario diferente en el que deja la película diciendo a sus amigos, "¡Esta película *fue* tan aburrida y terrible!" Esta vez, su declaración es todavía sólo una opinión, pero sin embargo no lo ve como una opinión. Piensa que su afirmación es cierta. Hay una especie de dureza o certeza acerca de su afirmación. Así que cuando sus amigos le dicen que la película fue realmente buena, o bien discute con ellos, trata de convencerlos para ver a su manera, piensan que son estúpidos, o piensa que no saben de lo que están hablando o simplemente están equivocadas.

En ambos escenarios, tenía un pensamiento acerca de una película. Sin embargo, en uno de esos escenarios vio a su pensamiento como una opinión, mientras que en el otro, creyó que su pensamiento era una verdad o un hecho, y no reconoció que era sólo una opinión. Cuando vio su pensamiento como sólo una opinión, este no tenía ningún poder de crear emociones cuando sus amigos no estaban de acuerdo. Sin embargo, cuando creyó que su pensamiento era verdad, experimentó ira y juzgó a sus amigos cuando no estaban de acuerdo. No importa lo seguro que está de que una película es "mala", sigue siendo sólo una idea que tiene sobre una película, y no un hecho. Si puede reconocer que otros podrían no estar de acuerdo con su pensamiento, entonces se puede admitir que realmente no sabe si su pensamiento es cierto, y se puede reconocer que el pensamiento es en realidad sólo una perspectiva.

De la misma manera, todos los pensamientos en nuestras mentes son sólo puntos de vista. *La única vez que nuestros pensamientos crean emociones es cuando confundimos nuestra perspectiva con lo que es verdad.*

A lo largo de nuestra vida, hemos absorbido la creencia de que ciertos tipos de palabras, acciones, situaciones, y apariencias son "malos". Con el tiempo, cada uno de nosotros hemos creado nuestras propias definiciones de qué palabras y acciones son "una falta de respeto", "malas", o "molestas" y qué atributos físicos son "feos". Cuando escuchamos ciertas palabras, somos testigo de ciertas acciones, o vemos ciertos atributos físicos, inconscientemente nos preguntamos, "¿Esto cuadra con mi definición de una falta de respeto o respetuoso, molesto o agradable, divertido o aburrido, bonito o feo?" Entonces respondemos a esta pregunta juzgando (tomando una decisión) que lo que presenciamos es "una falta de respeto", "molesto", "aburrido", o "feo". No tenemos ninguna incertidumbre acerca de si nuestro pensamiento es verdad. No consideramos nuestro pensamiento como una perspectiva, sin saberlo, lo vemos como un hecho, como cierto. Una vez que hacemos este juicio, reaccionamos con la emoción correspondiente.

Lo que es importante entender es que los propios hechos son neutrales. Son nuestras mentes individuales las que marcan los hechos como "buenos" o "malos", "correctos" o "incorrectos", "bonitos" o "feos". Pero ya que todos tenemos una genética diferente e historias de vida diferentes, siempre es posible que otras personas etiqueten los mismos hechos de manera diferente. Todos podemos tener diferentes definiciones de que tipos de acciones, palabras, apariciones, situaciones o eventos se califican como "malos", "inadecuados", "atractivos", "faltados de respeto", y así sucesivamente. Podemos creer que circunstancia es "mala", pero alguien más podría estar en desacuerdo con nosotros si las circunstancias no cumple con su definición de "malo". Si alguien más puede estar en desacuerdo con nosotros, esto puede ayudar a darnos cuenta de que no sabemos si nuestro pensamiento es verdad y que en realidad es sólo una perspectiva.

Como ya hemos visto, nuestras emociones son creadas inocentemente creyendo que nuestros pensamientos son verdad y son un hecho. Sin embargo, si creemos que nuestros pensamientos son verdad, estamos sin saberlo, afirmando que cualquier otro punto de vista sobre el tema está mal. Si experimentamos la ira de creer que, "Sus acciones *fueron* desconsideradas", estamos sin saberlo, creyendo que cualquier persona que piense, "Sus acciones *fueron* consideradas", está equivocado. Si experimentamos ansiedad al pensar, "*Fue* malo que ella me dejó", estamos sin saberlo, creyendo que cualquier persona que piensa: "*Fue* bueno que te dejó", está equivocada. Cada vez que creemos, "Esto *es* malo", estamos intrínsecamente creyendo, "Cualquiera que piense que esto no es malo *está* equivocado". Pero lo que no estamos viendo aquí es que si otros podían no estar de acuerdo con nosotros, entonces nuestro pensamiento debe ser sólo una perspectiva. ¿Podemos realmente saber con absoluta certeza que nuestro pensamiento es verdad cuando otros podrían no estar de acuerdo con nosotros?

Nuestros pensamientos a menudo parecen ciertos porque las personas que nos rodean tienden a reforzar nuestras creencias al estar con frecuencia de acuerdo con nuestros puntos de vista sobre lo que es "bueno" y "malo". A menudo tienen perspectivas similares porque viven en la misma área o crecieron con la misma cultura, ya que el mismo tipo de trabajo a menudo atrae a personas similares, o simplemente porque a menudo optan por pasar tiempo con personas que tienen creencias que son similares a la nuestra. De esta manera, cuando pensamos que algo es "malo" y nos ponemos tristes, enojados o preocupado, nuestros amigos por lo general están de acuerdo con nuestros juicios en lugar de ofrecernos una perspectiva diferente.

Por ejemplo, si le dice a su amigo que está enojado porque "mi marido no debería haberme dicho eso a mí", su amigo normalmente dirá: "Tienes razón, no debería haberte dicho eso". Si le dice a sus amigos: "Me preocupa que mi hijo vaya a fallar su examen", sus amigos por lo general le dicen, "Él lo hará bien". Esto puede parecer como si fuera útil, pero al hacer esta declaración, sus amigos están de acuerdo con su decisión de que "suspender el examen sería malo", mientras que al mismo tiempo están tratando de calmarle al decir: "Probablemente lo pasará". Si está enfermo, la gente alrededor suya por lo general le dice: "Que pena, odio cuando estoy enfermo, siento que estés enfermo". Estos comentarios nos están diciendo, "Estar enfermo es malo", lo que refuerza nuestra creencia de estar "enfermo es malo" y perpetúa nuestra tristeza y autocompasión. Muchas veces elegimos sin saberlo, el no estar cerca de personas que no están de acuerdo con nosotros, porque puede tenemos que confrontarlos. Queremos que la gente nos diga que tenemos razón, y queremos su compasión. Pero al ofrecernos compasión, estamos efectivamente otros nos están diciendo, "Su pensamiento es verdad", y por lo tanto, "el motivo de su sufrimiento es completamente válido y verdadero". Esto nos lleva a tener continuamente nuestros conceptos de "malo" reafirmado como verdadero y perpetúa nuestro sufrimiento.

Podemos pensar, "Mi jefe *es* demasiado exigente", "*Es* malo que yo todavía no tenga marido", "Yo no *soy* atractiva", "Él *es* egoísta", "*Sería* malo si no consigo el nuevo cliente ", o" Mi novio *no me* aprecia". Pero ¿es posible que alguien tuviera un pensamiento opuesto sobre cualquiera de estos temas? ¿Podría alguien pensar que su jefe es razonable, que es más agradable estar todavía soltero, que eres atractiva, que es considerado, que él no conseguir el cliente sería "bueno" para su negocio, y que su novio realmente la aprecia? ¿Si es posible, entonces puede estar completamente seguro de que su pensamiento es cierto?

Esta simple pregunta podría ayudarnos a darnos cuenta de que nuestro pensamiento es sólo una perspectiva. Podríamos reconocer, "Creo que mi jefe es exigente, pero tal vez sea razonable", "parece mal que todavía esté solo, pero tal vez esto me da más libertad para disfrutar de mí mismo", "Yo creo que no soy atractiva, pero es posible que yo sea atractiva para los demás", "El parece a menudo egoísta, pero es posible que él sea una persona considerada en general", "habría algún efecto negativo si no consigo el nuevo cliente, pero podría terminar siendo bueno para mi negocio", "mi novio no me muestra aprecio, pero eso no quiere realmente decir que no me aprecia".

Si reconocemos que otros pueden tener un pensamiento diferente sobre la misma circunstancia, entonces podemos ser capaces de reconocer que nuestro pensamiento es sólo un punto de vista, y que no es un hecho, ni es lo que es verdad. Podemos llegar a entender que nuestra opinión es sólo una opinión. Una vez que reconocemos que nuestro pensamiento es sólo una perspectiva, podemos ser capaces de reconocer, "Yo realmente no sé si mi pensamiento es verdadero". Si verdaderamente vemos que nuestro pensamiento es sólo una perspectiva que no sabemos si ser verdad, entonces incluso nuestras aparentemente "malas" circunstancias no nos harán sufrir más porque no vamos a creer en nuestro pensamiento que dice: "Esto *es* malo".

Las Preguntas: ¿Estoy seguro de que mi pensamiento es verdad, o es sólo un punto de vista? ¿Es el acuerdo de los demás suficiente evidencia para probar que mi pensamiento es cierto? ¿Podría alguien de una cultura, género, grupo de edad, región geográfica, religión o situación económica diferente tener una perspectiva diferente? ¿Si alguien más podría tener una perspectiva diferente, puedo saber con absoluta certeza que mi pensamiento es cierto? ¿Estoy seguro de que mi pensamiento es cierto, teniendo en cuenta que la creencia, "Mi pensamiento (perspectiva) es cierto", inherentemente significa que yo también debo creer, "Cada otro pensamiento (perspectiva) de esta circunstancia está mal"? ¿Si alguna otra persona podría reaccionar con una emoción diferente, puedo estar seguro de que los pensamientos que crean mis emociones son verdaderos?

4. ¿Estoy seguro de que mi sentimiento prueba que mi pensamiento es cierto, teniendo en cuenta que los sentimientos son creados por creer que los pensamientos son verdad?

A veces parece como si no creemos simplemente que un pensamiento es verdad, sino más bien, nuestro pensamiento se siente verdadero para nosotros. Si alguien nos dice: "Fuera de mi camino", podríamos pensar: "Eso es una falta de respeto". Incluso si tuviéramos que admitir que otras personas podrían tener una perspectiva diferente y creer, "Eso no fue una falta de respeto", podríamos pensar, "No importa lo que piensen los demás, porque esto es lo que es verdad para mí, esto es válido para mí”.

Pero, ¿qué significa realmente cuando pensamos: "Este pensamiento es realidad para mí"? Piense en esto por un segundo. ¿No significa simplemente, "Creo que este pensamiento es verdad"? Ciertamente parece como si es más que eso. Parece así porque el pensamiento se corresponde con una sensación física en nuestros cuerpos. Lo que pasa es que una vez que creemos un pensamiento que es cierto, el pensamiento crea una emoción. Una vez que tenemos esta emoción o sentimiento en nuestro cuerpo, este sentimiento parece ayudar a demostrarnos a nosotros que nuestro pensamiento es verdad. Esto hace que el pensamiento se sienta verdadero.

Para dar un ejemplo, cuando pensamos: "Eso fue una falta de respeto", podemos ponernos inmediatamente tensos o enojados. Estas sensaciones en nuestro cuerpo parecen demostrarnos que nuestro pensamiento es verdad. Se siente cierto. Sin embargo, estos sentimientos sólo están presentes porque creemos que el pensamiento es verdad. Una emoción o sentimiento en el cuerpo, no ayuda a probar que un pensamiento es cierto, porque es creada al creer que un pensamiento es verdad. No importa lo fuerte que sean nuestras emociones, nunca son una señal de que nuestro pensamiento es verdadero. Los pensamientos crean sentimientos, los sentimientos no crean pensamientos.

Hemos sido educados para creer que la tristeza, la ira, el miedo y la felicidad son el resultado directo de las circunstancias específicas. Ya que las emociones parecen ser causados directamente por las circunstancias, parece que nuestros pensamientos acerca de cualquier circunstancia vienen después de que nosotros experimentemos la emoción. Por lo tanto, parece que el sentimiento demuestra que nuestro pensamiento es verdad.

Si nuestro marido está de viaje de negocios y no nos ha llamado, podemos pensar, "Él no se preocupa más por mí", y experimentamos tristeza. Cuando creemos que nuestra tristeza es un resultado directo de las circunstancias, creemos que nuestra tristeza prueba que él no se preocupa por nosotros. Pero en realidad, no tenemos ni idea de si él se preocupa por nosotros. Esta es sólo una conjetura; él podría cuidar de nosotros tanto como siempre lo ha hecho. Nuestra tristeza no es el resultado de perder el amor y el cuidado de nuestro esposo, se crea a partir de la creencia de la idea "no se preocupa más por mí".

Si pensamos, "Mi relación no debería ser así", entonces es probable que sintamos tristeza sobre nuestra relación. Si creemos que la tristeza es causada directamente por las circunstancias, entonces vamos a pensar que nuestra tristeza demuestra que hay algo "malo" en nuestra relación y que no debe ser la manera que es. En realidad, nuestra tristeza sólo se debe a la creencia de nuestros pensamientos acerca de la relación, y por lo tanto nuestra tristeza no puede probar que nuestro pensamiento es verdad.

Si sentimos miedo o ansiedad porque vamos a ser despedidos de nuestro trabajo, podemos creer que se crea esta sensación porque en realidad vamos a ser despedidos. Pensamos que nuestro pensamiento "Yo voy a ser despedido" debe ser verdad porque sentimos el miedo y la ansiedad que podríamos sentir si en realidad fuéramos despedidos. Sin embargo, no podemos conocer el futuro. Nuestro miedo y la ansiedad, solo se sienten porque creemos el pensamiento "Yo voy a ser despedido", no porque realmente vayamos a ser despedidos.

Para muchos de nosotros, una de las principales razones por las que creemos que nuestros pensamientos son verdad es porque creemos que nuestros sentimientos sirven para demostrar que nuestros pensamientos son verdaderos. Por lo tanto, cuando dejamos de creer que nuestros sentimientos son una evidencia que prueba que nuestro pensamiento es cierto, hemos perdido una de las principales razones para creer que nuestro pensamiento es verdad. Sin esta creencia, se hace mucho más fácil ver que cualquier pensamiento puede no ser cierto.

Las Preguntas: ¿Es cierto que las emociones (sentimientos) son causadas directamente por las circunstancias? ¿Es cierto que las emociones vienen antes que los pensamientos? ¿Pueden mis emociones genuinamente actuar como prueba de que mi pensamiento es cierto, teniendo en cuenta que mi emoción sólo se crea porque creo que mi pensamiento es cierto? ¿Si mi pensamiento se siente cierto, significa eso que realmente es cierto, teniendo en cuenta que este sentimiento sólo se crea porque creo que mi pensamiento es cierto?

5. Si mis pensamientos han creado mi infelicidad, entonces ¿es verdad que tengo que cambiar algo acerca de mí mismo, mi vida, o los demás para ser feliz?

Cuando creemos que las circunstancias crean directamente las emociones, pensamos que nuestra infelicidad es el resultado de circunstancias "imperfectas". Así llegamos a la conclusión: "Necesito cambiar algo para que yo sea feliz" y terminamos casi constantemente tratando de "mejorarnos" a nosotros mismos, nuestra situación, y a otros. Esta búsqueda de cambio tiende a asumir una importancia increíble, y parece muy grave, porque nuestra felicidad parece estar en la línea. Tenemos ansiedad porque nunca vamos a lograr el cambio deseado, nos sentimos tristes o enojados con nosotros mismos cuando no logramos el cambio deseado, y nos enojamos con los demás cuando no cambian por nosotros.

Sin embargo, ahora hemos descubierto que nuestra infelicidad, o nuestra emoción no deseada, en realidad han sido creadas por creer pensamientos. Si nuestras circunstancias no están causando nuestra infelicidad, entonces esto significa que no tenemos que cambiar nuestras circunstancias con el fin de ser felices. Podemos admitir que no es cierto que "mis circunstancias no son lo suficientemente buenas para ser feliz", "Necesito que mis circunstancias cambien para que yo sea feliz", o "No puedo ser feliz si no cambian mis circunstancias". Cuando reconocemos que estos pensamientos no son ciertos, de repente nos podemos relajar. Nosotros no tenemos que cambiar o mejorar todo lo que pensamos que teníamos que cambiar para finalmente ser felices. Podemos ser felices aquí y ahora, sin cambiar nada acerca de nosotros mismos, de nuestra situación, o de otros. Todo lo que necesitamos hacer es dejar de creer algunos pensamientos.

Las Preguntas: ¿Puedo admitir que los pensamientos han creado mi infelicidad o emociones no deseadas, en lugar de las circunstancias? ¿Si mi emoción no deseada no es creada por las circunstancias, entonces es verdad que tengo que cambiar algo acerca de mí mismo, mi situación, o los demás para ser feliz? ¿Si mis pensamientos han creado mi emoción no deseada, entonces estoy absolutamente seguro de que no puedo ser feliz con mi situación exactamente como es en este momento?

Capítulo Nueve

Preguntas para Dejar de Creer Sus Pensamientos sobre Circunstancias Actuales o Pasadas

Las preguntas en este capítulo están destinadas a ayudarle para dejar de creer los pensamientos que afirman: "El resultado fue malo", "Esta circunstancia es mala", y "Las cosas no son lo suficientemente buenas en este momento". Cuando deja de creer estos pensamientos, ya no tienen su razón para seguir sintiendo la tristeza que sea, enojo o la culpa que haya tenido. Además, sin la creencia de que algo en su vida no es "lo suficientemente bueno", ya no hay una sensación de que algo falta.

6. ¿Sé con certeza que esta circunstancia son "malas" para mi vida y no tienen algunos efectos "buenos"?

Digamos que se rompe una pierna. Podría considerar que eso es "malo", ¿verdad? Ahora imagina que mientras usted está sentado en la sala de espera del médico con su pierna rota, y se encuentra con el hombre que con el tiempo se convierte en su amado esposo y padre de sus hijos. Teniendo en cuenta esto, ¿considera ahora que fue "bueno" o "malo" para su vida el que se rompiera la pierna? Seguramente considera que la pierna rota fue algo "bueno" para su vida. Aisladamente, decidió que la pierna rota era "mala", pero después de experimentar su "buen" efecto total sobre su vida, ahora considera que es "bueno" que se rompiera la pierna.

De la misma manera, a medida que avanzamos por la vida, los acontecimientos que parecen "malos" siempre pueden terminar teniendo muchos efectos "buenos" y llegar a ser "buenos" para nuestra vida en general. Dado que no conocemos todos los efectos de cualquier circunstancia, no se sabe muy bien si alguna circunstancia es "buena" o "mala" para nuestra vida.

Siempre que consideramos una circunstancia o resultado en nuestra vida como "malo", sólo la estamos juzgando basándonos en el efecto inmediato del que somos conscientes (por ejemplo, el dolor o la incomodidad de una fractura en la pierna). Pero una causa no tiene un sólo efecto. Podemos pensar que una circunstancia o resultado específico es "malo" y nos hará sufrir, pero hay un sinnúmero de efectos que podrían derivarse de cualquier resultado o circunstancia en nuestras vidas. Entonces hay un sinnúmero de efectos de cada uno de esos efectos. No tenemos idea de cuáles van a ser todos los efectos de cualquier evento para nosotros y los demás (a largo plazo o a corto plazo).

Si nos limitamos a reconocer que un "mal" resultado específico en nuestra vida podría tener "buenos" efectos, entonces podemos reconocer que en realidad no sabemos si la "mala" circunstancia nos hará más felices en general a largo plazo. En otras palabras, podemos reconocer que no se sabe muy bien si la "mala" circunstancia es "mala" para nuestra vida. Ahora echemos un vistazo a algunos ejemplos de cómo puede resultar esta dinámica.

Podemos pensar que el que nuestra pareja nos engañe, sufrir lesiones, el sobrepeso, el descubrimiento de que nuestro hijo está usando drogas, o perder nuestro tren hacia el trabajo es "malo". Pero, ¿podría el engaño proporcionarnos un incentivo para cambiar algo de nosotros mismos, forzar una conversación que mejore la relación, o darnos la fuerza para salir? ¿Podría el ser heridos resultar en que tengamos el tiempo para leer un libro que cambie nuestras vidas, hacernos una prueba que detecte el cáncer a tiempo, o ayudar a darnos cuenta de lo mucho que las personas en nuestras vidas nos aman? ¿Podría el tener sobrepeso ayudarnos a encontrar un amante maravilloso, protegernos de lesiones graves en un accidente de coche, o ayudarnos a encontrar buenos amigos que no son superficiales? ¿Podría una mala nota enseñarnos que tenemos que estudiar de manera diferente, mostrarnos que este tema no es correcto para nosotros, o impulsarnos a cambiar un estilo de vida que no es propicio para el aprendizaje? ¿Podría el uso de drogas de nuestro hijo llevarlo a darse cuenta de que el consumo de drogas no puede hacerle feliz, asustarlo para que cambie su vida, o para ayudar a enseñar a los demás cómo no vivir? ¿Podría el perder nuestro tren evitar un accidente fatal, darnos tiempo para leer un artículo de noticias que nos ayuda en nuestro trabajo, o conocer a alguien genial?

Estos posibles efectos pueden parecer realistas o pueden parecer muy poco probables, pero el hecho es que todos ellos son posibles.

Cuando etiquetamos una circunstancia como "mala", estamos haciendo una suposición sin investigar que la circunstancia o acontecimiento nos hará infelices o menos feliz. Pero el resultado final es que para cada circunstancia aparentemente "mala", puede haber muchos efectos "buenos" que terminan haciéndonos más felices. Cuando decidimos que una circunstancia es "mala" porque somos conscientes de algunos efectos aparentemente "malos", estamos ignorando todos los posibles efectos "buenos" que podrían venir de esta.

¿No ha tenido nunca una experiencia en el pasado que pensaba que era "mala" en ese momento, pero terminó siendo "genial"? Esto sucede todo el tiempo. Pero no tenemos que esperar hasta mucho tiempo después de un evento con el fin de darnos cuenta de que no sabemos si es "bueno" o "malo". Tan pronto como se produce un evento, podemos ver que no sabemos si es "bueno" o "malo" si nos permitimos a nosotros mismos admitir que no nos es posible saber cuáles serán los efectos. Si podemos reconocer que nuestra "mala" circunstancia podría terminar teniendo efectos "buenos" o podría contribuir a hacernos más felices a largo plazo, entonces podemos dejar de creer que nuestra circunstancia es "mala".

Si creemos, "Es malo que me engañó, me lesioné, estoy con sobrepeso, tiene un puntaje bajo examen, o perdí mi tren", entonces probablemente experimentar tristeza, vergüenza o ira. Pero si podemos admitir que no sabemos con certeza absoluta si un evento es "malo" para nuestra vida, entonces podemos reconocer, "Yo no sé a ciencia cierta que es malo". Cuando no sabemos si un evento es "bueno" o "malo" para nuestra vida, entonces no sabemos si era "bueno" o "malo" que sucedió. Una vez que vemos esto, hemos dejado de creer que nuestro pensamiento "esto es malo" que es verdad, lo que nos libera de cualquier sufrimiento que este pensamiento había estado creando.

Las Preguntas: ¿Estoy molesto porque creo que esta circunstancia es "mala" para mí o para los demás? ¿Conozco todos los efectos de esta circunstancia, y todos los efectos de esos efectos? ¿Puedo pensar en algunos efectos posibles "buenos" que pudieran derivarse de esta "mala" circunstancia? (sea creativo). ¿Es posible que esta "mala" circunstancia pueda dar lugar a efectos "positivos" en el futuro que terminen haciéndome (a mi u a otros) más feliz? ¿Es posible que esta circunstancia sea exactamente lo que yo (u otros) necesito para aprender una lección que me hará (o los hará) más feliz en el futuro? ¿Si puedo recordar un momento en el pasado cuando pensé que una circunstancia fue "mala", pero terminó siendo realmente buena, entonces no puede esto volver a ocurrir? ¿Si yo no sé si este "mal" circunstancia me hará (o ellos) más feliz o no en el largo plazo, entonces no es verdad que no sé si esta circunstancia es "buena" o "mala" para mi (o su) vida?

7. ¿Sé a ciencia cierta que la vida sería "mejor" si pudiera cambiar lo que fue "malo" en el pasado?

Casi todos nosotros tenemos cosas en nuestro pasado que creemos fueron "malas", ya se trate de algo aparentemente pequeño o algo más sustancial, como un trabajo perdido, palabras hirientes, el abuso físico, el engaño, un compañero que nos dejó, un niño que se metió en problemas, una lesión o la muerte de un ser querido. Cuando pasamos por uno de estos eventos, a menudo sufrimos durante mucho tiempo después porque seguimos diciéndonos a nosotros mismos la historia de cómo de "malo" fue el evento. Estos pensamientos o historias sólo siguen recreando nuestra tristeza, ira y culpa. Pero si podemos reconocer que no sabemos si el evento fue realmente "malo" para nuestra vida, entonces dejamos de prestar atención de forma natural a estos pensamientos.

Normalmente, cuando prestamos atención a un pensamiento sobre cómo un evento pasado fue "malo", es porque creemos que la vida sería "mejor" y que seríamos más felices si el evento no hubiera pasado. Esto parece una conclusión lógica. Sin embargo, esto se basa en una visión demasiado simplista de causa y efecto. Consideramos el evento o acción "malo" para tener un efecto-sufrimiento-por lo que suponemos que si la acción o evento "malo" fuesen eliminados, el sufrimiento sería eliminado. Pero una causa no tiene un solo efecto. Esta no es la forma en la que funciona la vida.

Por ejemplo, si uno de sus padres murieron cuando usted era joven, parecería obvio que algo "malo" había sucedido. Casi todos nosotros asumimos naturalmente que habría sido "mejor" para nuestra vida si nuestro padre no hubiera muerto. Pero digamos que ahora ha crecido, es feliz, tiene un gran matrimonio, y es una madre maravillosa. ¿No es posible que estos aspectos aparentemente "positivos" de su vida sean los efectos de haber perdido a su padre a una edad temprana? No sabemos cuáles son todos los efectos de perder a nuestros padres, ya que hay muchos efectos inmediatos a partir de ese evento y luego los innumerables efectos de todos esos efectos.

Siempre es posible que cualquier cosa "buena" en nuestra vida pueda ser el resultado de años de eventos de nuestro pasado que hemos denominado "malos". Independientemente de si podemos sacar una conexión, si nos gusta algunos aspectos de nuestra vida ahora, el evento "malo" de nuestro pasado podrían fácilmente haber contribuido a que estos símbolos aspectos de nuestra vida lleguen a buen término. Si podemos reconocer que el evento "malo" puede haber ayudado a traer los "buenos" en nuestra vida, esto nos puede ayudar a darnos cuenta de que el evento "malo" puede que no haya sido "malo" para nuestra vida en general.

Pensar que la vida sería "mejor" si el evento "malo" no hubiera ocurrido sería ignorar todo lo "bueno" que puede haber venido de él. Si el evento "malo" no hubiera ocurrido, es posible que tal vez no tuviéramos una gran cantidad de bien en nuestra vida ahora. Si supiéramos que el evento "malo" ayudó a crear gran parte del "bien" en nuestra vida, entonces probablemente no nos gustaría quitar el evento "malo" de nuestro pasado. Si no queremos eliminar el evento "malo" de nuestro pasado, entonces esto significa que consideramos que ha sido un contribuyente general más bien "positivo" que "negativo" a nuestra vida. Ya que en realidad no sabemos si el evento "malo" creó algún "bien" en nuestra vida, realmente no sabemos si el evento fue "malo" o "bueno" para nuestra vida.

Es incluso posible que si el evento "malo" no hubiera ocurrido, algunos eventos aparentemente "peores" podrían haber sucedido. Si nuestra conducción temeraria no hubiese causado un "mal" accidente de coche, podría haber causado un accidente más grave aún. Si nuestro hijo no hubiera ido a la cárcel, por posesión de drogas, entonces tal vez habría seguido usando drogas hasta una sobredosis. Si nuestro marido no nos hubiera engañado, todavía podríamos estar sufriendo en nuestro matrimonio en lugar de estar en nuestra nueva relación mucho más satisfactoria. En otras palabras, "podría haber sido peor." Asumir que la vida sería "mejor" si el evento "malo" no habría ocurrido sería ignorar el hecho de que la vida podría ser "peor".

Si creemos, "que fue malo que mi marido hizo que nos mudáramos cuando él cambió de trabajo" esto creará la ira y el resentimiento. Si somos capaces de encontrar algo "bueno" en nuestra vida o la vida de nuestros hijos, esto nos ayudará a darnos cuenta de que en realidad no podemos estar seguros de si este evento fue "malo" para nuestra vida. Si no tenemos claro si el evento fue "malo" o "bueno" para nuestra vida, entonces por fin podemos dejar de creer, "que el evento fue malo." Una vez que esto sucede, dejamos de experimentar el sufrimiento creado estos pensamientos, y ya no tenemos ninguna razón para prestar atención a estos pensamientos.

Las Preguntas:
a) ¿Me gusta algún aspecto de mi vida en este momento? ¿Es posible que el evento "malo" del pasado en realidad llevase a este "bien" que hay en mi vida? Solo porque no puedo realizar la conexión entre el evento "malo" y los "buenos" los aspectos de mi vida, ¿significa esto que no hay una conexión? ¿Si el evento "malo" podría haber ayudado a crear aspectos "buenos" de mi vida, entonces estoy completamente seguro de que el evento fue "malo" para mi vida?

b) ¿Es posible que yo no tuviera el "bien" en mi vida si el evento "malo" no hubiese sucedido? ¿Estaría yo dispuesto a renunciar a lo "bueno" de mi vida sólo para eliminar el evento "malo" de mi pasado? Si no, entonces ¿no significa esto que considero que el evento "malo" tuvo más bien un efecto "positivo" que un efecto "negativo" en mi vida, y por lo tanto considero que es "bueno" en general para mi vida?

c) ¿Es posible que yo (u otros) hubiera sufrido más si el evento "malo" no hubiese pasado? ¿Es posible que un evento aparentemente "peor" pudiera haber ocurrido si el evento "malo" no hubiera pasado? ¿Si es así, estoy seguro de que fue "malo" que el "mal" evento ocurriera? ¿Sé a ciencia cierta que mi vida (o sus vidas) sería "mejor" si pudiera cambiar lo "malo" del pasado?

8. ¿Consideraría este evento como ¨malo¨ a escala universal, o es solo ¨malo¨ con respecto a mi experiencia normal?

Cuanto "peor" consideramos que es un evento, menor será el puntaje que le daríamos en una escala de "1 a 10", y más fuerte será nuestra emoción no deseada. Por ejemplo, experimentaría un enfado más intenso al presenciar el robo de alguien que ver cuando se le grita alguien porque consideraría que el robo es (una puntuación más baja) "peor". Por lo general no nos damos cuenta, pero hemos creado en realidad dos escalas diferentes con las cuales juzgamos las circunstancias y los eventos. La primera escala es nuestra "escala personal", que se basa en los tipos de experiencias que hemos tenido en nuestra propia vida. La segunda escala es nuestra "escala universal", que se basa en todas las posibles "buenas" y "malas circunstancias" en el mundo.

Cuando se produce un evento en nuestra vida que es "peor" que lo que normalmente experimentamos, a menudo consideramos que es "muy malo" y reaccionamos en consecuencia. Esto se debe a que puntuamos las circunstancias de forma automática de acuerdo a nuestra escala personal. A menudo, esto nos lleva a experimentar fuertes emociones no deseadas de eventos que en realidad serían considerados "bastante buenos" en nuestra escala universal.

Por ejemplo, si está de camino a un espectáculo de Broadway, y luego, de repente, se queda atascado en tráfico, podría pensar, "Esto es terrible" y estar realmente frustrado al respecto. Si esta generalmente sano, y luego coge un resfriado que le impide salir el fin de semana, podría pensar, "Esto es una mierda" y se molesta o siente autocompasión respecto. Si su hija, que es buena estudiante saca una nota peor en un examen, ella puede pensar, "Esto es terrible" y ponerse triste o deprimida al respecto.

¿Pero que es "malo" o "terrible" en su escala universal? Podría pensar que la muerte, la enfermedad y la pobreza son un "1" o "terrible". Podría pensar que sufrir una lesión grave o que su casa se quemase sería un "2" o "muy malo". Ahora, ¿cómo se compara el "mal" evento o circunstancia de su vida a estas circunstancias "malas"? Para la mayoría de nosotros, la gran mayoría de los acontecimientos que nos hacen sentirnos enfadados, frustrados o tristes de hecho serían considerados "buenos" o "muy buenos" en nuestra escala universal. Si vemos que lo que pensábamos que era "malo" no es realmente "malo" en absoluto, entonces no tenemos una razón para sentirnos enfadados.

Todos podemos saber que las circunstancias "malas" en nuestras vidas palidecen en comparación con las de muchos, pero sin embargo, es muy fácil perder de vista esto en nuestra vida cotidiana porque juzgamos automáticamente las circunstancias en nuestras vidas de acuerdo a nuestra escala personal. Pero si queremos reconocer que una circunstancia en nuestra vida no es "mala", a continuación, a menudo todo lo que tenemos que hacer es dar un paso atrás y preguntarnos cómo se clasificaría la circunstancia de acuerdo con nuestra escala universal. A menudo, esto nos puede dar suficiente perspectiva para ver que nuestra situación no es realmente "mala" en absoluto.

Esto no significa que algunos eventos son "malos", o que algunos eventos son "peores" que otros. Básicamente, lo que esto significa es que muchos de los eventos en nuestras vidas que decidimos que son "malos" a menudo no cumplen efectivamente con nuestra propia definición de "malo". Cada vez que nos damos cuenta de que una circunstancia que pensábamos que era "mala" no es realmente "mala" (según nuestra propia definición), la emoción no deseada que este pensamiento había estado creando es probable que se debilite sustancialmente.

Las Preguntas: ¿Qué tipos de eventos o circunstancias en el mundo creo que son realmente "realmente malas"? ¿Consideraría yo que este evento es "malo" en mi escala universal, o es sólo "malo" en relación con mi experiencia normal? ¿Si mi circunstancia sólo es "mala" por un corto espacio de tiempo, no sería considerada mucho "mejor" que un "problema" a largo plazo? ¿Dónde encaja mi circunstancia o evento en mi escala universal de lo que es "genial" y "terrible"?

9. ¿Estoy seguro de que hacer que mis circunstancias sean ¨perfectas¨ o ¨los suficientemente buenas¨ me haría feliz? ¿Si las circunstancias que no son lo suficientemente buenas están causando mi infelicidad, entonces no me harían feliz las circunstancias que son ¨suficientemente buenas¨?

Cuando creemos, "Algo no es suficientemente bueno", casi siempre sin saberlo decimos, "Hay algo que no es lo suficientemente bueno para que yo sea feliz". En otras palabras, la creencia no proviene de una circunstancia particular que coincide con nuestro concepto de "malo"; se trata de la comparación de algunos aspectos de nuestra vida a nuestra idea de lo que nos hará felices. Hay dos maneras principales en las que funciona este sistema.

a) Cuando creemos que es necesaria una circunstancia específica para ser feliz, y nosotros no la tenemos, esto nos hace creer, "Algo no es lo suficientemente bueno en este momento *para que yo sea feliz"*. Si creemos que el matrimonio es esencial para la felicidad, y no estamos casados, entonces pensamos: "Mi vida no es lo suficientemente buena, porque yo no estoy casado".

b) Si creemos que una circunstancia específica nos hará felices, sin embargo, todavía no estamos contentos cuando la conseguimos, entonces podemos decidir ", no estoy feliz porque no tengo suficiente de esto". Digamos que pensaba que ser rico le haría feliz, y que ganó un montón de dinero, pero todavía no es feliz, entonces puede asumir, "Yo no soy lo suficientemente rico". Si piensa que el amor y el aprecio le haría feliz, y tiene una relación y aún no está satisfecho, puede decidir, "Él no me ama y no me aprecia lo suficiente".

Puesto que nuestro pensamiento de "algo no es lo suficientemente bueno", se basa en la idea subyacente de que "conseguir lo que quiero que me haría feliz", este es en realidad el pensamiento cuya verdad tenemos que cuestionar. Por ejemplo, si creemos, "Mi marido no me aprecian lo suficiente", entonces podemos cuestionar si es cierto que "Yo sería feliz si él me apreciara lo suficiente". Si creemos, "No soy lo suficientemente exitoso", entonces podemos cuestionar la verdad del pensamiento "Yo sería feliz si tuviera éxito".

A primera vista, puede parecer triste, espantosa, o deprimente la pregunta de si es cierto que conseguir lo que quiere puede hacerle feliz. En la superficie, parece como si nuestras fantasías nos dan un escape de las circunstancias insuficientes de nuestra realidad y nos dan la esperanza de lograr la felicidad en el futuro. Pero esto es en realidad uno de los trucos más ingeniosos de nuestra mente.

Creer en la idea de que nuestra fantasía nos hará felices nos hace comparar la realidad de nuestra fantasía, que nos hace sentir como si este momento no es "lo suficientemente bueno" la forma en que está-como si algo falta en nuestra vida. No es cierto que las circunstancias no son "lo suficientemente buenas", y no es cierto que falte algo en nuestra vida; sólo parece así porque estamos comparando constantemente la realidad con nuestra fantasía.

Siempre y cuando cree que su fantasía le hará feliz, es casi seguro que cree que su vida no es "suficientemente buena" como es, y va a parecer que falta algo en su vida. Si cree que el amor de un esposo puede hacerle feliz, entonces probablemente va a creer que su esposo no le quiere lo suficiente. Si cree que el éxito puede hacerle feliz, entonces probablemente cree que no es lo suficientemente exitoso. Si cree que el atractivo físico puede hacerle feliz, entonces probablemente va a creer que no es lo suficientemente atractivo.

Y siempre que crea que su fantasía le hará feliz en el futuro, verá el momento presente sólo como un medio para llegar a su fantasía, y estará dispuesto a sacrificar su felicidad en este momento con el fin de lograr su objetivo. Lo que es más, su atención estará en el futuro en lugar de este momento, porque nuestra atención gravita naturalmente a lo que creemos que es lo más importante. Cuando nuestra atención está en el futuro, sentimos automáticamente insatisfacción porque no somos capaces de experimentar la plenitud de este momento.

El logro de su fantasía no es su única esperanza de ser feliz. Creer en su fantasía es lo que le impide sentir felicidad. Si nos damos cuenta de que conseguir lo que queremos no puede hacernos felices, entonces podemos dejar de comparar nuestras circunstancias a nuestra fantasía. Esto nos impide creer que nuestras circunstancias no son "lo suficientemente buenas", y nos permite estar en paz con nuestra situación. Ya no sentimos esa sensación de incompletitud y la falta.

Cuando dejamos de creer que nuestra fantasía nos hará completamente felices y realizados, nuestra atención se desprende nuestras futuras fantasías de cómo será la vida cuando logramos nuestro objetivo, y nos lleva de nuevo al momento presente. Cuando nuestra atención está en el momento presente, en la tarea en cuestión, nos divertimos. Nos encontramos con lo que estamos haciendo para ser satisfactoria. Este simple cambio elimina una gran cantidad de nuestra insatisfacción en la vida.

Así que tenemos que preguntarnos: *¿El conseguir lo que quiero puede hacerme feliz?* Echemos un vistazo a lo que sucede cuando logramos algo que queremos. Cada vez que conseguimos lo que queremos, sólo experimentamos la felicidad porque perdemos nuestros pensamientos negativos acerca de esa circunstancia en particular. Si nos movemos de nuestro pequeño apartamento a una casa grande, entonces es posible que ya no tengamos nuestros pensamientos acerca de cómo nuestro apartamento no es lo suficientemente grande, que somos un fracaso, ya que nuestro apartamento es pequeño, o que somos "peores" que nuestros amigos porque vivimos en un pequeño apartamento. Si nos casamos, entonces ya no podemos tener vergüenza por estos solos o preocuparnos acerca de nunca encontrar a alguien que nos ame. Incluso si llegamos a ser realmente ricos, todo lo nuestra riqueza puede hacer es ayudarnos a mejorar nuestra opinión de nosotros mismos, hacer que algunas de nuestras circunstancias sean "perfectas", y ayudarnos a darnos el lujo de más distracciones de nuestros pensamientos. *Pero no importa qué circunstancia somos capaces de hacer que sea "lo suficientemente buena", y no importa en qué tipo de distracciones nos involucramos, no vamos a perder todas nuestras inseguridades, ansiedades, preocupaciones, ira, tristeza, vergüenza, el sentido de algo que falta, juicios sobre otras personas e ideas sobre lo que es "malo" en nuestra vida.* Es por esto que no importa lo que consigamos, y no importa cuánto tengamos, nunca será *suficientes* para satisfacernos.

Si las circunstancias que "no son lo suficientemente buenas" fuesen la causa de nuestra infelicidad, entonces las circunstancias "suficientemente buenas" nos harían felices. Pero si las circunstancias "suficientemente buenas" no nos hacen felices, entonces eso significa que no es cierto que nuestras circunstancias "no suficientemente buenas" sean la causa de nuestra infelicidad. Si conseguir lo que queremos no nos hace felices, entonces eso significa que nuestra falta de paz y satisfacción no es resultado de no tener lo que queremos, y no tampoco es resultado de que algo en nuestra vida no es "suficientemente bueno".

Si admitimos que el respeto no tiene la capacidad de hacernos felices, entonces podemos dejar de pensar, "no recibo suficiente respeto para ser feliz". Si admitimos que el amor y el afecto de nuestra pareja no nos puede hacer sentir completos, entonces podemos dejar de creer, "El no me muestran suficiente amor y afecto que me haga feliz". Si dejamos de creer que la belleza física puede hacernos felices, entonces podemos dejar de creer, "Yo no soy lo suficientemente atractivo para ser feliz".

Si admite que conseguir lo que quiere no le llenará, entonces puede finalmente dejar de comparar la realidad con su fantasía (su idea de "perfecto"). Este simple reconocimiento nos permite dejar de creer que nuestras circunstancias no son "lo suficientemente buenas" para ser felices, que dejemos de culpar las aparentes insuficiencias en nuestra vida por nuestra infelicidad, y no sacrificar nuestra felicidad en este momento solo para tratar de lograr nuestra fantasía.

Nuestra búsqueda de la felicidad se ha basado en la premisa de que nuestras circunstancias no son "lo suficientemente buenas" en este momento para ser felices. Mientras que la realidad es que no estamos contentos porque creemos un pensamiento que dice que "algo no es lo suficientemente bueno en este momento". Hemos estado gastando todo nuestro tiempo y energía tratando de hacer que todo en nuestra vida satisfaga nuestra definición de "perfecto" sólo para que pudiéramos eliminar el pensamiento "algo no es lo suficientemente bueno". Por lo tanto, si podemos dejar de creer que "algo no es lo suficientemente bueno", a continuación, independientemente de cómo parece que con nuestras circunstancias actuales, podemos sentirnos completamente llenos ahora mismo con nuestras circunstancias exactamente como son.

Las Preguntas: ¿Si las circunstancias "no suficientemente buenas" están causando mi infelicidad o el bloqueo de mi felicidad, entonces no me harían feliz las circunstancias "suficientemente buenas"? ¿Hacer que mis circunstancias fueran "lo suficientemente buenas" eliminaría todas mis inseguridades, ansiedades, ira, tristeza, vergüenza, sentimiento de incompletitud, y juicios acerca de mí mismo y los demás? ¿Mi fantasía de conseguir lo que quiero deja fuera todos los aspectos negativos? ¿Si las circunstancias "suficientemente buenas" no me harían feliz, entonces es cierto que las circunstancias "no suficientemente buenas" están causando mi infelicidad? ¿Si recibir "suficientes" circunstancias que quiero (el amor, el aprecio, el éxito) no me dan la felicidad que quiero, entonces? ¿Es verdad que mi circunstancia "no suficientemente buena" está bloqueando mi felicidad? ¿Es cierto que algo no es "lo suficientemente bueno" para que yo sea feliz?

Capítulo Diez

Preguntas para Dejar de Creer Sus Pensamientos sobre Resultados Futuros

Los pensamientos sobre el futuro pueden crear ansiedad y miedo, que intensifiquen sus emociones existentes, y que haga que se sienta insatisfecho con solo distraer su atención del momento presente. Independientemente del tema de sus pensamientos, si está prestando atención y energía a los pensamientos sobre el futuro, las preguntas de este capítulo pueden ayudarle a dejar de creerlos. Cuando no creéis estos pensamientos, las emociones que crean desaparecen, y se pierde el incentivo para prestarles atención.

10. ¿Sabe con absoluta certeza que esos momentos, situaciones o eventos "malos" futuros ocurrirán?

Si le despiden de su trabajo, no sólo se sentirá triste al pensar, "Es malo que me despidieran". Gran parte de su sufrimiento viene de pensar en todas las consecuencias futuras que cree que el haber sido despedido traerá: "*No voy* a ser capaz de permitirme el lujo de ir de vacaciones", "V*oy a* tener que dejar de salir a mis restaurantes favoritos", "*No voy* a ser capaz de encontrar otro trabajo", "*voy a* estar triste durante meses". Si alguien a quien ama le deja- por divorcio o muerte-entonces no sólo se siente triste porque piensa, "Yo sería más feliz en este momento si estuviera aquí" o "Es malo que no esté aquí conmigo mí ahora". Su sufrimiento se agrava por la proyección de imágenes en su mente de un futuro en el que "va a estar solo", "no encontrará otra conexión genuina", o "va a estar triste todo el tiempo".

En otras palabras, en lugar de simplemente reaccionar a un pensamiento que dice: "Un momento es malo", reaccionamos a un pensamiento que dice: "Muchos momentos futuros serán malos". De esta manera, la intensidad de nuestro sufrimiento se multiplica por muchos momentos futuros que decidamos "que *serán* malos".

Estos tipos de pensamientos aparecen con bastante frecuencia en los padres sobre sus hijos. Si nuestro hijo no pasa la prueba, podríamos pensar, "Si yo no le dejo las cosas claras, *será* un fracaso". Si descubrimos que nuestro hijo está consumiendo drogas o alcohol, podríamos pensar, "Ella *va a* arruinar su vida". Entonces reaccionamos a nuestros pensamientos sobre el futuro, y no a la situación. Podemos ponernos fácilmente muy enfadados o decepcionado con nuestros hijos sobre acontecimientos aparentemente pequeños porque estamos reaccionando a lo que creemos que va a pasar a diferencia de lo que ha sucedido.

Con el fin de dejar de sufrir por futuros momentos "malos", podemos dar un paso atrás y preguntarnos si en realidad sabemos que el evento o situación "mala" futura va a suceder. ¿Es una conclusión inevitable el que nuestro hijo será un fracaso? ¿Podemos estar seguros de que nuestra hija va a arruinar su vida?

¿Es posible que vayamos a encontrar otro trabajo rápidamente? Si podemos ver que el futuro evento o situación "mala" podría no suceder, o al menos que no se puede saber a ciencia cierta - entonces podemos dejar de creer que "estos malos acontecimientos ocurrirán" o "Esto conducirá a algo realmente malo”. Cuando dejamos de creer que estos pensamientos son ciertos, simplemente dejan de crear nuestro sufrimiento.

Las Preguntas: ¿Es verdad que conozco el futuro? ¿Sé con absoluta certeza que estos futuros "malos" momentos, eventos o situaciones *sucederán*?

11. ¿Puedo manejar mi situación en este momento, ahora mismo?

Imagínese experimentando un fuerte dolor durante un segundo. Ahora imagine haciendo una tarea que odia por sólo un segundo. Por último, imagine experimentar ansiedad o tristeza por tan sólo un segundo. ¿Sería una gran cosa si tuviera que experimentar el dolor, hacer esta tarea, o experimentar esta emoción por un segundo? ¿Sería difícil para usted, o sería fácil de manejar por sólo un segundo? La mayoría de nosotros probablemente pensamos que podríamos manejar con facilidad un segundo de cualquiera de estos tipos de experiencias, y no sería un gran problema en absoluto.

La verdad es que, independientemente de si nuestro dolor, tarea, emoción o situación "mala" dura un momento o 1.000 momentos, sólo podemos experimentar un momento una vez en la vida. Si somos capaces de manejar con facilidad un momento de cualquier experiencia, y sólo alguna vez experimentamos un momento a la vez, entonces ¿por qué nuestras experiencias en la vida a menudo parecen abrumadoras?

En general, en lugar de simplemente experimentar este aparentemente "mal" momento, estamos ocupados pensando en todo nuestros futuros (y pasados) momentos "malos". Cuando pensamos en todos los momentos futuros cuando creemos que vamos a sufrir, en el dolor, o hacer algo que no nos gusta, podemos escalar nuestro sufrimiento actual sustancialmente. Con lo que el futuro en la ecuación agrava mucho nuestras emociones. Siempre podemos manejar cualquier tipo de "mala" tarea, situación, sensación física, o emoción en este momento. Es el pensar en todos los momentos futuros "malos" lo que nos hace sentir autocompasión, enojados, intimidados, temerosos, ansiosos y abrumados.

Tendemos a ponernos realmente enfadados sobre las "malas" situaciones en la vida en gran parte porque no tenemos la costumbre de tratar de manejar todo nuestro sufrimiento futuro o momentos "malos" *en estos momentos*. Si estamos absolutamente seguros de que nuestra "mala" situación continuará, o si no somos capaces de creer en la idea de que "los futuros eventos malos v*an a pasar*", entonces en vez podemos preguntarnos si tenemos que ser capaces de manejar todos nuestros futuros momentos "malos" ahora mismo.

Imagine un dolor específico que haya experimentado o está experimentando actualmente. S piensa, "Voy a sentir el dolor sólo en el siguiente segundo", ¿cómo le hace esto sentir? Casi seguro que no sufriría mucho, en todo caso. Ahora, si piensa: "Voy a sentir el dolor durante el próximo mes", ¿cómo hace esto que se sienta? Usted probablemente sentirá una autocompasión moderadamente fuerte, ira, ansiedad o miedo. En ambas situaciones, el dolor es exactamente el mismo en este momento. *En ambas situaciones, el único dolor que tiene que experimentar es el dolor de este momento, ahora mismo.* Si este es el caso, entonces ¿por qué es probable que sea mucho más fuerte en la segunda instancia la emoción? El segundo pensamiento crearía una emoción mucho más fuerte, ya que están reaccionando a la idea de que usted experimentará un mes de dolor en lugar de la idea de que va a experimentar un momento de dolor. Pero la idea de que usted experimentará un mes de dolor simplemente no es verdad. *No importa el tiempo que el dolor puede durar, sólo puede experimentar un momento de dolor. Es imposible experimentar más de un momento de dolor a la vez.*

Ya que sólo podemos vivir un momento a la vez, sólo podemos experimentar cualquier sentimiento, tarea, situación o emoción "mala" por un momento a la vez. No necesitamos ser capaces de manejar todos nuestros futuros momentos "malos". Sólo tenemos que ser capaces de gestionar este momento ahora mismo. Esto es siempre mucho más fácil.

Si le despiden, y luego empieza a pensar en todas sus dificultades, futuras puede parar y preguntarse, "¿Puedo manejar mi situación en este momento, ahora mismo? ¿Es este único momento ahora demasiado para poder manejarlo?" Si pierde a su pareja, y luego empieza a pensar en todos los momentos futuros cuando usted estará triste o solo, puede parar y preguntarse, "¿Es mi tristeza en este momento manejable en este momento? ¿Es cierto que tengo que ser capaz de manejar toda mi futura soledad en este momento?" Si está haciendo una tarea en el trabajo que no le gusta, y luego empieza a pensar en cómo de "malo" es que usted tendrá que seguir haciendo esta tarea la próxima semana, puede preguntarse "¿Puedo hacer esta tarea en este momento? ¿Es tan terrible en este momento? "Si se rompe el tobillo, y siente mucho dolor, y entonces empieza a pensar en todos los momentos futuros en los que la vida será difícil y dolorosa, usted puede preguntarse, "¿Puedo manejar el dolor en este momento? ¿Es soportable en este momento? ¿Es cierto que tengo que ser capaz de manejar más de un momento de dolor a la vez?"

No importa lo "mala" que nuestra situación parece, siempre podemos manejar un momento. Dado que sólo se puede experimentar un momento a la vez, sólo tiene que ser lo suficientemente fuerte como para manejar un momento. Usted no tiene que ser lo suficientemente fuerte como para manejar una semana, un mes, o un año de su "mal" dolor, emoción, tarea o situación. Sólo tiene que ser capaz de manejar este momento, ahora mismo. Y cuando se das cuenta de que puede manejar este momento, usted es libre.

Las Preguntas: ¿Puedo manejar lo que está pasando en este momento, ahora mismo? ¿Es cierto que tengo que ser capaz de manejar cualquier momento que no sea este momento?

12. ¿Sé con absoluta certeza qué resultado me haría a mi o a otros más feliz? ¿Puedo pensar en algunos ¨malos¨ efectos posibles de conseguir el resultado que quiero?

Ya que creemos que nuestras circunstancias "insuficientes" son la causa de nuestra infelicidad, tratamos de que nuestras circunstancias sean "perfectas" con el fin de hacernos felices. Casi siempre parecemos operar bajo el supuesto de "Sé que es lo mejor para mí", "Yo sé que es lo mejor para ellos", "Yo sé lo que me haría el más feliz", "Yo sé lo que los haría los más felices". Podríamos pensar, "Sería mejor si"... "Llego a tiempo", "Mi jefe estuviera impresionado por mi trabajo", "El chico estuviera interesado en mí", "Mi hijo recibiera una buena calificación", o "Mi esposa consiguiera el nuevo cliente”.

Cuando tratamos a lo que queremos como lo que es "mejor" para nosotros o como lo que nos haría los más felices, entonces, naturalmente, creemos que el no conseguir la circunstancia (resultado) que queremos nos dejará infelices o al menos, menos felices. Tan pronto como decidimos que lo que queremos nos hará más felices, de forma simultánea e inconscientemente decidimos que cualquier otro resultado sería "malo" o "peor". Nuestro miedo, el estrés, la ansiedad, la presión y las preocupaciones todas surgen de ésta sencilla idea de que "algún mal resultado podría suceder".

No sólo eso, pero si no conseguimos el resultado que queremos, entonces experimentamos la ira, la tristeza, la desesperanza y la frustración porque pensamos que el resultado que hemos conseguido es "peor" y que no podemos ser feliz con él. Lo mismo se aplica a nuestra idea siempre presente de que sabemos lo que es "mejor" para nuestros amigos, socios y niños. Tenemos ansiedad acerca de si nuestros hijos recibirán "lo mejor" para ellos, y nos ponemos tristes o enojados cuando no consiguen (o no) "lo qué es lo mejor".

Pero si podemos descubrir que en realidad no sabemos qué resultado sería "mejor", esto nos impedirá decidir que todos los demás resultados son "peores", y por lo tanto elimina el miedo a no conseguir lo que queremos para nosotros mismos o para otros. Por lo tanto, ¿realmente sabemos qué resultado nos haría más felices a nosotros mismos o a los demás? Puede parecer como si lo supiéramos, pero en realidad hay un número de razones por las que no podemos saber realmente qué resultado sería "mejor". Echemos un vistazo a algunas de ellas:

a) ¿Si algunas personas que tienen lo que desean no están contentos, entonces puede estar seguro de que conseguir lo que quiere le haría feliz? ¿Por ejemplo, son felices todas las personas que tienen riqueza, el éxito, la fama, el respeto o el amor?

b) ¿Si nunca experimentó el conseguir el resultado particular que desea, entonces puede estar seguro de que le va a gustar? ¿Por ejemplo, es posible que no le gustaran las responsabilidades del trabajo que desea? ¿Es posible que su hija no disfrute de la universidad que cree que sería "mejor" para ella?

c) ¿Dado que no sabe todos los efectos de cualquier resultado, se puede saber a ciencia cierta que un resultado específico sería "mejor" para usted o para otros? ¿Por ejemplo, es posible que el éxito, una promoción, o el poder lleven a más horas, un jefe exigente, más ansiedad, más presión, menos seguridad en el empleo, o menos horas disponibles para pasar tiempo con su familia, con lo que su esposa será infeliz y sus hijos se sentirán decepcionados?

d) Si otros pueden creer que el resultado que desea no sería "mejor" para usted, ¿entonces realmente puede estar seguro de que este resultado le haría más feliz? ¿Por ejemplo, es posible que alguien más piense que usted no sería tan feliz si tiene éxito, fama, o un matrimonio?

Cuando reconocemos que no sabemos qué resultado sería "mejor" para nosotros mismos o para otros, podemos darnos cuenta de que no sabemos si sería "malo" no conseguir el resultado que queremos. Esto nos permite reconocer que nuestra felicidad no depende de conseguir el resultado que queremos. Esto quita la presión de todo lo que hacemos. Podemos perseguir lo que queremos sin estrés o preocupación. Entonces nuestra búsqueda de lo que queremos adquiere una cierta sensación de ligereza, y podemos ser felices mientras perseguimos cualquier objetivo que queremos.

Además, cuando dejamos de creer que el fracaso de lograr "lo mejor" hará que otros se sientan menos felices, podemos dejar de preocuparnos acerca de si las personas que amamos van a lograr lo que creemos que es "mejor". Todavía podemos dar consejos a los demás y decirle a la gente lo que pensamos, pero sólo sin la idea de que en realidad sabemos qué resultado les hará más felices.

Las Preguntas: ¿Todo el que tiene lo que yo quiero es feliz? ¿Si algunas personas que tienen lo que quiero no son felices, puedo estar seguro de que obtener lo que quiero me haría feliz? ¿Si nunca he experimentado el resultado particular de lo que quiero, puedo estar seguro de que me gustará? ¿Puedo pensar en los posibles problemas nuevos o efectos "malos" de conseguir el resultado que quiero (para mí o para los demás)? ¿Si es así, entonces puedo saber con seguridad que este resultado sería "mejor" y hacerme más feliz? ¿Podría alguien pensar que conseguir lo que quiero, no me haría más feliz? ¿Si otros pueden tener una perspectiva diferente, puedo estar absolutamente seguro de que sé qué resultado sería "mejor"?

13. ¿Si las circunstancias por sí mismas no crean la felicidad, entonces es verdad que no puedo ser igual de feliz si no consigo las circunstancias que quiero?

¿De dónde viene la felicidad cuando conseguimos lo que queremos? Sabemos que la felicidad no puede ser creada por la cosa misma, porque: a) Muchas personas que tienen las circunstancias que queremos no son felices; b) La realización de los mismos resultados en diferentes grados de felicidad en función de lo difícil que es lograr; c) Si las propias circunstancias nos hicieron felices, seguiríamos siendo felices, siempre y cuando las tuviéramos. Pero, en realidad, sólo terminamos siendo realmente felices por un período corto antes de empezar a oscilar entre el descontento y la felicidad, ya sea por la preocupación de perder la circunstancia o por creer todos nuestros otros pensamientos negativos.

La felicidad que experimentamos cuando conseguimos lo que queremos es puramente el resultado de la pérdida de nuestros pensamientos negativos acerca de esa circunstancia en particular. Si pensamos, "Es malo que yo esté sola" y "Será malo si nunca encuentro a alguien que me ame", entonces encontrar un amante nos hará felices al eliminar estos pensamientos junto con la tristeza y la ansiedad que crearon. Pero esta felicidad dura poco, porque siempre habrá otras circunstancias que creemos que no son "lo suficientemente buenas", que seguirán creando todas nuestras emociones no deseadas. *Si creemos que conseguir lo que queremos nos hará felices, en realidad estamos creyendo que conseguir lo que queremos eliminará todos (o la mayoría) de nuestros pensamientos negativos.* En realidad, conseguir lo que queremos sólo puede eliminar algunos de nuestros pensamientos, un pequeño porcentaje de los pensamientos que crean nuestra infelicidad.

Si sentimos miedo, nos sentimos ansiosos, preocupados o estresados porque creemos, "Será malo si no consigo lo que quiero", en realidad estamos creyendo, "No puedo ser tan feliz sin conseguir lo que quiero". *Si creemos, "No puedo ser tan feliz sin conseguir lo que quiero", en realidad estamos creyendo, "No puedo deshacerme de alguno de mis pensamientos negativos a menos que consiga lo que quiero".* Puesto que ahora hemos aprendido a cuestionar nuestros pensamientos, esta afirmación ya no es cierta. Ahora sabemos que hay otra manera de eliminar los pensamientos negativos distinta a cambiar nuestras circunstancias de "malas" a "perfectas". El reconocer, "puedo ser igual de feliz sin conseguir lo que quiero", elimina la ansiedad porque ya no tenemos ninguna razón para temer el no conseguir lo que queremos.

Las Preguntas: ¿Qué quiero? ¿Todas las personas que consiguen lo que yo quiero son felices? ¿El logro de este objetivo da a todos la misma cantidad de felicidad cada vez? ¿Todo el mundo que logra este objetivo sigue siendo feliz, siempre y cuando lo tienen? ¿Si no es así, puedo admitir que la felicidad no se crea por la circunstancia que quiero, sólo por la ausencia de mis pensamientos negativos acerca de ella? ¿El conseguir lo que quiero eliminará todos los pensamientos negativos que causan mis inseguridades, ansiedad, tristeza, vergüenza, ira, o solo eliminará mis pensamientos negativos acerca de que una circunstancia particular? ¿Si no consigo lo que quiero, no es todavía posible eliminar mis pensamientos negativos por dejar de creer en ellos? ¿Si es así, entonces estoy absolutamente seguro de que seré menos feliz si no consigo lo que quiero?

14. ¿Sé con absoluta certeza que este resultado sería ¨malo¨ para mi vida? ¿Puedo pensar en algunos posibles efectos ¨buenos¨ de conseguir el resultado que no quiero?

Imagínese que le ofrecen un nuevo trabajo que es "mejor" que su trabajo actual y paga dos veces el salario. Pero con el fin de iniciar el trabajo, primero tiene que ser despedido de su trabajo actual (no se puede simplemente irse). Si su jefe le despide, ¿considera que es "malo"? Como hecho aislado, el ser despedido parece "malo", pero en general casi seguro que la considera "bueno", ya que le ayudó a conseguir el nuevo trabajo. Usted sería feliz porque había sido despedido porque no habría podido conseguir el nuevo trabajo si no.

Si pensamos, "Ser despedido de mi trabajo sería malo", vamos a experimentar ansiedad cuando pensamos en la posibilidad de ser despedidos en el futuro. Pero si sabemos que ser despedido tendrá "buenos" efectos globales sobre nuestra vida (es decir, en este ejemplo, podríamos empezar un trabajo "mejor"), entonces consideraríamos que ser despedido es "bueno", y no tendríamos ansiedad al respecto.

En la vida real, puede parecer obvio que ser despedido sería "malo", pero el hecho es que una causa tiene innumerables efectos. Podría el ser despedidos llevarnos a encontrar un nuevo trabajo que nos gusta más, nos da tiempo invaluable con nuestra familia antes de encontrar un nuevo trabajo, que nos demos cuenta que estábamos en la carrera equivocada, o que podamos encontrar a futuro cónyuge durante el trabajo? Si podemos reconocer que es posible que haya efectos "buenos" de ser despedido, entonces ya no podemos estar seguros de que ser despedidos sería "malo". Podemos reconocer que no sabemos si ser despedidos nos haría más felices o infelices a largo plazo. Una vez que nos damos cuenta de esto, nuestra ansiedad se va porque hemos dejado de creer, "ser despedido sería malo". Desde este pensamiento creó nuestra ansiedad, cuando dejamos de creer en esta, se nos deja en paz.

Esta es la misma lógica que hemos utilizado para cuestionar hechos pasados o circunstancias actuales que parecen "malas". No importa cuál sea el resultado que pensamos que sería "malo", no nos es posible saber cuáles son todos los efectos de la misma. Incluso si parece que el efecto inmediato de un evento sería "terrible", siempre es posible que el evento de lugar a muchos efectos "buenos" que compensen el efecto "malo" inmediato. Con unos resultados "muy malos", a primera vista, puede parecer que no podría posiblemente haber efectos "buenos". Incluso puede parecer ridículo sugerir tal cosa. Pero si nos permitimos ser verdaderamente abiertos y honestos con nosotros mismos, y si realmente tomamos unos minutos para usar nuestra imaginación, entonces podemos casi siempre llegar a algunas hipótesis plausibles "positivas".

Si estamos a dispuestos a admitir que un "mal" resultado específico podría tener efectos "buenos", entonces estamos reconociendo que este "mal" resultado podría hacernos más felices en general. *Si no estamos completamente seguros de si un resultado conducirá a más sufrimiento o a la felicidad a largo plazo, entonces no podemos estar seguros de si el resultado sería "malo" o "bueno".* Creer que un resultado específico "sería malo" crea nuestra ansiedad, pero cuando reconocemos, "Yo no sé si este resultado específico sería bueno o malo", entonces, de repente, no tenemos nada que temer.

Las Preguntas: ¿Conozco todos los efectos de este "mal" resultado, y todos los efectos de esos efectos? ¿Puedo pensar en algunos "buenos" efectos posibles que pudieran derivarse de este "mal" resultado? (sea creativo). ¿Es posible que este "mal" resultado pueda llevar a efectos "positivos" en el futuro que terminen haciéndome (u a otros) más feliz? ¿Es posible que este resultado sea exactamente lo que yo (u otros) necesito para aprender una lección que me hará (o ellos) más feliz en el futuro? Si puedo recordar un momento en el pasado cuando pensé que un resultado sería "malo", pero terminó resultando realmente bien, ¿entonces no puede suceder eso de nuevo? ¿Si yo no sé si este "mal" resultado me haría más feliz o no a largo plazo, entonces no es cierto que yo no sé si este resultado sería "malo" o "bueno" para mi vida?

15. ¿Sé con certeza que tengo que mantener mis circunstancias "geniales" para poder ser feliz?

Cuando somos felices, a veces creemos que nuestras circunstancias "perfectas" han creado nuestra felicidad. Pensamos que estamos contentos porque "Yo soy delgada", "Yo tengo éxito", "tengo una novia maravillosa", "tengo la casa de mis sueños", "tengo el trabajo que quería", o "todo el mundo piensa que soy genial". Sin embargo, nuestra felicidad no puede ser creada por un trabajo, una novia, la apariencia física, o cualquier otra circunstancia. Estamos contentos porque hemos perdido algunos de nuestros pensamientos negativos, nos estamos distrayendo a nosotros mismos de algunos pensamientos negativos, o tenemos algunos pensamientos positivos acerca de nuestra circunstancia. Considere las parejas románticas: algunas de las principales razones por las que son felices cuando están en una relación es porque la opinión positiva de nuestra pareja de nosotros (por ejemplo, su amor y agradecimiento) nos ayuda a tener una opinión más positiva de nosotros mismos, creamos emoción para nosotros mismos a través de fantasías acerca de un futuro maravilloso con ellos, y nos distraemos de algunos de nuestros pensamientos negativos acerca de otros aspectos de nuestra vida.

Esta idea falsa sobre la fuente de nuestra felicidad no sería un problema si no crease sufrimiento. Sin embargo, tan pronto como decidimos, "Mi felicidad es el resultado de una circunstancia", comenzamos a temer perder la circunstancia que creemos que nos hace felices. Naturalmente, si creemos, "Mi trabajo me hace feliz", probablemente pensaremos: "Yo no puedo ser tan feliz si pierdo mi trabajo", y esto hará que temamos perder nuestro trabajo. Si pensamos, "estoy feliz porque tengo una novia maravillosa" entonces probablemente pensamos: "No puedo ser igual de feliz sin ella", lo que crea el temor de perderla. Lo curioso de esta situación es que al creer, "Mi novia me hace feliz", en realidad nos hacemos a nosotros mismos menos felices, porque ahora estamos gastando algo de nuestro tiempo preocupándonos por perderla, vigilando si ella todavía nos ama tanto como ella solía, y preocupándonos de si ella es fiel en lugar de simplemente disfrutar de su compañía.

Pero la verdad es que nuestras circunstancias "geniales" no crean nuestra felicidad, son sólo nuestros pensamientos positivos y la pérdida de los pensamientos negativos los que nos han hecho felices. No necesitamos mantener nuestras circunstancias "geniales" para ser felices, porque nosotros también podemos eliminar nuestros pensamientos negativos al dejar de creer en ellos, podemos encontrar otras circunstancias sobre las que tener pensamientos positivos, y podemos participar en otras distracciones para hacernos felices. No se necesita ninguna circunstancia específica para eliminar los pensamientos negativos, tener pensamientos positivos, o para distraernos de nuestros pensamientos negativos.

Si queremos disfrutar realmente de cualquier circunstancia en la que nos encontramos y no preocuparnos por perder nuestras "grandes" circunstancias, todo lo que necesitamos hacer es cuestionar si nuestra felicidad es en realidad un resultado directo de nuestras circunstancias. Si somos capaces de reconocer que nuestra felicidad no ha sido creada por nuestra "gran" circunstancia, entonces podríamos darnos cuenta de que nuestro pensamiento: "No puedo ser igual de feliz sin este gran circunstancia" o "tengo que mantener este gran circunstancia para ser feliz "no es realmente cierto. Tan pronto como esto ocurre, nuestro miedo a perder nuestra "gran" circunstancia desaparece, naturalmente, porque ya no hay ninguna razón para temer perderla.

Las Preguntas: ¿Todos los que tienen la "gran" circunstancia que yo tengo son felices? ¿He sido feliz siempre que he tenido esta "gran" circunstancia? ¿Si esta "gran" circunstancia crea directamente la felicidad, entonces no serían todos los que la tuvieran felices siempre que la tengan? ¿Puedo admitir que mi felicidad no está directamente creada por mis "grandes" circunstancias, pero es en realidad creada por perder algunos de mis pensamientos negativos, por tener algunos pensamientos positivos, o distraerme de algunos pensamientos negativos? ¿Si mi circunstancia no ha creado mi felicidad, entonces estoy absolutamente seguro de que no podría ser igual de feliz después de perder este "gran" circunstancia, teniendo en cuenta que yo podría dejar de creer mis pensamientos negativos, encontrar algo más acerca de lo que podría tener pensamientos positivos, o encontrar una distracción diferente?

Capítulo Once

Preguntas para Dejar de Creer Sus Pensamientos sobre las Opiniones de Otros

La mayoría de nosotros pasamos una cantidad de tiempo increíble preocupándonos por las opiniones de otros. Por lo general, queremos dejar de preocuparnos por esto, pero nos quedamos con la pregunta principal de "¿Cómo dejar de preocuparse por lo que piensan los demás?" En este capítulo, vamos a discutir exactamente cómo dejar de preocuparse por las opiniones de otros.

Como ya comentamos anteriormente, nuestra identidad se compone de todos los pensamientos que creemos sobre nosotros mismos. Podemos pensar: "Yo soy atractivo", "Yo soy poco interesante", "Yo soy feliz", "o soy un fracaso", "Yo soy preocupado", "Yo soy una buena madre", y así sucesivamente. Cuando creemos pensamientos positivos acerca de nosotros mismos (identidad positiva), experimentamos un poco de felicidad o de confianza.

Cuando creemos muchos pensamientos negativos sobre nosotros mismos (identidad negativa, baja autoestima), experimentamos la tristeza, la soledad, la falta de confianza, el sentido de lo incompleto, y los sentimientos de indignidad. Naturalmente queremos pensar de nosotros mismos como "grandes" o "dignos", porque creemos que nos haría felices.

Entonces, ¿cómo tratamos de crear pensamientos positivos acerca de nosotros mismos? No es tan fácil cambiar el pensamiento "Yo soy digno de ser amado" a "Yo soy digno de ser amado", "Yo soy aburrido" a "Yo soy divertido", o "Yo soy feo" a "Yo soy atractivo". Una de las principales formas en que buscamos mejorar nuestra imagen de nosotros mismo es, tratando de encontrar a otras personas para convencernos a pensar más positivamente acerca de nosotros mismos. Buscamos comentarios positivos de los demás con el fin de cambiar los pensamientos específicos acerca de nosotros mismos de negativo a positivo, y para reafirmar los pensamientos positivos que ya tenemos acerca de nosotros mismos. Si pensamos: "Yo no soy lo suficientemente atractivo", vamos a buscar elogios sobre nuestra apariencia de los demás. Por otro lado, cuando tenemos un sentimiento general de que somos "insuficientes", "indignos", "no somos dignos de ser amados", "incompletos", o "no lo suficientemente buenos", pero no tenemos una explicación específica para la sensación (es decir, "me siento indigno porque tengo un trabajo mal pagado"), entonces buscamos el aprecio, el respeto, la admiración, el amor, y la aprobación para hacernos sentir "completos", "adorables", "dignos", "suficientes", y felices.

Pero al igual que pensamos que las opiniones positivas de los demás nos harán felices, también creemos que las opiniones negativas nos hacen sufrir, o nos hacen sentir "peor" acerca de nosotros mismos, o nos obligan a seguir siendo infelices. Es por esto que estamos casi constantemente buscando el amor, la aprobación y el aprecio de todos, y por eso tenemos miedo de no conseguirlo.

16. ¿Estoy absolutamente seguro de que mi suposición acerca de sus pensamientos, sentimientos o intenciones es verdadera?

Puesto que tenemos en cuenta las opiniones de los demás para mejorar nuestra opinión de nosotros mismos y hacernos felices, estamos frecuentemente tratando de averiguar lo que otros piensan de nosotros. En realidad no podemos saber lo que otros piensan, pero ya que nos preocupamos tanto por sus opiniones, terminamos por adivinar lo que están pensando y luego asumimos inconscientemente nuestra conjetura es verdad. La mayoría de nosotros tendemos a experimentar una gran cantidad de ansiedad, dolor y decepción sólo por estas conjeturas acerca de lo que otros piensan de nosotros.

Una de las formas más comunes en las que tratamos de averiguar lo que otros piensan es preguntándonos, "¿Qué estaría yo pensando al actuar de esa manera?" En otras palabras, nos fijamos en la forma en *NOSTROS* que pensamos para averiguar la manera en la que otros piensan. Pensamos: "¿Por qué he actuado de esa manera? ¿Qué causaría que yo actuara de esa manera? ¿Cuál sería mi intención al actuar de esa manera (o decir eso)? *"Una vez que sepamos qué estaríamos pensando si estuviéramos en sus zapatos, creemos que eso es lo que están pensando, ya que, sin saberlo, suponemos que otra gente piensa de la misma manera que nosotros pensamos.* Esto puede parecer una estrategia razonable, pero rara vez funciona, porque otras personas a menudo piensan de manera diferente a nosotros y, a menudo valoran cosas diferentes.

Supongamos que su novio le llama cada dos días. Usted puede pensar para a sí mismo: "Si yo estuviera en su lugar y amase a mi novia, yo querría hablar con ella todos los días. Por lo tanto, no debe amarme". Usted puede expresar su amor diciéndole a su pareja: "Te amo", siendo cariñosa, llamando a menudo, siempre optando por pasar tiempo con él en vez de con los amigos, comprarle de regalos, o hacer las tareas por él. Así que cuando su pareja no hace una de estas cosas, puede dar un salto de la lógica y pensar: "Si él me amase, lo haría [eso]. Él *no debe* amarme". Entonces se siente molesta porque no puede tener lo que quiere (el amor de su pareja), o siente rabia porque piensas que es "malo" que su pareja no le ama. Sentimos estas emociones y muchos otros como si conociéramos los pensamientos de otras personas, a pesar de que no tenemos ni idea de si nuestra suposición acerca de sus pensamientos es cierta. Su pareja podría amarle tanto como usted lo ama, pero simplemente expresa su amor de manera diferente de la manera que usted hace.

Hacemos este tipo de saltos de la lógica en todo tipo de situaciones. Si nuestro compañero de trabajo no se ofrece a ayudarnos, podemos pensar: "Cuando me gusta alguien, me ofrezco a ayudarle. Yo *no debo* gustarle a ella". Sin embargo, algunas personas pueden pensar que no es apropiado ayudar a un compañero de trabajo, incluso si les gusta la persona. Si nuestra cita o amigo llega tarde a reunirse con nosotros, podemos pensar, "Si me preocupo por una persona, siempre me aseguro de ser puntual y no hacerlos esperar. Él *debe no* preocuparse por mí". Pero a pesar de que sólo *podríamos* llegar tarde si no nos preocupamos por una persona, otros pueden tener dificultades para ser puntuales para todos y hasta para el más importante de los acontecimientos. Si nuestro jefe dice "gracias" una vez por semana, podríamos pensar, "Cuando yo aprecio a alguien, siempre les digo 'gracias'. El *debe no* apreciarme". Otros, sin embargo, puede que no hayan sido entrenados para decir "gracias" de manera rutinaria, incluso cuando se sienten agradecidos por alguien. Lo que es más, si no les importa mucho recibir expresiones claras de reconocimiento, aprobación, o el amor de otras personas, entonces es posible que no piensen que es importante expresar esos sentimientos a los demás, puede que no recuerden dar estas expresiones a los demás, y pueden ser completamente inconsciente de que la gente de su vida no se sienten apreciados, aprobados, o ser querido.

Haciéndonos la pregunta, "¿Qué debería de pensar yo para elegir actuar de esa manera?" Claramente no es una forma precisa para determinar las intenciones o las opiniones de otros acerca de nosotros. Una vez que reconocemos que una interpretación diferente es posible, entonces podemos reconocer que en realidad no sabemos si nuestra interpretación es cierta. Cuando se produce este reconocimiento, perdemos nuestra razón para estar enfadados. Por lo tanto, el sufrimiento que nuestro pensamiento había estado causando desvanece.

Las Preguntas: ¿Cuáles son los hechos y cuál es mi interpretación de los hechos? ¿He interpretado los hechos sobre la base de lo que estaría pensando si actuase de esa manera? ¿Estoy seguro de que ellos expresan sus sentimientos o eligen sus acciones de la misma manera que yo lo hago? ¿Es posible que no exprese su amor, aprobación, o la apreciación de la manera en que yo estoy buscando, porque él no siente la necesidad de recibir amor, aprobación, o la apreciación de esa manera? ¿Estoy seguro de que son conscientes del efecto emocional que sus palabras o acciones tienen sobre mí? ¿Puedo pensar en algunas otras maneras posibles de interpretar esta situación? ¿Si es así, puedo estar absolutamente seguro de que mi suposición acerca de sus pensamientos, sentimientos o intenciones es cierta?

17. ¿Estoy seguro de que quiero continuar creyendo que el amor y la aprobación me harán feliz?

Dado que casi todos nosotros hemos sido entrenados para creer que el amor y la aprobación nos harán felices, completos, y el satisfechos, nuestra búsqueda de la felicidad a través del amor y la aprobación se ha vuelto tan fuerte que tiende a dictar gran parte de nuestra vida. Pero a pesar de su poder sobre nosotros, muchos de nosotros no nos damos cuenta de la intensidad con la que estamos persiguiendo el amor y la aprobación de nuestros socios, nuestros amigos, nuestros padres, nuestros hijos, e incluso extraños. Además, la gran mayoría de nosotros no se da cuenta de lo mucho que estamos haciendo para tratar de conseguir el amor y aprobación. Echemos ahora un vistazo a algunas de las formas en que este ejercicio tiende a tomar nuestro tiempo y energía, nos hace hacer cosas que no queremos hacer, crea nuestra ansiedad, y realmente nos hace sufrir.

Mientras que casi todos hacemos muchas de las siguientes cosas, su reacción inmediata a algunas de ellos puede ser, "Yo definitivamente no hago eso". Si usted tiene esta reacción, por favor trate de ser abierto y mirar su vida honestamente con el fin de ver cómo puede ser posible que haga cada una de las siguientes cosas. Además, la próxima vez que está interaccionando con los demás, trate de ser conscientes de que está haciendo alguna de estas cosas. Tenga en cuenta que no podemos cambiar nuestra forma de pensar hasta que admitamos lo que estamos pensando.

- Cuando creemos que el amor y la aprobación nos hará felices, y creemos que nosotros no los tenemos, esto nos hace creer que nuestra vida no es "suficientemente buena" de la manera que es, haciéndonos sentir como si algo faltara en nuestra vida.

- Una vez que decidamos que queremos que alguien nos ame, por lo general, pasamos un montón de tiempo y energía buscando a alguien que nos ame. Esta búsqueda crea inquietud e insatisfacción.

- Nosotros decidimos lo que queremos que los demás piensen de nosotros, ya sea basado en lo que queremos pensar de nosotros mismos o lo que creemos que va a conseguir que los demás nos amen. Podemos pensar, "Él quiere a alguien que es inteligente", "Ella quiere a alguien que es maduro", "Él quiere que sea divertido", o podemos pensar: "Yo quiero que piense que soy interesante", "Yo quiero que piense que soy especial".

Planeamos qué decir, cómo buscar, y cómo actuar cuando estamos con otras personas con el fin de hacernos aparecer de la manera que queremos que piensen de nosotros. Escogemos nuestra ropa en base a lo que creemos que va a impresionar a los demás o conseguir su amor. Podemos planear de qué hablar, ¿qué historias o logros a mencionar, o qué chistes contar, todo como una estrategia relativamente inconsciente para obtener la opinión que queremos de los demás?

- En las interacciones con los demás, tendemos a cambiarnos a nosotros mismos para ser el que creemos que va a conseguir el amor y la aprobación de los demás (manipulándolos para ello). Podemos actuar como si no nos preocupamos por ellos, incluso si lo hacemos, porque creemos que es lo que quieren. Podríamos fingir estar interesado en ciertos temas, incluso si no lo estamos. Podríamos pretender, que nos gustan ciertos alimentos, eventos, o aficiones, incluso si no nos gustan. Podríamos actuar de forma entusiasta incluso si somos normalmente más tenues. Incluso podríamos mentir o exagerar para tratar de ganarlos.

- Durante las interacciones con los demás, a menudo tratamos de adivinar lo que otros están pensando con el fin de ver si estamos haciendo un "buen" trabajo de impresionarlos a ellos y ver si tenemos que cambiar nuestra estrategia. Esto puede incluir lo que decimos, lo que hacemos, o simplemente cómo usamos cualquiera de nuestras señales del cuerpo. Podemos pensar, "¿Por qué no está mirándome - esta desinteresado?", "¿Él no se rió con mi broma - cree que soy aburrido?", "Él no parece feliz de estar hablando conmigo - debo reír más fuerte o dejar de sonreír ", o" ¿Debería actuar de forma más sexual o más reservado "?

- Mientras que estamos con los demás, tenemos miedo, ansiedad e incertidumbre, porque no sabemos qué comentario o acción nos llevará a la "mejor" respuesta (aprobación), y tenemos miedo de que cualquier cosa que digamos o hagamos reciba una respuesta "mala" (desaprobación). Puede que no bailemos porque tememos lo que la gente vaya a pensar. Podemos no estar dispuestos a hablar delante de la gente porque tememos sus opiniones.

- Después de las interacciones con los demás, podemos pasar una buena cantidad de tiempo tratando de averiguar lo que pensaban acerca de nosotros, que hemos hecho bien, y que hemos hecho mal. Podríamos pensar, "¿Le he impresionado?", "¿Le gusto a ella?", "¿Ella todavía me quiere?", "A ella no le gustó cuando le dije eso", o "Yo debería haber hecho en vez de esto". Este es un intento de evaluar si conseguimos su amor y aprobación, y para ver qué estrategias (comentarios y acciones) funcionan y cuáles no. De esta manera, la próxima vez, podemos asegurarnos de que con lo que decimos y hacemos nos ganamos su amor y su aprobación.

- Para obtener la aprobación de nuestros padres (o porque tememos su desaprobación), elegimos trabajos que no nos gusta, nos quedamos en relaciones que no queremos estar en, usamos ropa que no nos atrae, o elegimos vivir en un lugar que no es interesante para nosotros.

- Si pensamos que no recibimos el amor o la aprobación de alguien, a menudo nos sentimos frustrados, enojados, heridos, o tristes. Podemos pensar, "Debe haber algo malo en mí", "¿Qué he hecho mal?", O "¿Por qué no me aprueba?"

- Estamos tan enfocados en cómo conseguir el amor de los demás, y si lo estamos consiguiendo, que rara vez realmente damos amor a los demás. Cuando la verdad es que amar a los demás es lo que nos satisface.

- En las conversaciones, nos preocupamos tanto por decir algo que hará que los demás nos amen que muy a menudo no nos molestamos en escucharlos. Pensamos en lo que vamos a decir a continuación, mientras que otros están hablando. Podríamos estar esperando para hacer un punto inteligente que les haga pensar que somos inteligentes. Podríamos estar esperando el momento para contar una historia que va a mostrarles que somos divertidos. O es posible que no optemos por esperar e interrumpamos a los demás con algún comentario que intenta mostrar a la gente que somos "mejores" de una forma u otra (tratando de superaros). Las palabras de otros 'no tienen mucho valor para nosotros cuando nuestra principal preocupación es conseguir el amor y aprobación. Dado que casi todos nosotros en realidad sólo queremos que alguien nos escuche realmente a nosotros (si nos damos cuenta o no), este hábito en realidad hace más difícil que los demás nos amen.

- En nuestras relaciones, cocinamos y limpia cuando no queremos, perdemos los eventos a los que queremos ir, comemos alimentos que no nos gustan, y vamos a eventos a los que no queremos ir. Puede parecer como si optásemos por actuar desinteresadamente sólo para hacer feliz a nuestra pareja, pero si miramos honestamente a la situación, entonces es posible reconocer que en la raíz de la misma, en realidad estamos sacrificando nuestro tiempo, energía, y el disfrute como una compensación por el amor y el aprecio que pensamos vamos a obtener de los demás a cambio (o porque tememos que vamos a perder su amor y agradecimiento si no hacemos estas cosas).

- Si estamos en una relación y creemos que el amor de nuestra pareja se supone que nos hace sentir feliz, pero todavía no se ha cumplido, esto a menudo conduce a una gran cantidad de sufrimiento. Nos hace sentir resentimiento hacia nuestra pareja, porque creemos que es su culpa que no somos felices. Nos hace creer que hay algo "malo" en nuestra relación o que no es "suficientemente bueno" de la manera que es, que nos hace sentir decepcionados. Podemos pensar que nuestra relación es "peor" que las relaciones de nuestros amigos y que todo el mundo, y que todos son felices en sus relaciones menos nosotros, haciendo que nos sintamos "peor" acerca de nosotros mismos. Podemos pensar que somos "malos" al pensar en estar con otras personas (fantasear con alguien que creemos que puede hacernos felices).

Toda esta preocupación, falta de honradez, y sufrimiento vienen de la simple creencia de que el amor y la aprobación de los demás nos harán felices, y que sin ello, seremos infelices. *Hemos hecho, sin saberlo, la decisión de que todo nuestro esfuerzo nos ayudará a conseguir el amor y la aprobación de los demás, y que este amor y aprobación nos dará suficiente felicidad para que todo nuestro sufrimiento valga la pena.* En otras palabras, esta creencia nos hace renunciar a nuestra felicidad para el amor y la aprobación. Imagínese cuánto sería de libre y feliz si no tuviera que preocuparse por las opiniones de otros. Imagínese cuánto más amorosamente podría tratar a los demás si no estuviera constantemente preocupado por conseguir el amor y la aprobación de los mismos.

Las Preguntas: ¿Qué he estado haciendo para conseguir amor y aprobación? ¿Qué he estado haciendo para asegurarme de que nadie piensa de mí de la forma en la que no quiero que piensen? ¿Qué he sacrificado por amor y aprobación? ¿Todo esto crea la felicidad, o crea estrés, preocupación, miedo, dolor, e inquietud? ¿Todo esto me hace tratar a los demás con amor, o solo estoy usándolos como un medio para hacerme feliz? ¿Quiero seguir viviendo así o prefiero dejar de buscar el amor y aprobación? ¿Estoy seguro de que quiero seguir creyendo que el amor y la aprobación me hará feliz?

18. ¿Puede el amor y la aprobación de otra persona hacerme feliz?

Vamos por la vida persiguiendo el amor, aprecio y aprobación porque creemos que nos hará sentir completos, seguros y felices. En un intento de conseguir este amor, aprecio y aprobación, sacrificamos una gran cantidad de felicidad de nuestra vida al preocuparnos, fingiendo ser alguien que no somos, haciendo las cosas que no nos gustan, y siendo deshonestos. Inconscientemente creemos que estos sacrificios valen la pena debido a la felicidad que pensamos que obtendremos al recibir el amor que queremos. Pero, ¿realmente este amor nos da la felicidad que hemos querido? Si es capaz de reconocer que el amor y la aprobación no tienen la capacidad de hacerle feliz, completo, y seguro, entonces puede dejar de sacrificar su felicidad para ellos, dejar de preocuparse por lo que otros piensan, dejar de sentir como si algo falta de su vida, dejar de pretender ser alguien que no es, dejar de sentir resentimiento hacia su pareja porque no le hace feliz, y dejar de sentir que su relación es "mala" o "peor" que las demás'. Pero antes de ver por qué el amor y la aprobación no pueden llenarle, vamos a ver cómo nos da un poco de felicidad momentánea.

Cuando alguien nos hace un cumplido, o muestra su agradecimiento, esto puede ayudar a darnos un pensamiento positivo sobre nosotros mismos, nos ofrece un poco de placer, comodidad o seguridad. Cuando nos encontramos con alguien que creemos que va a amarnos y hacernos felices en el futuro, podemos estar llenos de emoción (lo que a menudo llamamos "amor"). Cuando alguien nos demuestra a través de cualquiera de sus palabras o sus acciones (como una propuesta), que nos aman, sentimos un gran alivio de que no tenemos que seguir buscando a alguien que nos ame, no tenemos que temer que nunca vamos a encontrar a alguien que nos ame, y no tenemos que sentirnos como si algo faltase en nuestra vida, porque no tenemos a alguien que nos ame. Pero todo esto es felicidad momentánea que no dura.

No importa lo mucho que alguien nos ama, no sentimos directamente su amor; sólo sentimos nuestros pensamientos acerca de su amor, o nuestro amor por ellos. Para demostrar esto, imagine que está en una relación en la que ama a su pareja y ella le ama. Usted cree que siente el amor de su pareja con mucha fuerza. Luego imagine que su mejor amigo le dice que está seguro de que su pareja le ha estado engañando, y usted le cree. ¿Continuaría sintiendo el amor de tu pareja? Es casi seguro que no. Podría experimentar ira, dolor o tristeza en su lugar. Dos semanas más tarde, imagine que usted se entera de que su mejor amigo estaba equivocado, y su pareja no le había engañado. Su pareja realmente le amaba lo mismo durante esas dos semanas al igual que lo hizo a lo largo de toda la relación. Si su pareja todavía le amaba, ¿por qué no sintió su amor durante esas dos semanas? Simplemente porque sus pensamientos acerca de ella y de su amor por usted cambiaron.

Estos pensamientos fueron los que crearon el sentimiento de ser amado, no su amor.

Nuestras emociones son creadas por nuestros propios pensamientos. Cuando buscamos el amor y la aprobación de los demás para hacernos felices, en realidad estamos buscando que otros cambien nuestros pensamientos de negativos a positivos. Aquí hay algunas razones por las qué el amor y la aprobación de los demás no tienen la capacidad de darnos la felicidad que queremos.

- Si creemos firmemente, "No soy digno de ser amado" (o cualquier otro pensamiento negativo), entonces muchas veces no podemos ser convencidos de que podemos ser amados (o lo somos) no importa cuántas veces alguien nos dice o nos muestra que nos ama. Si alguien nos muestra su aprobación sobre algún aspecto de nuestra vida, pero no aprueba este aspecto de nuestra vida, entonces su aprobación no es probable que cambie nuestra opinión. Nadie tiene el poder de cambiar nuestros pensamientos, si los creemos lo suficiente.

- Incluso si nuestra pareja, nuestros amigos, nuestros padres, o cualquier otra persona nos pueden convencer a pensar más positivamente acerca de nosotros mismos, todavía tendremos muchas otras inseguridades, quejas sobre nuestra situación, ansiedades y juicios sobre los demás, así como cualquier enojo, tristeza o culpabilidad que ya estábamos experimentando. Por naturaleza, con el fin de pensar que algo es "genial", tenemos que creer que otras cosas son "malas". Todos estos pensamientos seguirán impidiendo que nos sintamos plenos y completos.

- Como vimos en el capítulo 3, los pensamientos positivos no crean una fuerte felicidad. Recuerde cómo completo que se siente en el momento en que obtiene lo que desea que en el momento en que usted piensa acerca de lo "bueno" que ya tiene.

- Una vez que alguien nos dice que nos aman, no podemos simplemente sentarnos y relajarnos. Creemos que el amor es la clave de nuestra felicidad, por lo que queremos asegurarnos de que lo mantenemos. Con frecuencia podemos preocuparnos por mantener su amor y podemos hacer cosas que no gozamos porque tememos que vamos a perder su amor. Este temor y la preocupación nos impiden sentirnos felices.

- ¿Si está lejos de alguien que le ama, y no tiene noticias de él o no habla con él, siente su amor? Nos sentimos amados cuando pensamos, "Él me ama". Este pensamiento por lo general no sólo aparece por su cuenta. Si lo hace, el pensamiento no suele tener mucho poder. Normalmente necesitamos que nuestro amante nos recuerde que nos ama o nos demuestre que nos ama, para que este pensamiento entre en nuestra mente y tenga poder. Esto puede requerir una llamada de nuestro amante, un correo electrónico, una carta, las palabras "Te amo", un sacrificio hecho para ti, un favor, o simplemente una mirada cariñosa. Si no lo hace con frecuencia, o nos demuestran su amor, por lo general no lo sentimos, no importa cuánto nos aman. Alguien nos puede decir (o mostrarnos) que nos aman sólo tanto. La gran mayoría de nuestros días se llena de momentos en los que no sentimos su amor, porque no nos recuerda que debemos pensar en cómo nos aman.

- Puesto que recibir el amor y la aprobación de su compañero no tiene el poder de llenarnos, no sólo seguimos buscando más de nuestra pareja, pero también buscamos el amor y la aprobación de nuestros amigos, nuestros compañeros de trabajo, nuestros jefes, nuestros padres, e incluso extraños. Esta búsqueda continuará haciendo que nos preocupemos por las opiniones de otros, y nos impedirá sentirnos libres para ser nosotros mismos y hacer lo que queremos, porque vamos a temer lo que otros piensan.

- Si estamos buscando el amor y la aprobación para ser felices, entonces realmente estamos buscando a alguien para hacernos felices. En otras palabras, estamos buscando a alguien que podemos usar para hacernos felices. Es por ello que tendemos a pensar que el recibir amor significa tener a alguien para llenar nuestras necesidades (o quiere). Si estamos usando a alguien para hacernos felices, entonces no estamos realmente amando. Nos encanta cómo nos ayudan a hacernos sentir. Cuando se trata de cómo nos relacionamos con el amor, tendemos a pensar cosas como "si ella me amase, ella cambiaría por mí". Lo que esto quiere decir es: "Yo quiero que cambies para que yo pueda ser feliz". Pero lo que nos falta aquí es que si de verdad amamos a alguien por lo que son, entonces podríamos no tratar de cambiarlos. Si no estuviéramos utilizando a nuestra pareja para hacernos felices, entonces no seguiríamos tratando de cambiarlos sólo para hacernos felices. La conclusión es que si no amamos a alguien de verdad, entonces no sentimos este amor o la satisfacción que viene con él.

Cuando buscamos la felicidad mediante la búsqueda de amor y aprobación, nunca dejamos de buscar más de él porque nunca es suficiente para sentirnos completos o traernos la paz. Dado que otras personas no pueden cambiar todos nuestros pensamientos negativos a positivos, tenemos que cuestionar la verdad de nuestros pensamientos negativos si queremos ser felices. Si no creemos que los pensamientos nos hacen sentir inapreciados, insuficientes, o no dignos de ser amados, entonces vamos a ser completamente felices, independientemente de si los demás nos aman o no.

Si dejamos de creer que el amor y la aprobación de los demás nos hará felices, entonces podemos dejar de sentir como si algo faltara en nuestras vidas, podemos dejar de buscar el amor y la aprobación de los demás, podemos dejar de preocuparnos por lo que otros piensan de nosotros, y podemos dejar de sacrificar nuestra propia felicidad sólo para obtener la aprobación de los demás. Además, sin esta creencia, podemos dejar de usar a otros sólo para conseguir amor y aprobación, lo que nos permite comenzar a tener relaciones verdaderamente amorosas con las personas de nuestras vidas.

Las Preguntas:
a) ¿Estoy seguro de que alguien más tiene el poder de cambiar mis creencias profundamente arraigadas sobre mí? ¿Estoy absolutamente seguro de que alguien me puede convencer de que soy digna o digno de ser amado si he estado creyendo que soy indigno o indigna de ser amado toda mi vida? Incluso si alguien pudiera ayudarme a pensar más positivamente acerca de mí mismo, ¿es verdad que los pensamientos más positivos acerca de mí mismo me van a hacer sentir completo y me traerán la paz? ¿Es cierto que el amor y la aprobación de otra persona pueden eliminar todas mis inseguridades, ansiedades, ira, tristeza, vergüenza, sentimiento de incompletitud, y juicios sobre mí mismo y los demás? ¿Si el amor o la aprobación de alguien parece que me hace más feliz, no iba yo a continuación, a empezar a preocuparme de perder su amor o aprobación? Si alguien me ama, ¿sigo sintiendo este amor cuando no estoy con mi amante, o cuando no está haciendo o diciendo algo que me recuerde su amor? ¿Si tengo a alguien que me ame, no es cierto que la gran mayoría de mi tiempo consistirá en momentos en los que no estoy recibiendo recordatorios y palabras tranquilizadoras de su amor? ¿Conseguir a alguien que me ame hará que deje de preocuparme por lo que mis padres, amigos, compañeros de trabajo y jefes piensan de mí? ¿Por qué quiero encontrar a alguien que me ame? Si yo estoy buscando a alguien que me ame, porque creo que me hará feliz, ¿entonces puedo admitir que mi amor por ellos se basa en la forma en que me hacen

sentir? ¿Si mi amor está condicionado a cómo mi amante me hace sentir, entonces puedo admitir que este "amor" no va a ser muy satisfactorio y consistente?

b) ¿Si puedo admitir que el amor y la aprobación no me pueden llenar, entonces realmente vale la pena sacrificar mi felicidad sólo para tratar de conseguir el amor y la aprobación de alguien? ¿Si el amor y la aprobación no tienen la capacidad de hacer que las personas que han trabajado, entonces es verdad que mi vida no es "suficientemente buena" sólo porque no tengo amor y aprobación? Si nadie tiene el poder de cambiar todos los pensamientos negativos en mi cabeza, entonces ¿es realmente cierto que mi amante es el culpable de los pensamientos que me impiden sentirme amado, completo y feliz? ¿Si una relación en sí misma no tiene la capacidad de hacer que las personas se sientan completas, entonces es cierto que hay algo "equivocado" en mi relación o que mi relación es "peor" que otras sólo porque no soy feliz?

19. ¿Estoy seguro de que fingir ser quien no soy para conseguir amor y aprobación me ayuda a ser más feliz? ¿Estoy seguro de que me rechazarían si conocieran "el verdadero" yo?

Tendemos a operar bajo la suposición de que sabemos lo que a los demás les encantará y aprobarían. Podríamos pensar, "Mis padres sólo aprobarán de mí si gano un montón de dinero", "Mis amigos sólo me apreciaran si piensan que soy divertido", "Él sólo me quiere si actúo sexy", "Sólo le gustaré si ella piensa que soy fuerte", "él sólo va a querer estar conmigo si piensa que tengo los mismos intereses que él hace". Actuamos como si supiéramos lo que va a hacer que los demás nos amen, cuando esto es realmente sólo una suposición.

El pensamiento "ellos sólo me amarían si me ______" no causa problemas en sí mismo. Si pensamos que los demás sólo nos amarán si somos exactamente como nosotros, con claridad su pensamiento no crearía ningún sufrimiento. Sin embargo, el problema es que muy a menudo pensamos que los demás no amarían ni aprobarían el "verdadero" yo. Creemos que ellos nos rechazan si simplemente somos nosotros mismos. Esto todavía no sería un gran problema si hemos sido capaces de ser honestos con nosotros mismos y los demás, independientemente de si pensamos que otros nos aman o no. Sin embargo, ya que queremos el amor y la aprobación de los demás tanto, esta creencia a menudo nos obliga a fingir ser quien creemos que va a ganar el amor y aprobación. Si no somos capaces de admitir que el amor y la aprobación no pueden hacernos felices, no hay otra manera de hacer que dejemos de pretender ser alguien que no somos - Reconocer que esta fingiendo no nos ayuda a ser más felices.

- Como ya hemos visto, el proceso de tratar de ganar el amor de la gente hace provoca una gran cantidad de sufrimiento. Tenemos que hacer cosas que no nos gustan, gastamos esfuerzo para ser alguien que no somos, pensamos acerca de lo que debemos hacer y decir, y nos preocupamos acerca de si los demás están pensando cosas correctas acerca de nosotros.

- La pregunta más importante es: "¿Se realmente lo que van a amar y aprobar?" Podemos pensar, "Él me amará si soy extrovertida", pero en realidad puede querer a alguien tímido. Podemos pensar, "Ella quiere a alguien que tiene éxito", pero si actuamos como si tuviéramos realmente éxito, ella puede sentirse "peor" por sí misma. Podemos pensar, "Él va a estar interesado en mí si piensa que soy madura", pero puede que quiera a alguien que haga el tonto. Podemos pensar, "Ella me amará si pretendo tener los mismos intereses", pero ella puede querer a alguien que tiene su propio conjunto de intereses diferentes. No podemos saber con seguridad lo que va a hacer que alguien nos ame y nos apruebe.

- Tendemos a creer de forma automática: "Yo no soy lo suficientemente bueno como soy; ellos me rechazarían si supieran el verdadero yo "o" No me van a amar si actúo como yo". Pero esto es una gran suposición. Cuando no aprobamos de algún aspecto de nosotros mismos, tendemos a creer que los demás no lo aprueban o aman tampoco. Sin embargo, la verdad es que no podemos saber a ciencia cierta si a los demás les encantarán estos atributos o si estos atributos serán irrelevantes para ellos. Podemos estar avergonzados de nuestro trabajo, nuestros ingresos, o nuestro cuerpo, o podemos avergonzarnos de que somos tímidos, que no somos muy inteligentes, o no nos interesan las noticias y la política, pero algunas personas pueden amar los atributos de los que nos avergonzamos, y a algunas personas no les importa si no los tenemos. Otros nos aman por ser exactamente como somos.

Si ya tenemos el amor de alguien, a menudo no hacemos lo que consideramos correcto y honesto para nosotros porque tememos que vamos a perder el amor que tenemos. Podríamos pensar, "Si yo no me sacrifico para él y llenos sus necesidades, entonces él no me amará" o "Si no hago esto por ella, ella no querrá ser mi amiga". Pero ¿realmente podemos saber con certeza que esto es cierto? Si alguien nos ama de verdad, entonces ellos van a querer que hagamos lo que consideramos adecuado y natural para nosotros. Si ser nosotros mismos y hacer lo que sentimos correcto nos hace perder el amor de otra persona, entonces nunca lo tuvimos realmente. La única manera de que alguien no nos ame por haber elegido hacer lo que se siente honrado es si sólo nos están utilizando para tratar de llenar sus propias necesidades y tratar de ser felices. Sin duda no es divertido estar en este tipo de amistad o relación.

Nosotros tratamos de moldearnos a nosotros mismos según todo lo que pensamos que a otros les encantará, y todo porque creemos que otros rechazarán el verdadero yo. Pero en realidad es mucho más fácil que los demás nos amen si actuamos como nosotros, independientemente de lo que somos. Casi todos nosotros queremos estar cerca de personas que se sienten cómodas siendo ellas mismas, que actúan con honestidad, que están a gusto, que no parecen estar tratando de impresionarnos, y que no necesitan nada de nosotros. Nos gusta estar cerca de este tipo de personas porque hacen que sea fácil que seamos nosotros mismos y nos sintamos cómodos.

- Si se pretende ser alguien que no somos y terminamos ganando el amor y la aprobación de los demás, es probable que no signifique mucho para nosotros porque sabemos que les gusta el personaje de simulación que hemos creado, y no el "verdadero".

También tendríamos que seguir fingiendo ser quien ellos aman con el fin de mantener su amor. Actuando de forma real es probable que les haga enfadar ya que no es lo que conocen. Vivir así claramente no es muy agradable.

- De la misma manera, si pretendemos ser alguien que no somos, y nos rechazan, nosotros nunca sabremos si en realidad les hubiera encantado el verdadero yo.

- Lo más gracioso de esto es que sólo queremos el amor y la aprobación de los demás con el fin de hacernos felices, sin embargo, el proceso que atravesamos para conseguir este amor es una gran parte de lo que nos hace infelices. Si no estuviéramos tan ocupados pensando en cómo conseguir el amor de los demás, sería mucho más fácil amar a los demás. Cuando amamos a los demás, experimentamos la alegría que hemos estado tratando de obtener de recibir amor. Si nos permitimos simplemente ser nosotros mismos, ser honestos, y hacer lo que se siente natural en cualquier momento, ya somos felices. Cuando no estamos tratando de ser alguien que no somos, podemos simplemente relajarnos y hacer lo que sea que queremos hacer. Esta es la paz y la alegría que esperábamos que podíamos conseguir a partir del amor y la aprobación.

Cuando nos damos cuenta de que realmente no sabemos qué va a hacer realmente que los demás nos amen, podemos dejar de pretender ser alguien que no somos, porque podemos reconocer que no se sabe muy bien si nuestros esfuerzos harán en realidad que nos amen más. Si somos capaces de reconocer que otros pueden amar y aceptarnos por ser exactamente como somos, esto puede ayudarnos a dejar de fingir ser otra cosa que lo que somos. Cuando reconocemos que actuar y hablar de acuerdo a lo que se siente natural y honesto nos proporciona la felicidad que siempre hemos querido, entonces podemos ser capaces de dejar de actuar deshonestamente sólo porque esperamos que nos pueda ayudar a conseguir un poco de amor.

Las Preguntas: ¿Realmente sé con absoluta certeza lo que les gustaría y aprobarían? ¿Es del todo posible que les encante y me aprueben si hago y digo lo que me parece bien y natural en cualquier momento? ¿No es cierto que tendamos a amar a los demás cuando se sienten cómodos y a gusto con ellos mismos? El pretender ser quien yo creo que les encantará crear ansiedad, preocupación y sufrimiento, o ¿me hará feliz? ¿Vale la pena ser deshonesto o pretender ser alguien que no soy, teniendo en cuenta que incluso si me da su amor, yo sé que realmente no me aman a *mí*? Si gano el amor de alguien fingiendo ser alguien que no soy, entonces ¿no será molesto tratar de mantener la falsa imagen de mí mismo que he creado? ¿Vale la pena ser deshonesto o pretender ser alguien que no soy, teniendo en cuenta que incluso si me da su amor, yo sé que no me ama a *mí*? ¿Vale la pena pretender ser alguien que no soy, teniendo en cuenta la posibilidad de que en realidad podría amar el "verdadero" yo y el riesgo de que no ame al "falso" yo? Si todo lo que se necesita para ser feliz es actuar simplemente de acuerdo a lo que uno considera honrado y natural, entonces ¿tiene sentido pretender ser alguien que no soy sólo porque creo que podría ayudarme a conseguir un poco de amor?

20. ¿Estoy seguro de que su opinión acerca de mi es verdadera?

Cuando alguien dice algo positivo sobre nosotros (por ejemplo, reconocimiento o aprobación), por lo general, experimentamos un poco de felicidad o comodidad y entonces creemos que la otra persona la creó. Cuando alguien nos insulta, a menudo nos sentimos tristes, enojados o avergonzados, y entonces creemos que esa persona crea nuestra emoción. Pero ¿es eso cierto?

¿Si piensa, "Soy terrible en mi trabajo", y luego un extraño (que ya sabe que nunca ha visto nada de su trabajo) le dice: "Tú eres genial en tu trabajo", es probable que esto le afecte a usted? Es poco probable. Por otro lado, si su jefe le dice, "Eres genial en tu trabajo", ¿esto le afecta? Para la mayoría de nosotros, esto nos daría al menos un poco de placer. Entonces, ¿cuál es la diferencia entre estas dos situaciones? Dos personas nos dicen lo mismo, que ambos tenían la misma opinión sobre nosotros, pero sin embargo, sólo una de estas opiniones nos afecta emocionalmente. La razón por la que sólo uno de los comentarios nos afecta emocionalmente es que sólo creemos uno de ellos. Puesto que el extraño nunca ha visto nuestro trabajo, no nos creemos su opinión. Si no creemos que la opinión de alguien, esa opinión no puede afectarnos emocionalmente. Dado que nuestro jefe ha visto nuestro trabajo, es probable que creamos su opinión acerca de nosotros, lo que mejorará nuestra opinión de nosotros mismos y, a continuación, crea el correspondiente sentimiento de placer.

Lo que esto nos muestra es que los demás no tienen el poder de afectarnos emocionalmente. Las palabras y opiniones de otros no crean nuestras emociones. Nuestras emociones sólo son creadas por nuestros pensamientos sobre nosotros mismos. *Si no creemos la opinión de otra persona, entonces no tiene el poder de cambiar nuestra opinión de nosotros mismos, y por lo tanto no nos va a afectar emocionalmente.* La única manera de que el insulto de alguien o su halago nos pueden impactar es si creemos que lo que dicen sobre nosotros es verdad.

Veamos otro ejemplo de cómo funciona este sistema en nuestras vidas. Por favor tome un momento para imaginar un extraño en cuya opinión es muy poco probable que confíe (por ejemplo, una persona sin hogar, político, o un adolescente). Si usted piensa, "Soy digno de amor", y luego este extraño poco fiable al azar en la calle le dice: "Tú no eres digno de amor", ¿le impactaría su opinión que emocionalmente? Puede molestarle un poco, pero casi seguro que no afectaría su opinión de sí mismo o crearía un impacto emocional grave, porque es poco probable creer la opinión de que esta persona sea digna de confianza. Pero si su novio o novia de un par de años le dice: "No eres digno de ser amado", ¿cree que le afectaría emocionalmente? Es probable que sienta dolor. En esta situación, es probable que crea que la opinión de su pareja es cierta tal vez porque su amor jugó un papel importante en ayudarle a usted a creer, "Soy digno de amor" en el primer lugar, o porque piensa que su opinión es creíble ya que usted ha pasado mucho tiempo con él. Una vez que cree que su opinión sea verdad, esto cambiaría su opinión de sí mismo hacia la indignidad. Y cuando su opinión de sí mismo empeora, experimenta la sensación de ser herido.

No es su pareja quien creó este daño; Ni siquiera es su opinión la que lo creó. Si la opinión, "Usted es indigno de amor", crea directamente su sentimiento de dolor, entonces la opinión del desconocido habría tenido el mismo impacto emocional en usted que la opinión de su pareja. Su dolor fue creado simplemente por su creencia - el pensamiento - que su opinión es verdadera.

Si va a entrar en una tienda que vende cuchillos, compra un cuchillo, y luego se corta a sí mismo con él, ¿culpa del dolor a la tienda, al cuchillo, o a sí mismo? Casi seguro que no culparíamos nuestro dolor a la tienda o el cuchillo, porque nosotros fuimos los que compramos el cuchillo y luego lo usamos para cortarnos nosotros mismos. De la misma manera, si alguien nos dice su opinión negativa acerca de nosotros, la persona es la tienda, y su opinión es el cuchillo. Ni la persona (la tienda), ni la opinión (el cuchillo) tienen el poder de hacernos daño. Nos hacemos daño a nosotros mismos cuando tomamos su opinión (el cuchillo), y luego creemos que esta opinión es cierta (la acción de cortarnos nosotros mismos).

Las opiniones de otros no tienen el poder de afectarnos emocionalmente. Cuando creemos que la opinión de alguien es verdad, simplemente cambian nuestros pensamientos sobre nosotros mismos. Cuando nuestros pensamientos sobre nosotros mismos empeoran, nos sentimos heridos y sufrimos. Si no queremos ser afectados emocionalmente por las opiniones que tiene la gente de nosotros, todo lo que necesitamos hacer es reconocer que en realidad no sabemos si la opinión de alguien sobre nosotros es verdad. Parecería obvio que no pudiéramos saber si la opinión de alguien es cierta, pero es muy fácil perder de vista esto a medida que avanzamos por la vida.

Si nuestra pareja nos insulta o rompe con nosotros, tendemos a pensar que hay algo "equivocado" con nosotros. Si nuestro jefe nos insulta o nos despide, somos propensos a creer que no somos "lo suficientemente buenos". Si nuestros padres desaprueban de nosotros, podríamos creer que somos indignos o insuficientes. En otras palabras, cuando alguien cree que no somos "perfectos", a menudo nos lo creemos. Para entender la falla en esta lógica, echemos un vistazo a una analogía rápida. Imagínese que usted está con su hijo de cuatro años de edad, mientras juega uno de sus juegos en casa. Tiene varias formas de madera que él está tratando de colocar en los agujeros en un tablero de madera. Ahora imagine que su hijo toma una forma cuadrada y trata de ponerla en un agujero en forma de triángulo, y luego le dice: "Papi, la pieza no es lo suficientemente buena para este agujero". ¿Qué le diría a él? Probablemente algo así como: "Cariño, sólo porque la pieza no quepa, eso no quiere decir que la pieza no es suficiente o que el que le pasa algo malo"....

Lo mismo ocurre con todas nuestras relaciones en la vida. Si alguien rompe con nosotros, nos despide, o desaprueba de nosotros, simplemente significa que no nos ajustamos a su definición de "perfecto". Para volver a la analogía, esto significa que no encajamos en la forma de *su* agujero. Sólo porque no cabemos en la definición de "perfecto" de una persona, no significa que no somos "lo suficientemente buenos", o que hay algo "equivocado" con nosotros.

No podemos ser "lo suficientemente buenos", y no puede haber algo "mal" con nosotros, porque no hay tal cosa como "lo suficientemente bueno" o "malo". Cada uno de nosotros tiene definiciones completamente diferentes de lo que creemos que es "bueno" y "malo", "correcto" e "incorrecto", "útil" y "nocivo", "hermoso" y "feo". Lo que un hombre encuentra poco atractivo, otro puede encontrar atractivo. Lo que una chica piensa que es molesto, otra chica puede amar. Lo que un jefe encuentra inútil, otro jefe puede encontrar útil. Lo que un jefe considera como rasgo "malo", otro jefe puede valorar. Lo que una madre piensa que es una opción de carrera ridícula, otra mamá puede estar orgullosa. Lo que padre encuentra considera como una casa decepcionante, otro padre puede estar orgulloso.

¿Es la definición de una persona de "correcto", "bueno" o "atractivo" de alguna manera más correcta o más cierta que las definiciones de los demás? Si alguien piensa que una de nuestras características es "mala" o "no lo suficientemente buena", esto sólo significa que e*ncajamos en el concepto* de esas palabras de esa persona. Esto no significa que somos estos conceptos.

Lo que esto significa es que nadie puede hacerte daño. Sólo tú puedes hacerte daño. Usted no se siente herido porque alguien deja de amarle o le rechaza, se siente herido por lo que cree que eso significa sobre usted. Cuando usted cree que la opinión de otra persona acerca de usted es verdad, sufre. Esto significa que no tiene que conseguir que todos en su vida piensen que es "genial" con el fin de ser feliz. Todo lo que tiene que hacer para dejar de sufrir es justo preguntarse si sabe que la opinión de otra persona sobre usted es cierta.

Las Preguntas: ¿Estoy seguro de que su opinión sobre mí es cierto? ¿Podría alguien tener una perspectiva diferente a la de ellos? Si es así, ¿puedo realmente estar seguro de que su perspectiva es cierta? ¿Estoy seguro de que hay algo en mí, que no es "lo suficientemente bueno", o es sólo que me adapto a su definición específica de esta palabra? ¿Es cierto que sólo porque me preocupo por esta persona, su opinión es de alguna manera más válida que las opiniones de otras personas? ¿Puedo pensar en alguna razón o ejemplos de por qué lo contrario de su opinión puede ser verdad? Si es así, ¿entonces puedo saber con absoluta certeza que su opinión sobre mí es cierta?

21. ¿Creo lo que quiero que piensen sobre mí?

Por favor tome un momento para localizar su respuesta a las preguntas "¿Qué quiero que piensen sobre mi? ¿Quién quiero que piense eso? O usted puede tomarse un momento para responder a estas preguntas ahora. Las opiniones de otros "no nos afectan emocionalmente, como hemos visto. Sólo queremos que otros piensen positivamente de nosotros con el fin de ayudarnos a convencernos a pensar más positivamente acerca de nosotros mismos, lo que nos hace más felices. Por ejemplo, nos gustaría que alguien nos diga: "Tú eres bonita", o "Tú eres una buena persona" porque queremos pensar de nosotros mismos como "bonitos" y como una persona "buena". Queremos a alguien que nos ame y nos apruebe con el fin de ayudarnos a amar y aprobarnos a nosotros mismos.

En lugar de sacrificar nuestro tiempo, energía, y el disfrute tratando de conseguir lo que queremos que otros piensen de nosotros sólo para que podamos pensar en lo que queremos nosotros mismos, podemos saltarnos los intermediarios. Sólo podemos hacernos la siguiente pregunta: "¿Creo lo que yo quiero que piensen de mí?" Por favor tome un momento para contestar esto por sí mismo en este momento.

Si ya cree lo que quiere que piensen acerca de usted, entonces puede tener la felicidad que desea en estos momentos. No es necesario esperar su opinión positiva, porque usted ya cree, "Yo soy digno de ser amado", "Soy bonita", "Yo soy un éxito", o el pensamiento que se le aplique. *Por ejemplo, si usted ha estado tratando de obtener que su padre le diga: "Eres un éxito", todo lo que este cumplido puede hacer por usted es para ayudarle a que crea: "Yo soy un éxito".* Si se pregunta, "¿Creo que soy un éxito?" Y la respuesta es "sí", entonces se puede decir a sí mismo: "Yo soy un éxito", y sentirá la misma felicidad que esperaba sentir si su padre le dijera "tu eres un éxito".

Si quiere parar por un momento y reconocer que ya cree lo que quiere que otros piensen, entonces tendrá la misma sensación que podría obtener si alguien le hiciera el elogio o la aprobación que quería. Usted ya tiene la aprobación y el aprecio que usted ha estado buscando tanto. Todo lo que necesitas hacer para sentirlo es reconocerlo. Por favor tome un momento para darse a sí mismo el amor, aprobación, o cumplido que ha estado buscando.

¿Sintió el alivio o el placer de reconocer algún atributo "positivo" de sí mismo? Si este ejercicio no le trajo algo de alivio o placer, es probablemente porque no cree de verdad el pensamiento positivo sobre sí mismo. Cuando buscamos las opiniones positivas de los demás, por lo general es porque en realidad no creemos lo que queremos que piensen de nosotros.

Por ejemplo, nos gustaría que nuestro padre nos dijera, "Eres un éxito", porque no creemos que tengamos éxito. Queremos su opinión positiva sólo para ayudar a cambiar nuestros pensamientos de "yo soy un fracaso" o "Yo no soy un éxito", y convencernos de que tenemos éxito. Si queremos que alguien piense que somos atractivos, divertidos, inteligentes, o una "buena" madre, o si queremos que alguien nos ame, a menudo es porque creemos que no somos atractivos, divertidos, inteligentes, una "buena" madre, o dignos de amor. Estamos buscando las opiniones positivas de los demás (el amor y la aprobación) para convencernos de dejar de creer nuestros pensamientos negativos acerca de nosotros mismos, o para mejorar nuestros pensamientos sobre nosotros mismos.

Como ya hemos visto, esta estrategia de buscar el amor y la aprobación de los demás para mejorar nuestros pensamientos sobre nosotros mismos y hacernos felices toma una increíble cantidad de tiempo y energía, crea mucho sufrimiento, y en realidad no tienen la capacidad de hacernos sentir completos. Si no nos amamos a nosotros mismos ni aprobamos de nosotros mismos, entonces es muy difícil que alguien cambie esa opinión.

En lugar de ir a través de todos esos problemas, hay maneras mucho más fáciles de ser felices con nosotros mismos. Cada vez que nos encontremos buscando una opinión positiva de otra persona, podemos parar y preguntarnos a nosotros mismos si creemos en la opinión que queremos que tengan. Si la creemos, sólo podemos decirnos a nosotros mismos: "Yo creo que ya soy genial" o lo que sea la opinión que queremos. Si nosotros no lo creemos, entonces todo lo que tenemos que hacer es cuestionar la verdad de nuestro pensamiento negativo acerca de nosotros mismos. Cuando verdaderamente nos amamos y aprobamos a nosotros mismos, ya no tenemos ninguna razón para buscar el amor y la aprobación de los demás.

Las Preguntas:

a) ¿Qué es lo que quiero que la gente piense de mí? ¿No es verdad que su opinión positiva me afecta emocionalmente sólo si creo que lo hace? ¿No es cierto que todo lo que su opinión positiva puede hacer es contribuir a que mi opinión de mí mismo sea más positiva? ¿Creo lo que quiero que piensen de mí? ¿Si es así, entonces no puedo simplemente ser feliz en este momento porque ya tengo la opinión positiva sobre mí mismo que yo quiero? ¿Qué se siente cuando me digo a mí mismo la opinión positiva que yo quería que ellos tuvieran de mí?

b) Si no me creo lo que quiero que piensen de mí, entonces ¿no sería muy difícil para ellos mejorar mi propia opinión de mí mismo, sobre todo si yo la hubiera creído durante mucho tiempo? ¿Tiene sentido gastar mi tiempo y energía tratando de obtener la opinión que quiero de alguien cuando su amor y su aprobación no tiene la capacidad de hacerme que me siento realizado? ¿No sería más fácil simplemente dejar de creer los pensamientos negativos que tengo de mí mismo?

22. ¿Creo lo que no quiero que piensen de mí?

Por favor tome un momento para localizar su respuesta a la pregunta "¿Qué temo que pensarán de mí?" O puede tomarse un momento para responder a esta pregunta ahora.

Si la opinión negativa de alguien puede hacerle daño a su estado emocional, entonces usted va a temer su opinión negativa. Si la opinión negativa de alguien no puede hacer daño a su estado emocional, entonces no tendrá ninguna razón para preocuparse por su opinión. Si no quiere preocuparse de si alguien tiene una opinión negativa acerca de usted, entonces hay dos maneras de asegurar que la opinión de los demás no puede hacerle daño a su estado emocional. La primera forma es descubrir que no cree en su posible dictamen negativo, y la segunda manera es reconocer que ya tiene la misma opinión negativa.

Si no cree en la opinión negativa de alguien, entonces no va a empeorar su opinión de sí mismo, y por lo tanto no afectará a su estado emocional. Del mismo modo, si admite que ya cree la opinión negativa que teme que otros tendrán, a continuación, su opinión no puede empeorar su opinión de sí mismo, y por lo tanto no afectará a su estado emocional. Si un dictamen negativo no afectará su estado emocional, entonces no tiene nada que temer. En otras palabras, usted no tendría nada de qué preocuparse.

En vez de vivir en el miedo de que los demás nos rechacen y hacer cosas que no nos gusta porque tenemos miedo de que los demás desaprueben, hay una manera mucho más fácil de ser feliz. Usted puede tomar el atajo tomando un momento ahora mismo para preguntarse, "¿Creo lo que no quiero que piensen de mi?"

Por ejemplo, si está preocupado acerca de si otras personas piensan que usted es gordo, entonces puede preguntarse, "¿Creo que estoy gordo?" Si la respuesta es "No", y realmente no cree que está gordo, entonces no importa lo que piensen los demás porque no va a empeorar su opinión de sí mismo. Si alguien pensó que usted era gordo, usted pensaría que están confusos o no están en contacto con la realidad, y por lo tanto no tomaría su opinión en serio. Se podría decir a sí mismo: "Yo no soy gordo, así que cualquiera que piense lo contrario debe estar loco".

Si no cree la opinión que teme, entonces por favor tome un momento ahora mismo para reconocer esto a sí mismo. Usted puede decir: "Yo soy una madre maravillosa, y yo no creo a nadie que piense lo contrario", "Yo me apruebo, por lo que mi padre debe confundirse si no me aprueba", o "Me amo, por lo que no importa si me aman".

Si esto no le proporciona alivio o paz, entonces esto probablemente significa que en algún nivel cree la opinión que teme o podría con relativa facilidad creerla. Normalmente, cuando tenemos la ansiedad acerca de lo que otros están pensando, es porque creemos, sin saberlo, lo que tememos que otros piensen por nosotros. Por ejemplo, si va a gastar tiempo preocupándose acerca de si los demás piensan que es egoísta, por lo general es porque cree que es egoísta. A primera vista, esta idea muchas veces parece falsa. Esto se debe a que a menudo somos completamente conscientes de las creencias negativas que tenemos sobre nosotros mismos. La primera vez que admitimos una creencia negativa que tenemos sobre nosotros mismos, esto puede hacernos sentir dolor, tristeza o vergüenza. Dado que no queremos sentirnos de esta manera, inconscientemente hacemos todo a nuestro alcance para evitar admitir que tenemos estas creencias. Nosotros tratamos de negar que las tenemos, fingir que no las tenemos, y convencernos a nosotros mismos que no las tenemos.

De esta manera, si verdaderamente creemos, "Yo soy un mal padre", intentaríamos no admitirlo a nosotros mismos, fingir que no lo creemos, y nos gustaría probar a todos los demás cómo de "gran" padre somos en un intento de convencernos a nosotros mismos de que somos un "gran" padre. Nos daría miedo que otros pensaran que somos un "mal" padre porque cualquier comentario de los demás podría reafirmar nuestra creencia acerca de nosotros mismos, que nos obliga a reconocer que creemos, "Yo soy un mal padre". Admitir esto sería entonces hacernos sentir heridos o tristes. Esta dinámica a menudo nos lleva a preocuparnos de cómo estamos actuando y monitorear constantemente lo que creemos que los demás piensan de nosotros.

Pero si acabamos de admitir la creencia negativa que tenemos acerca de nosotros mismos, hemos dado un gran paso hacia la libertad. Si admitimos, "Yo creo que soy un mal padre", es probable que se sienta herido en un principio, pero luego será capaz de preguntarse si este pensamiento es verdadero o tomar la iniciativa para cambiar la forma en que actuamos. Si somos capaces de creer en nuestro pensamiento negativo acerca de nosotros mismos, entonces nosotros también dejamos de creer el pensamiento negativo que nos tememos que otros tendrán de nosotros, dejándonos sin ninguna razón para preocuparnos por la opinión de otros.

Incluso si no podemos dejar de creer en nuestro pensamiento negativo, nosotros todavía hemos perdido nuestra razón para preocuparnos, porque nosotros ya no tenemos que ocultar nuestra creencia negativa acerca de nosotros mismos. Si realmente cree: "Yo soy un mal padre", y reconoce plenamente que lo cree, entonces, ¿qué efecto emocional tendría sobre usted si alguien le dice que usted es un "mal" padre? Puesto que ya cree esto, su comentario no afectaría su opinión de sí mismo, y por lo tanto no le afectaría emocionalmente. Si las opiniones negativas de los demás no le pueden afectar emocionalmente, no tiene nada que temer, y por lo tanto no hay razón para preocuparse por sus opiniones.

Volvamos a nuestro ejemplo inicial. Si está preocupado de que otros piensen que es gordo, entonces puede preguntarse, "¿Creo que estoy gordo?" Si la respuesta es "Sí", entonces puede admitir a sí mismo en este momento "Creo que soy gordo”. Una vez que admite esto, entonces en lugar de preocuparse acerca de si otras personas piensan que usted es gordo, usted acaba de pensar que tiene sentido que todo el mundo piense que usted es gordo. Podría pensar que las personas tendrían que estar ciegas o confundidas si no pensaran que usted es gordo. Puesto que acaba de asumir que todo el mundo piensa que es gordo, no hay necesidad de preocuparse de si los demás piensan o no que usted es gordo. Usted puede pensar que es "malo" el ser gordo, lo que podría hacer que se sienta avergonzado, pero al menos no tiene que preocuparse, sentir miedo, o constantemente monitorear si otras personas están pensando que usted es gordo.

En vez de ocultar sus creencias negativas acerca de si mismo (inseguridades) y luego preocuparse de si otros ven lo que ve, puedes exponerse a sí mismo. Usted puede hacer frente a lo que no quiere que otros vean. Si se enfrenta a estas inseguridades acerca de si mismo y admite: "Yo creo lo que me da miedo que pensasen de mí", finalmente puede dejar de preocuparse por lo que otros piensan. No sólo eso, pero puede entonces preguntarse si sus creencias negativas son ciertas, y, finalmente, dejar de creer los pensamientos que le hacen sentir insuficiente.

Las Preguntas:

a) ¿Qué me temo que van a pensar de mí? ¿No es cierto que su opinión negativa sólo me puede afectar emocionalmente sí creo su opinión acerca de mí? ¿Creo lo que no quiero que piensen de mí? ¿Si yo realmente no creo que en su posible opinión negativa sobre mí, entonces no sería su opinión irrelevante? ¿Qué se siente cuando me digo a mí mismo, "No me importa lo que piensan de mí, porque yo realmente no creo lo que me temía que pensarían"?

b) ¿Si creo su posible opinión negativa sobre mí, puedo estar completamente seguro de que este pensamiento que tengo de mí mismo es cierto? ¿Si puedo admitir que sí creo posible su opinión negativa sobre mí, entonces no es cierto que su posible dictamen negativo sobre mí no afectaría en realidad mi opinión de mí mismo (ya que yo ya he reconocido lo que creo), y por lo tanto no me afectaría emocionalmente? ¿Si su posible dictamen negativo sobre mí no me afectaría emocionalmente, entonces no es cierto que no tengo nada que temer?

Capítulo Doce

Preguntas para Dejar de Creer Sus Juicios sobre Otros

Todos tenemos momentos en los que juzgamos o insultamos a otros. Cuando pensamos en alguien de una manera negativa, a menudo pensamos que hicieron algo "malo" o dijeron algo "malo" o que algo acerca de ellos es "malo". Podríamos pensar, "es feo", "él es egoísta", "ella es una mala madre", "él es demasiado competitivo", "ella es ignorante", o "él es aburrido". Cuando pensamos estos pensamientos sobre los demás, por lo general es porque tenemos un incentivo para hacer estos juicios. Cuando juzgamos que algo acerca de otra persona es "malo", estamos casi siempre creyendo que son "peor" de lo que somos en ese aspecto o simplemente "peor" de lo que somos en general. Por lo general, no somos conscientes de ello, pero esto nos hace creer que somos "mejores" de esa manera específica o simplemente "mejores" en general. Esta creencia mejora ligeramente la imagen de sí mismo, lo que crea un poco felicidad o placer para nosotros mismos.

Nuestra opinión de nosotros mismos, o todos los adjetivos que utilizamos para describirnos a nosotros mismos, son relativos a nuestra opinión de otras personas. El concepto de bien no existe sin el concepto de mal. Inteligente no existe sin estúpido. Con el fin de vernos como inteligentes y agradables, tenemos que pensar en algunas personas como estúpidas y malas. Por ejemplo, si vemos a un hombre gritando a su hijo, podemos pensar, "Él es un mal padre". Esto nos hace sentir como si fuéramos un padre "mejor" de lo que él es o simplemente "mejor" de lo que es en general. Para mejorar cualquier aspecto de nuestra propia imagen, podemos juzgar a otros como "peores" en ese aspecto. Si queremos pensar en nosotros mismos como realmente divertidos, podemos juzgar a los demás como aburridos y sin gracia. Estamos incentivados a pensar mal de los demás, ya que nos hace pensar en nosotros mismos en una luz más positiva. Nuestros juicios más frecuentes de los demás a menudo se basan en los aspectos de nosotros mismos que nos importan más. Si comúnmente juzgamos a los demás como "estúpidos", es porque el ser "inteligente" es una parte importante de nuestra identidad.

Sin embargo, nuestros juicios negativos sobre los demás tienen un costo. En el nivel más sutil, nuestros pensamientos negativos nos hacen sentir separados de los demás. Lo más obvio, nuestros juicios crean la ira, la decepción y la frustración. Cuando estos sentimientos son más intensos, a menudo puede convertirse en odio, palabras abusivas o acciones hirientes. Pero tal vez lo más fundamental, nuestros juicios sobre los demás realmente nos impiden amar a los demás. Cuando no creemos en nuestros juicios sobre los demás, nos quedamos en paz, sentimos amor por los demás y tratamos a los demás con amor.

23. ¿Es cierto que son ¨peores¨ de lo que yo soy? ¿He hecho lo mismo por lo que les juzgo?

La mayoría de las veces, cuando juzgamos que alguien es "malo" a causa de sus acciones, estamos creyendo que son "peor" de lo que somos nosotros. Sin embargo, la verdad es que por lo general hemos hecho lo mismo por lo que los juzgamos. Es posible que hayamos hecho el mismo "mal" a ellos como ellos a nosotros, o que podamos haber hecho a los demás, a nosotros mismos, o haber hecho algo muy similar en el pasado.

Cuando juzgamos a alguien como "malo" a causa de sus acciones "malas", podemos mirar a nuestra propia vida y tratar de encontrar un ejemplo de cuando actuamos de la misma manera o de una manera similar. Si juzgamos que alguien es "peor" que nosotros, el recordar un momento en que hemos actuado de forma similar puede hacernos reconocer que la persona que juzgamos no es en realidad "peor" de lo que somos. Este reconocimiento por lo general acaba con nuestra creencia de que son "malos", o nos impide prestar atención a nuestro juicio por las siguientes cuatro razones.

- Si pensamos, "Soy bueno", y me doy cuenta de que no son "peores" que nosotros, dejamos de creer que son "malos" simplemente porque hicieron algo "malo". Puesto que hemos hecho el mismo "mal" en el pasado, entonces los consideramos "normal" o incluso "bueno". Si pensamos: "Yo soy inteligente (bueno)", y veo que alguien comete un error "estúpido", entonces podríamos pensar, "Él es estúpido". Pero si recordamos un momento en que hicimos algo similar "estúpido", esto puede hacer que nos demos cuenta, "Él no es peor de lo que yo soy" y, por tanto, "probablemente no es estúpido; es normal cometer errores".

Es muy común para nosotros pensar cosas como "si él se preocupase por mí, él sería más cariñoso conmigo a pesar de que no le gusta ser cariñoso" o "si me amase, él iría al teatro conmigo a pesar de que odia el teatro”. Esencialmente estamos diciendo, "Él es malo porque no está dispuesto a sacrificarse por mí". Sin embargo, no parecemos reconocer que al pedir a otra persona que sacrifique lo que quiere, lo que estamos diciendo es, "Yo no estoy dispuesto a sacrificar lo que quiero".

Podemos pensar que nuestro novio es desconsiderado y egoísta, porque no está dispuesto a perderse la fiesta de un amigo para pasar el tiempo con nosotros. Si nos preguntamos, "¿Yo no soy nunca desconsiderada con él?" Podemos ver que estamos siendo desconsiderados ahora mismo pidiéndole que se pierda la fiesta de su amigo sólo para pasar el tiempo con nosotros. Podemos pensar que es egoísta que nuestro esposo no limpie los platos por nosotros. Si nos preguntamos, "¿He actuado egoístamente con él?" Podemos ver que podría ser egoísta por parte nuestra tratar de conseguir que él limpie los platos a pesar de que él no quiere, o puede ser egoísta que tratemos de hacer que se sienta culpable por ello sólo para que él haga lo que queremos.

Una vez que reconocemos que también a veces no estamos dispuestos a sacrificar lo que queremos, a veces somos desconsiderados, y a veces egoístas, entonces podemos darnos cuenta de que lo tratamos como él nos trata. Este reconocimiento nos puede ayudar a entender que su tratamiento hacia nosotros no lo hace "malo" de ninguna manera.

- Si reconocemos que hemos actuado en base a las mismas intenciones que la persona que juzgamos, nos damos cuenta de que no son "peores" de lo que somos. Del mismo modo que con frecuencia cometemos las mismas acciones "malas" como las personas que juzgamos, también tendemos a cometer diferentes acciones sobre la base de las mismas intenciones. Esto puede parecer diferente, pero, si dos personas tienen la intención de matar a alguien, ¿considera que ambas son "malas", incluso si sólo una persona tiene éxito y la otra no lo consigue? En general, no creemos que son igual de "malas", ya que ambas tenían las mismas intenciones a pesar de que sus acciones o las consecuencias subsiguientes fueron diferentes.

A menudo, cuando juzgamos a otras personas por ser "malas", sus acciones "malas" se basan en la intención de hacer que otra persona sufra por lo que creen que es una acción "mala" (es decir, el castigo). Por ejemplo, si nuestro marido nos grita por perder el mando del televisor, entonces él está eligiendo en esencia la acción "mala" de gritar como castigo por lo que cree que es la acción "mala" de perder el mando del televisor. Cuando esto sucede, es posible que luego juzguemos a nuestro esposo por ser "malo" por gritarnos. Puede parecer que su acción fue gritarnos por perder el mando del TV, pero si lo miramos desde un nivel más fundamental, fue realmente que sólo nos castiga por lo que él cree que es una acción "mala". Por lo tanto, en lugar de preguntarnos, "¿Alguna vez le he gritado a alguien por colocar mal un mando de TV?", Podemos preguntarnos: "¿Alguna vez he optado por castigar a alguien por lo que creía que era una mala acción?"

Puede que no hayamos cometido la misma acción "mala" como la persona que estamos juzgando (aquí, gritar), o que no hemos castigado a alguien en respuesta a la misma acción "mala" (en este caso, el mando perdido), pero casi sin duda hemos castigado a otros por acciones "malas" en el pasado. Por ejemplo, tal vez nuestro marido se olvidó de nuestro cumpleaños y le respondimos con insultos, una mala "actitud", u otras formas de retener nuestro amor.

Nuestros castigos pueden haber sido menos extremos, pero nuestra intención era todavía hacer sufrir a alguien (incluso si sólo está tratando de evitar su felicidad) por lo que cree que es una acción "mala". Por lo tanto, es posible reconocer que alguien que castiga a los demás de diferentes maneras, o por diferentes razones, no es "peor" de lo que somos. Nosotros también hemos hecho las cosas con la intención de crear sufrimiento para otros (castigar). Esto no quiere decir que los dos somos "malos"; a todos nos han enseñado a creer muchos conceptos de "malo" y nos han enseñado a creer que los demás nos hacen sufrir, así que por lo tanto es "normal" que todos castiguemos a los demás.

- Una vez que dejamos de pensar que alguien es "peor" de lo que somos, ya no tenemos un incentivo para prestar atención a nuestros juicios acerca de ellos. No nos damos cuenta, pero prestamos atención a los juicios sobre los demás, porque nos hacen sentir mejor con nosotros mismos. Cuando dejamos de pensar que alguien es "peor" de lo que somos, el juicio generalmente desaparece por sí solo, porque el juicio ya no ayuda a mejorar nuestra imagen de nosotros mismos, y no queremos pensar en nosotros mismos como "malos".

Imagine que usted considera ser un "buen" padre, y ve a otro padre en la escuela de su hijo gritándole a su hijo. Cuando ve esto, le juzga al instante por ser un padre "malo" por gritar a su hijo. Esto inconscientemente le hace sentir un poco mejor acerca de su propia crianza. Pero si entonces piensa de nuevo en una época en la que gritó su hijo, reconocerá que el otro hombre puede no ser un padre "peor" que usted. Si sigue juzgando al otro hombre por ser un padre "malo" por gritar a su hijo, se está esencialmente juzgando a sí mismo por ser un "mal" padre porque usted ha hecho lo mismo. Dado que no se siente bien al juzgarse usted mismo, su juicio sobre el otro hombre a menudo se convierte en "supongo que no es tan malo; eso es normal; Yo lo he hecho también".

- Si nos damos cuenta de que no éramos conscientes de que estábamos realizando la misma acción "mala" como la persona que juzgamos, podemos darnos cuenta de que ellos también pueden no haber sido conscientes de sus acciones. Si no eran conscientes de que su acción era "mala", y no eran conscientes de que estábamos haciendo lo mismo, entonces es difícil seguir culpándolos de sus acciones. Por ejemplo, si estamos enfadadas con nuestro esposo porque pensamos que no nos aprecia, nos preguntamos, "¿Acaso no lo he apreciado en algún momento? ¿Siempre pienso que le muestro agradecimiento? "Podemos darnos cuenta de que a menudo no le mostramos aprecio. Es posible que hayamos sido completamente inconscientes de que no le estábamos mostrando aprecio porque estábamos demasiado ocupados pensando si nos mostraba él. Entonces podemos reconocer: "Si yo no era consciente de que yo lo apreciaba, entonces tal vez él no es consciente de que no me está mostrando aprecio". Si descubrimos que ambos no éramos conscientes de que no estábamos mostrando mucho aprecio, entonces podemos dejar de culparnos los unos a otros por no dar mucho aprecio.

En resumen, cuando somos capaces de reconocer que hemos actuado de manera similar como la persona que estamos juzgando solemos ser capaces de ver que la persona que estamos juzgando no es "peor" de lo que somos. Una vez que esto sucede, tendemos a dejar de creer que la persona que estamos juzgando es "mala" por hacer lo que hicieron. Entonces, en vez de sentir ira, el resentimiento, o decepción hacia los demás, lo que queda es el amor y la aceptación.

Si la pregunta "¿he hecho lo que yo juzgo por hacer?" le hace consciente de una acción "mala" que no sabía que estaba haciendo, entonces puede terminar con un nuevo juicio sobre sí mismo. Si esto sucede, puede usar las otras preguntas en este libro para dejar de creer su nuevo juicio. Alternativamente, si realmente cree que sus acciones han sido sin amor o hirientes, entonces es posible que desee cambiar sus acciones.

Tenga en cuenta que una vez que vea que usted actúa de la misma manera que las "malas" personas que juzga, usted podría tener la tentación de creer alguna versión de "¿por qué debo tratarlos con amor si no me tratan con amor?" o "si ella no me escucha, no voy a perder mi tiempo escuchándola a ella". Si esto sucede, simplemente pregúntese: "¿Quiero esperar a que todos en el mundo me trate con amor antes de que pueda tratarlos con amor, o quiero liderar el camino y actuar como quiero ver a los demás actuar?"

Si decide que desea cambiar sus acciones, entonces puede hacer un esfuerzo consciente para descubrir qué pensamientos está pensando justo antes (o durante) sus acciones no deseadas. Estos son los pensamientos que tienden a motivar sus acciones no deseadas. Si usted puede creer en estos pensamientos, se pierde la motivación detrás de sus acciones no deseadas, y es por lo tanto mucho menos propenso a actuar de esta manera. Cuando no creemos los pensamientos que impulsan nuestras acciones sin amor, naturalmente, actuamos con amor.

Las Preguntas:

a) ¿Estoy juzgando a alguien por hacer el qué? ¿Qué persona he decidido que es "mala" a causa de sus palabras o acciones? ¿Los he tratado a ellos, a mí mismo, o cualquier otra persona de una manera similar (o basada en intenciones similares)? ¿He, castigado a alguien (la intención de causar sufrimiento o impedir la felicidad) por haber hecho algo "malo"? ¿Si ambos hemos hecho el mismo "mal", o hacemos cosas diferentes en función de la misma intención, entonces es cierto que la otra persona es "peor" que yo? ¿Si soy "bueno" o "normal", y ellos no son "peores" de lo que soy, entonces es cierto que son "malos"?

b) ¿Estaba consciente de que estaba haciendo el mismo "mal"? ¿Es posible que él no sea consciente de que está haciendo algo "malo"? ¿No sería casi imposible para cualquiera de nosotros cambiar cualquiera de nuestras acciones sin amor o "malas" si ni siquiera nos damos cuenta de que las estamos haciendo? ¿Realmente puedo culparlo por haber hecho algo "malo" cuando los dos hacemos el mismo "mal" porque no somos conscientes de ello?

c) ¿Quiero esperar a que todo el mundo me trate con amor antes de que pueda tratarlos con amor, o quiero liderar el camino y ser la persona amorosa que quiero que los demás sean? ¿Qué pensamientos estoy pensando justo antes o durante mis acciones no deseadas? ¿Puedo estar seguro de que estos pensamientos son ciertos?

24. ¿Estoy seguro de que mi juicio sobre ellos es correcto?

La mayoría de nosotros queremos saber lo que está pasando alrededor de nosotros porque nos da placer pensar "Yo sé", y porque no saber puede dar miedo o incomodidad. Debido a esto, colocamos a la gente en categorías tan pronto como sea posible. Pero ya que a menudo no tenemos toda la información que necesitamos para poner a la gente en una categoría, sólo adivinamos. Interpretamos quienes son los demás basándonos en unas pocas acciones o palabras, ropa, intereses, y la apariencia general. Nosotros no esperamos a hacer un juicio hasta que sepamos más acerca de una persona, porque queremos estar en el reino del saber de inmediato.

De esta manera, cuando alguien hace una cosa aparentemente egoísta, mala, irresponsable, estúpida, o una falta de respeto, decidimos que esta acción representa lo que son. Incluso después de ser testigos de una sola acción, podemos pensar: "Él es egoísta" o "Ella es una irresponsable". Claramente no sabemos todo lo que han hecho, pero eso no nos impide llegar a una conclusión (juicio) acerca de quiénes son. Ya que en realidad no sabemos si la persona es "egoísta" o "irresponsables", esto es sólo una suposición, una interpretación basada en una información muy limitada.

Incluso podemos interpretar quien es alguien basándonos en unas pocas palabras o incluso sólo su atuendo. Por ejemplo, es posible que consideremos que alguien sea inculto o peligroso basándonos exclusivamente en su forma de hablar o la ropa que lleva. Entonces reaccionamos a nuestra interpretación, no a los hechos, y los tratamos en consecuencia. Si reconocemos que nuestra interpretación (juicio) de ellos puede no ser cierta, entonces podemos admitir, "Yo no sé si él es malo". Esto elimina nuestra reacción emocional y nos permite tratarlo con más amor.

Además de esto, una vez que hemos formado una conclusión acerca de alguien y los juzgamos por ser de cierta manera, a menudo elegimos interpretar la totalidad de sus acciones futuras de una manera que apoya nuestra conclusión anterior sobre ellos. Hacemos esto con el fin de mantener nuestra creencia "Lo sé, estoy en lo correcto" y porque no queremos admitir, "no sé" o "Me equivoqué al hacer ese juicio".

Si juzgamos a alguien por ser malo, es probable que interpretemos gran parte de lo que hacen como malo. Si anteriormente examinábamos a uno de nuestros compañeros de trabajo por ser malo, entonces lo vemos hablar con los amigos y riendo, es probable que lo interpretemos como, "Él debe estar burlándose de alguien". Mientras que si nuestro juicio original fuera que él era agradable, probablemente pensaríamos, "Él está siempre haciendo reír a la gente". Este deseo de creer "Lo sé, estoy en lo cierto" perpetúa nuestras opiniones sobre los demás y rara vez permite que nuestra opinión sobre los demás cambie.

Pero tan pronto como reconocemos que nuestra interpretación (juicio) puede no ser cierta, dejamos de sentir la ira y la decepción hacia los demás que nuestros juicios han causado, lo que nos permite tratar a los demás con amor.

Las preguntas: ¿Cuáles son los hechos y cuál es mi interpretación? ¿Realmente tengo toda la información que necesito sobre esta persona con el fin de hacer este juicio? ¿Me he decidido por este juicio (interpretación) porque confirma algo que ya creía que era cierto? ¿Cómo iba yo a interpretarlo si previamente yo creía el juicio opuesto? ¿Puedo pensar en alguna razón o ejemplos de por qué lo opuesto a mi juicio podría ser cierto? Si es así, ¿puedo saber a ciencia cierta que mi juicio original es verdadero?

25. ¿He decidido juzgarlos sólo para distraer mi atención de algo "malo" acerca de mí mismo?

Cuando nuestra opinión de nosotros mismos empeora, nos sentimos heridos. Pero sólo sentimos este dolor cuando en realidad prestamos atención a los pensamientos "peores" acerca de nosotros mismos. Puesto que la sensación de dolor puede ser muy dolorosa y difícil de experimentar, hemos formado una serie de tácticas para evitar esta sensación. Una de nuestras principales estrategias para prevenir que sintamos dolor es la creación de un juicio acerca de alguien más para distraer nuestra atención del posible "empeoramiento" de nuestra opinión de nosotros mismos. Esta estrategia nos permite evitar sentir dolor y ayuda a que nos sintamos "bien" por el momento, pero esto no es suficiente. Nuestros juicios sobre otras personas a menudo terminan creando ira, que nos impide amar, y que puede hacernos sentir "mal" sobre nosotros mismos por juzgar a los demás. Además, sólo porque no admitamos que tenemos un pensamiento negativo acerca de nosotros mismos, eso no quiere decir que el pensamiento no está allí. Este nuevo y "peor" pensamiento negativo acerca de nosotros mismos se mantiene, creando sufrimiento para nosotros de manera inconsciente (por ejemplo, tener que preocuparse por si los demás se enteran de nosotros).

Si nuestros pensamientos acerca de las palabras o acciones de alguien nos causan dolor, a menudo etiquetamos al instante algún aspecto de la otra persona como "malo" y nos enojamos con ellos. Por ejemplo, si nuestra pareja dice, "Realmente no te queda bien ese traje", es posible que experimentemos inmediatamente ira pensando: "Eres una estúpida y una desconsiderada; ¿Por qué dices eso?" Nuestra ira y el juicio distraen nuestra atención del dolor que sentiríamos de pensar, "yo no soy atractivo".

Si nuestro jefe nos da una "mala" evaluación de desempeño en nuestro último proyecto, podríamos al instante empezar a pensar, "Él es estúpido, él no sabe de lo que está hablando", o "La culpa es de mi compañero de trabajo por hacerme incluir esa información inútil". En lugar de permitirnos a nosotros mismos pensar, "soy malo en mi trabajo", y experimentar el deterioro de nuestra imagen de nosotros mismos, echamos la culpa a otros. Esto nos hace experimentar ira hacia ellos. Formamos juicios sobre los demás para que no tengamos que admitir: "Yo no hice un buen trabajo".

A menudo, cuando estamos enfadados con alguien o juzgamos a alguien, en realidad estamos sólo tratando de distraer nuestra atención de un pensamiento negativo que tenemos sobre nosotros mismos. Esto es especialmente cierto cuando sucede algo que puede potencialmente empeorar nuestra opinión de nosotros mismos. Si alguna vez hay una oportunidad de que nosotros tengamos la culpa por algo "malo", en lugar de mirar a ver si eso es posible, tratamos de cambiar nuestra atención de nosotros mismos y culpar a otra persona.

Por ejemplo, si alguien se enoja con nosotros por algo, tendemos a enfadarnos con ellos también, porque no queremos descubrir que tal vez hizo algo "malo" o que a lo mejor tienen razón acerca de nosotros. Si nuestro hijo se mete en problemas en la escuela, podemos culpar al instante a nuestra pareja por esto porque tenemos miedo a mirarnos a nosotros mismos y, posiblemente, descubrir que tenemos parte de la culpa. Si alguien que es muy "atractivo" y "muy bueno" en su trabajo comienza a trabajar con nosotros, podemos decidir juzgarle al instante como "malo" de una manera u otra, con tal de que no tener pensar que nosotros mismos somos "peor" que él.

Una vez que nos damos cuenta de nuestro juicio sobre alguien, podemos parar y preguntarnos: "¿Estoy tratando de evitar admitir un pensamiento negativo acerca de mí mismo?" Si nos permitimos reconocer el "mal" pensamiento que tenemos sobre nosotros mismos o para admitir que tenemos por lo menos parte de la culpa, entonces podemos también reconocemos que nuestro juicio sobre la otra persona ha sido creado exclusivamente como un medio para distraer nuestra atención fuera de este pensamiento sobre nosotros mismos. Una vez que reconocemos el "mal" que no queremos ver de nosotros mismos, ya no tenemos un incentivo para seguir juzgando a los demás, y ganamos la oportunidad de cuestionar nuestro pensamiento negativo acerca de nosotros mismos o para mejorar lo que creemos que es negativo. Mientras tratamos de fingir que el pensamiento negativo acerca de nosotros mismos no está ahí, no podemos cuestionarlo o abordarlo. El pensamiento negativo continuará creando emociones o cuestiones inconscientes sutiles para nosotros, y vamos a seguir siendo incentivado a juzgar a los demás. Sin nuestro incentivo para juzgar a los demás, la sentencia desaparece por sí sola, lo que nos permite ver nuestro juicio de forma más objetiva.

Para continuar con el ejemplo anterior, una vez admitido, "Creo que se me da mal mi trabajo", perdemos nuestro incentivo para poner excusas de por qué la "mala" evaluación de desempeño no fue nuestra culpa. Esto nos permite evaluar de manera más honesta si sabemos que nuestro jefe es en realidad estúpido o si nuestra "mala" evaluación de desempeño fue realmente culpa de nuestro compañero de trabajo. Además, podemos preguntarnos si somos realmente "malos" en nuestro trabajo, y tal vez podamos empezar a ver lo que podemos hacer para mejorar nuestro desempeño.

Las preguntas: ¿He elegido juzgarlos sólo para distraer mi atención de algo "malo" acerca de mí mismo? ¿Cuál es el pensamiento negativo que tengo de mí mismo que he estado tratando de evitar y no quiero admitir a mí mismo? ¿Es posible que yo tenga por lo menos parte de la culpa? ¿Es posible que tengan razón acerca de mí? ¿Si puedo reconocer el pensamiento negativo que tengo de mí mismo, entonces me ayuda en modo alguno a seguir creyendo en mi juicio sobre ellos? ¿Estoy totalmente seguro de que mi pensamiento negativo acerca de mí mismo es cierto? ¿Si yo creo que es verdad, qué pensamientos causa que actúe de esta manera "mala", o qué puedo hacer para mejorar lo que es "malo"?

Capítulo Trece

Preguntas para Dejar de Creer Sus Juicios sobre Si Mismo

Nuestra identidad, nuestra propia imagen, se compone de nuestros pensamientos sobre nosotros mismos. Contiene nuestras opiniones sobre nuestra personalidad, apariencia, inteligencia, trabajo, estado civil, las experiencias del pasado, y nada más. Podríamos pensar, "Soy un divertido, cuidado, atractivo, inteligente, y felizmente casado gerente de marketing que ha logrado mucho" Esa sería nuestra autoimagen. Para todos los factores que crean nuestra identidad, tenemos un concepto de lo que es "perfecto". Cuando nos formamos una opinión de nosotros mismos, estamos comparando la forma en que actuamos y vivimos a cada una de nuestras ideas de "perfecto", a continuación, decidimos dónde encajamos. Si consideramos que es "perfecto" casarse, tener éxito, y estar delgado, y no lo estamos, entonces nos consideramos a nosotros mismos como "malos" por estar solteros, sin éxito, y tener sobrepeso. Tendemos casi siempre a creer que no somos "lo suficientemente buenos" en una variedad de diferentes maneras, ya que es casi imposible a la altura de nuestra idea de "perfecta" para todo. Esta es una parte importante de por qué nos sentimos insuficientes o incompletos.

Una vez que nos hemos formado una imagen propia, comenzamos a ver la vida a través del lente de nuestra propia imagen. Por todo lo que vemos en la vida, tenemos pensamientos sobre él. Nuestros pensamientos acerca de lo que vemos y experiencia se basan en nuestra perspectiva e interpretación. Con todo lo que nos encontramos en la vida, es posible pensar en ello de una manera positiva o negativa. Una vez que hemos decidido que somos "malos" de alguna manera, todo lo que experimentamos en la vida tiende a reafirmar nuestra creencia, confirmando que somos "malos". Nos juzgamos a nosotros mismos como "malos" una y otra vez porque, sin saberlo, optamos por mantener percibir e interpretar los hechos de la vida de una manera que respalda nuestra conclusión anterior. Una vez que hemos formado nuestra propia imagen en torno a tener ciertas características (por ejemplo, aburrido, poco atractivo), no miramos para interpretar los hechos de nuestra vida de una manera que podría ayudarnos a ver que la característica opuesta podría ser verdad, porque queremos ser "correctos" y queremos mantener nuestra identidad.

Nuestras mentes a menudo quieren evitar ser "malos" a toda costa, porque tenemos una idea inconsciente de que es "malo" ser "malo" y es "bueno" ser "correcto". Además, con independencia de que nuestra identidad sea positiva o negativa, a menudo sin saberlo tenemos miedo de perderla. Si nuestra identidad es negativa, parece contrario a la intuición que queramos permanecer con una identidad negativa, pero esto es a menudo el caso, porque nos gusta seguir con lo que es familiar y lo que sabemos. De esta manera, cuando nuestra auto-imagen es negativa o creemos, "soy malo" de alguna manera, constantemente interpretamos la vida de una manera que respalda nuestra creencia y constantemente nos recordamos a nosotros mismos que somos "malos".

26. ¿He establecido mi interpretación porque confirma lo que ya creía acerca de mí mismo?

Cuando creemos que somos indignos de ser amados, feos, estúpidos, aburridos, o "no lo suficientemente buenos", o tenemos cualquier otra descripción de auto-imagen negativa, estamos casi siempre en busca de pruebas. Si nuestro amigo no nos llama de vuelta, podemos pensar: "Ella *no se* preocupa por mí". Si vemos a nuestro novio mirar a otra mujer, podemos pensar, "Él *no piensa* que soy sexy". Si nuestro jefe nos dice que nos quiere hacer algunos cambios en nuestra presentación al cliente, podemos pensar, "Él piensa *que soy* estúpida". Si nuestro novio nos dice: "Te amo", podemos interpretarlo como una mentira y pensar, "Él *no me* quiere". Si nuestros padres complementan a nuestra hermana más que a nosotros, podemos pensar: "Mis padres *no me* aprueban".

Lo que pensamos en cada una de estas situaciones es en realidad nuestra interpretación, no un hecho. Sin embargo, tendemos a creer, sin saberlo, que estas interpretaciones son verdad y son hechos. La verdad es que no sabemos lo que los demás están pensando. Pero si bien podemos no ser conscientes de ello, a menudo elegimos interpretaciones específicas porque demuestran lo que pensamos que ya sabemos acerca de nosotros mismos. Para cada una de estas situaciones, una interpretación totalmente diferente, más positiva es posible.

Si creyéramos que somos maravillosos, inteligentes, amables, bonitos y completamente "lo suficientemente buenos", entonces nuestra interpretación de estos escenarios sería completamente diferente. Si nuestro amigo no nos llama de vuelta, podemos pensar, "Ella debe estar muy ocupada, estoy seguro de que me llamará más tarde". Si nuestro novio mira a otras mujeres, podríamos pensar: "Eso es normal, todos los chicos lo hacen". Si nuestro jefe nos dice que quiere hacer algunos cambios en nuestra presentación al cliente, podemos pensar: "Tengo la suerte de tener un jefe que se preocupa lo suficiente por mí para sugerir mejoras en mi presentación". Si nuestro novio nos dice que nos ama, deberíamos creerle. Si nuestros padres nos felicitan menos que a nuestra hermana, podríamos pensar, "Supongo que piensan que soy lo suficientemente seguro de mismo y que no necesito tantos elogios como ella".

También tratamos de interpretar lo que los acontecimientos y los resultados medios acerca de nosotros mismos. Si tenemos una auto-imagen negativa, casi en cualquier momento que algo no deseado ocurre en nuestras vidas, como el rechazo, nos culpamos a nosotros mismos. Pensamos que el "mal" resultado ocurrió porque no somos "lo suficientemente bueno" de alguna manera. Si no pasamos una prueba, podemos interpretarlo en el sentido de, "soy estúpido". Si nuestro novio rompe con nosotros, o nosotros no obtenemos una oferta de trabajo, podemos interpretar que significa: "Yo no soy lo suficientemente bueno para ellos". Si experimentamos tristeza, podemos pensar que es porque "soy débil". Si alguien pasa por delante de nosotros en la calle sin mirarnos, podemos interpretar que significa: "Yo no soy lo suficientemente atractivo". Vemos todo esto como hechos, no como opiniones o conjeturas. En cada una de estas situaciones, podríamos reaccionar a nuestra interpretación, no los hechos. Esta es la forma en que fuimos entrenados. Pero realmente no podemos saber si nuestra interpretación es verdad, porque siempre es posible haber interpretado estos hechos de manera completamente diferente. Por ejemplo, podríamos pensar, "yo no estudié lo suficiente", "supongo que no encajaba para el puesto", "yo fui valiente al abrirme a pesar de la posibilidad de hacerme daño", y "Ellos deben tener un mucho en sus mentes".

Al interpretar las circunstancias de una manera que respalda nuestras creencias negativas sobre nosotros mismos, estamos perpetuando nuestra auto-imagen negativa. Una vez que nos damos cuenta de que otras interpretaciones son posibles y que nuestra interpretación puede no ser cierta, podemos dejar de creer los pensamientos "*piensan que no soy* lo suficientemente bueno" o "este resultado ocurrió *porque* no soy lo suficientemente bueno". Entonces, de repente, nuestra vergüenza se ha ido, y nos queda la sensación general.

Las preguntas: ¿Cuáles son los hechos y cuál es mi interpretación? ¿Mi interpretación está de acuerdo con lo que yo pensaba previamente? ¿He decidido elegir esta interpretación porque confirma lo que ya creía acerca de mí mismo? ¿Sé con absoluta certeza que este resultado no deseado sucedió porque no soy "lo suficientemente bueno"? ¿Cómo voy a interpretar esta situación si tuviera una creencia positiva acerca de mí mismo? ¿Puedo pensar en algunas otras maneras posibles de interpretar esta situación? Si es así, ¿puedo estar absolutamente seguro de que mi interpretación original de los hechos es cierta?

27. ¿Es cierto que soy "peor" que ellos? ¿Los demás hacen lo mismo por lo que yo me juzgo?

A menudo nos juzgamos a nosotros mismos como "malos" porque creemos que hemos hecho algo "malo". Pero el concepto de "malo" es relativo. Con el fin de pensar que somos "malos", debemos pensar que somos "peores" que otros. Por ejemplo, si actuamos de manera egoísta, nos juzgamos a nosotros mismos por ser "malos" sólo si creemos que otros son menos egoístas que nosotros. Pero si

todo el mundo hace el mismo "mal" que nosotros hacemos, entonces nosotros no nos consideramos "malo" por hacerlo. Nos gustaría simplemente considerarnos "normales" porque no somos "peor" que otros. Así que si pensamos que somos "malos" por hacer algo "malo", la verdadera pregunta es, "¿Hacen los demás las mismas cosas malas que yo hago?". Vamos a examinar esto.
¿Cuándo herimos a otros? ¿Cuándo actuamos de manera "mala" con los demás? ¿Cuándo tratamos a los demás sin respeto y amor? ¿Cuando no ayudamos a los otros? Nosotros actuamos y hablamos de esta manera cuando creemos, "Alguien es malo", cuando creemos, "Alguien hizo algo malo", cuando creemos, "Alguien me hizo sufrir", cuando estamos enojados, en general, cuando nos sentimos sin valor, cuando no somos conscientes de lo que estamos pensando, cuando nuestras mentes están llenas de negatividad, cuando estamos tan preocupados por hacernos felices que no queremos dar nuestro tiempo, dinero o energía para ayudar a que otra persona feliz, y cuando estamos tan infelices que haríamos cualquier cosa (o haríamos daño a cualquiera) por hacernos felices. ¿No es por esto por lo qué ha actuado de manera "mala"?

¿Es el único que tiene estos pensamientos y sentimientos? No. Estos pensamientos existen en la mente de casi todos. A todos nos han enseñado a creer conceptos sobre lo que es "malo", y nos enseñan a creer que las circunstancias (incluyendo personas) crean sufrimiento. Casi ninguno de nosotros ha sido enseñado a ser consciente de los pensamientos que impulsan nuestras acciones y nuestras emociones, ni hemos sido enseñado a dejar de creer que estos pensamientos. Ya que actuamos y hablamos sobre la base de los pensamientos que tenemos, y todos tenemos los mismos pensamientos, entonces todos tenemos que hacer cosas similares, o al menos actuar en base a las mismas intenciones. Independientemente de si hemos juzgado a otros, no apreciamos a los demás, los tratamos irrespetuosamente, les gritamos, los insultamos, u otros castigos de diferentes formas, todos los demás han hecho casi seguramente las mismas cosas "malas".

Puede parecer como si los demás son más desinteresados de lo que somos, pero sólo parece de esa manera. Si no nos sentimos "lo suficientemente buenos", completos, o bastante felices, entonces nuestra meta en la vida es hacernos sentir lo suficientemente suficientes, completos y felices. Esto es lo mismo para todos nosotros. No tenemos otra opción al respecto. Sin embargo, todos tenemos diferentes estrategias para que esto suceda. Algunos de nosotros perseguimos objetivos de éxito, riqueza, poder y la "perfección" física para hacernos felices, mientras que otros perseguimos la felicidad, tratando de pensar en nosotros mismos como "una buena persona", "cuidada", y "desinteresada". En otras palabras, cuando las personas actúan desinteresadamente, casi siempre es porque quieren mejorar su opinión de sí mismos. Ellos quieren convencerse a sí mismos que son "desinteresados" y "cuidados" porque creen que ello les hace sentirse bien (a pesar de que por lo general no se dan cuenta es por eso que están actuando de esta manera). Por lo tanto, si bien puede parecer que otros son menos egoístas que nosotros, casi todo el mundo está poniendo primero su propia felicidad. Otras personas sólo actúan "desinteresadamente" para ser felices. Todos tenemos el mismo objetivo, y por lo tanto estamos actuando sobre la base de las mismas intenciones. Nos tienden a tener diferentes ideas sobre cómo lograr nuestro objetivo o intención.

Además, a menudo no vemos cuando otros hacen cosas "malas". Al igual que otras personas a menudo no saben cuando hemos hecho algo "malo" para nosotros mismos o para los demás, no sabemos cuándo otros hacen lo mismo. Pero como sabemos los pensamientos que causan nuestras acciones "malas", y sabemos que casi todo el mundo tiene esos pensamientos, también sabemos que los demás deben o bien hacer las mismas cosas "malas" o actuar en base a las mismas intenciones. Esto significa que no somos "peor" que otros. Otros no son "mejores" de lo que somos. Lo más importante, no somos "malos" sólo porque hemos hecho algo que creemos que es "malo".

Las preguntas: ¿Qué estoy juzgando a mí mismo por hacer? ¿Suelo hacer cosas "malas" porque creo, "Alguien es malo", "Alguien hizo algo malo", "Alguien me hizo sufrir", o porque estoy sólo enfocado en hacerme feliz? ¿No tiene casi todo el mundo estos pensamientos? Si casi todo el mundo tiene estos pensamientos, ¿no es cierto que todos ellos deben actuar sobre la base de estos pensamientos? ¿No significa eso que casi todo el mundo tiene que hacer las mismas cosas "malas" como yo, o al menos actuar en base a las mismas intenciones? Si otros tienen los mismos pensamientos "malos", que causan las mismas acciones o intenciones "malos", ¿es realmente cierto que soy "peor" que otros?

Capítulo Catorce

Preguntas para Dejar de Creer Su Concepto de Culpa

La mayoría de nosotros estamos llenos de ideas sobre cuáles son las formas ideales para actuar, hablar, sentir, pensar y vivir. A menudo queremos desesperadamente vivir de esta manera, pero no importa cuánto nos esforzamos, simplemente no podemos. Entonces, cuando nos encontramos así, nos juzgamos a nosotros mismos por ello, y terminamos con tristeza, vergüenza, odio hacia nosotros mismos, y culpa. Además, cuando vemos que los demás se comportan de manera "mala", a menudo sentimos decepción, enojo y hasta odio hacia ellos. La razón por la que nos juzgamos a nosotros mismos y a otros por acciones "malas", y sentir estas emociones, es casi exclusivamente porque creemos que tenemos la culpa de nuestra forma de actuar, hablar, sentir, pensar y vivir.

Imaginemos que un hombre camina por la calle, cuando un extraño se le acerca por detrás y pone una pistola en la cabeza diciendo: "Si no robas a la próxima mujer que pase, te pego un tiro". ¿Si el hombre roba a la mujer, se enfadaría con él por eso? Aunque usted probablemente considera la acción de robar a la dama como "malo", es casi seguro que no se enfadaría con el hombre por robarle. ¿Por qué no? Probablemente porque cree que no tuvo otra opción, que no estaba en control de la situación. Puesto que él no tenía el control, no lo culparía por sus acciones.

De la misma manera, cuando nosotros no nos culpamos a nosotros mismos o a terceros por la forma en que actuamos, entonces no sentimos ninguna ira hacia nosotros mismos u otros cuando hacemos algo "malo". Sin culpa, podemos continuar amándonos a nosotros mismos y a los demás, incluso cuando nosotros o ellos hacen algo "malo".

Ciertamente parece claramente evidente que nosotros tenemos la culpa de nuestras propias acciones. Incluso puede parecer ridículo sugerir lo contrario. Sin embargo, a pesar de lo que pueda parecer, la forma en que actuamos y vivimos en realidad no es culpa nuestra. Ninguna cantidad de disciplina o esfuerzo es suficiente para pensar positivamente y actuar con amor todo el tiempo. Si usted está realmente dispuesto a ser abierto a esta posibilidad, es posible descubrir directamente esto por sí mismo en las siguientes secciones. Y si realmente descubre esto, la vida se llena de una increíble sensación de libertad. Usted ha perdido su razón para enojarse con uno mismo y los demás.

Así que sólo porque no tenemos a alguien con una pistola a la cabeza, ¿significa que nosotros tenemos la culpa de nuestras acciones? Veámoslo.

28. ¿Me culpo por una acción "mala" si yo no tenía el control total sobre mi elección de la acción?

Si somos capaces de ver que nosotros y otros no estamos en control total de nuestras acciones, podemos ser capaces de dejar de culparnos a nosotros mismos y a otros de algunas de las medidas que estimemos que son "malas". ¿Alguna vez ha hecho algo que no quería hacer? Es dudoso que cualquier persona honesta puede responder "no". Podemos no querer fumar, gritar a los demás, comer sanamente, mordernos las uñas, actuar de forma egoísta, sentir celos, o tratar a los demás, sin amor, sin embargo, hacemos estas cosas de todos modos. Podemos querer ir al gimnasio más, ser más amable con la gente, pasar tiempo con un nuevo pasatiempo, apreciar más a nuestra pareja, o prestar más atención a nuestros hijos, pero a menudo no se puede. Si tuviéramos control total ¿no tendríamos que ser siempre capaces de hacer lo que queremos hacer?

Hay tres razones principales por las que no tenemos el control total de nuestra selección de acciones.

a) ¿Tiene un control total sobre los pensamientos que piensa? Puede parecer que si lo tenemos. Pero si controlamos nuestros pensamientos, entonces es casi seguro que optamos por no pensar negativamente. Nos gustaría ser felices todo el tiempo y nunca preocuparnos, sentir ansiedad, enojo, o estar tristes. Sin embargo, frecuentemente tenemos pensamientos negativos sobre nosotros mismos, los demás y las situaciones que nos hacen experimentar una variedad de emociones diferentes que no queremos tener.

b) ¿Le enseñaron que los pensamientos causan sus acciones? Claramente sabemos que podemos elegir nuestras acciones sobre la base de los pensamientos que tenemos, pero a la mayoría de nosotros no se nos enseñó a comprender que los pensamientos determinan casi todas nuestras acciones. Nuestras reacciones inmediatas son gritar, tener una mala actitud hacia los demás, o enfadarnos con los demás son todos creados por nuestros pensamientos acerca de las acciones de otra persona, a pesar de que parece espontáneo y natural. Por lo general, realizamos nuestros "malos" hábitos de fumar, beber, comer malamente, y mordernos las uñas, porque estamos tratando de escapar de los pensamientos que nos hacen infelices, descontentos, o inquieto. Actuamos de manera egoísta o somos desconsiderados porque mientras nuestros pensamientos nos hacen infelices, casi con toda seguridad nos preocupamos más por hacernos felices que cualquier otra cosa. Podemos permanecer en nuestros puestos de trabajo, las relaciones, o en otras situaciones que no nos gustan porque los pensamientos nos hacen temer lo desconocido. Pero ya que no se nos enseñó que los pensamientos causan nuestras acciones, por lo general, no somos conscientes de los pensamientos que causan nuestras acciones. Si no somos conscientes de los pensamientos que causan nuestras acciones, no podemos abordar estos pensamientos, y por lo tanto a menudo no podemos cambiar nuestro comportamiento.

c) ¿Le enseñaron que usted podría preguntarse si sus pensamientos son ciertos? Casi ninguno de nosotros fuimos criados por los padres o los maestros que nos enseñaron que los pensamientos en nuestra mente podrían ser cuestionados y no creídos. Si no podemos creer los pensamientos de nuestras mentes, a continuación, a menudo podemos no cambiar los pensamientos no deseados en nuestras mentes que causan nuestras acciones no deseadas.

Ya que no tenemos un control total sobre los pensamientos que surgen en nuestras mentes, por lo general, no somos conscientes de los pensamientos que causan nuestras acciones, y no nos enseñaron a cuestionar nuestros pensamientos, eso significa que a menudo no tenemos control sobre nuestra elección de acciones. Nos quedamos ahí, actuando sobre los pensamientos que surgen en nuestra mente porque no somos conscientes de los pensamientos que tenemos, y no sabemos ninguna manera de cambiar o suprimir estos pensamientos, ya que no nos enseñaron cómo cuestionarlos. Es por eso que a menudo hacemos cosas que no queremos hacer. *Si tuviéramos el control total de nuestras palabras y acciones, sencillamente, no elegiríamos hacer las cosas que creemos que son "malas", no odiaríamos a otros, no les haríamos daño, siempre haríamos lo que queremos hacer, y nos trataríamos a nosotros y a otros con amor. Ya que no tenemos un control total sobre nuestras acciones "malas", podemos dejar de culparnos a nosotros mismos para ellas.*

Si nos damos cuenta de que no siempre tenemos el control total sobre nuestras acciones, es posible reconocer que otros también no tienen un control total sobre sus acciones. Este fenómeno no es exclusivo de cualquiera de nosotros. No somos los únicos que hacemos cosas que no queremos hacer. Todos estamos en la misma situación. Si podemos reconocer que otros pueden no haber tenido el control sobre si cometieron su acción "malo", entonces es posible dejar de culparlos por la acción que cometieron. Puede que no los consideramos "malo" simplemente porque hicieron algo "malo". No podemos continuar sintiendo ira hacia ellos. Entonces, en lugar de la culpa, la compasión puede surgir para ellos, porque sabemos lo que se siente al hacer algo "malo" cuando realmente no queremos. *Podemos perdonarnos a nosotros mismos ya los demás de nuestros y sus acciones, porque ahora entendemos que no siempre tenemos el control sobre qué pensamientos entran en nuestra mente, por lo general, no somos conscientes de los pensamientos que causan nuestras acciones, y nunca hemos aprendido cómo cambiar o eliminar los pensamientos que estamos pensando.*

Dado que puede ser difícil perdonar a los demás, si siente la resistencia a la pérdida de su culpa, por favor vaya al Capítulo 17 y lea: "Quiero seguir culpando a otros por mi sufrimiento".

Las Preguntas:

a) ¿Alguna vez he hecho algo que realmente no quería hacer? ¿Alguna vez ha tratado de dejar de hacer algo, pero no podía? ¿Si yo tuviera el control total de todas mis acciones, entonces no debería de ser siempre capaz de hacer todo lo que quería hacer?

b) ¿Cómo puedo controlar los pensamientos que surgen en mi mente? Si es así, entonces ¿por qué elijo tener pensamientos negativos y emociones no deseadas? ¿Aprendí cuando era niño a entender que los pensamientos casi siempre determinan mis palabras y acciones? ¿Estoy siempre al tanto de los pensamientos que determinan mis palabras y acciones? ¿Fui enseñado por mis padres y maestros que los pensamientos pueden ser cuestionados y no creídos?

c) ¿Si mis pensamientos determinan mis acciones, pero todavía no tengo el control total sobre los pensamientos que surgen en mi mente, no me enseñaron a ser consciente de mis pensamientos, y no me enseñaron a cuestionar mis pensamientos, entonces puedo admitir que no tengo el control total de mis acciones? Si no tengo el control total sobre mis acciones (y palabras), ¿entonces es cierto que yo soy el culpable de mis acciones? ¿Si yo no tengo la culpa de mis acciones "malas", entonces es cierto que yo soy "malo" por cometer una acción "mala"?

d) ¿Si no tengo el control total sobre mis palabras y acciones, entonces no es probable que los demás no tienen el control completo de ellos tampoco? Si otros no tienen el control total sobre sus palabras y acciones, entonces ¿es verdad que tienen la culpa de sus palabras y acciones? ¿Si ellos no tienen la culpa de sus acciones "malas", entonces es cierto que son "malos" por cometerlas?

29. ¿Es posible que yo actué de la misma manera, si yo fuera ellos? ¿Es posible que ellos actúen de la misma manera si ellos fueran yo?

Cuando juzgamos a alguien por ser "malo" por algo "malo" que hicieron, estamos casi siempre creyendo que es "peor" que nosotros por actuar de la manera que lo hicieron. ¿Pero y si fuéramos capaces de reconocer que podríamos haber actuado de la misma manera si fuéramos ellos? Es difícil seguir culpando a alguien por su acción una vez que admitimos que hubiéramos actuado de la misma manera.

Por ejemplo, digamos que está en una tienda comprando un poco de leche, cuando de repente un hombre llega con un arma de fuego para robar el lugar. Cuando él se va, después de su miedo inicial, es probable que sienta rabia hacia él porque cree que lo que hizo fue "malo". Pero y si se hubiera sido un poco diferente, y el hombre de la pistola habría robado la tienda mientras le decía: "Mi hija necesita cirugía para sobrevivir y necesito el dinero para ayudarla". ¿Todavía sentiría la misma cantidad de ira hacia él? En ambos escenarios, la misma acción "mal" se llevó a cabo, pero aún su ira es probable que sea mucho más débil o disminuida por completo en el segundo escenario. Esto es simplemente porque ahora tiene la idea en la cabeza "es posible que yo hubiera hecho lo mismo si yo fuera él".

Con el fin de ayudarnos a darnos cuenta de que podríamos haber actuado de la misma manera que la persona que hemos juzgado, simplemente podemos participar en un ejercicio de inversión de roles. Hay dos maneras diferentes de hacer esto.

La primera manera es pensar en lo que es más importante para la persona que juzgamos, en lugar de lo que es más importante para nosotros. Reconocer que actuamos de acuerdo a nuestros propios intereses. Por ejemplo, si nuestra esposa quiere salir con sus amigos y nos pide que vengamos a casa del trabajo temprano para ver a los niños, podemos enfadarnos con ella porque creemos que el trabajo es más importante que la socialización. Pero si nos ponemos en sus zapatos (su punto de vista), podemos ver que ella piensa que un evento raro con los amigos es más importante que dos horas extra de trabajo. Si somos capaces de admitir que podríamos actuar de la misma manera que nuestra esposa si fuéramos ella, entonces probablemente dejaríamos de considerar que ella es "egoísta" o "mala" de alguna otra manera.

La segunda manera de acercarse a la inversión de roles es imaginar que somos la persona que juzgamos y que hemos vivido a través de todas sus experiencias de vida. Es especialmente importante prestar atención a las experiencias tempranas de la vida. En esencia, la pregunta es: "¿Si yo hubiera vivido a través de sus experiencias de vida, y me habría criado de una manera similar, podría yo haber actuado de la misma manera?" Por ejemplo, podemos juzgar a nuestro marido por ser "malo" por no ser expresivo o afectivo o por no mostrarnos suficiente amor y aprecio. Luego nos enojamos con él, porque él actúa de esta manera. ¿Pero si hubiéramos crecido con sus padres y con sus experiencias tempranas de la vida, es posible que fuéramos a actuar de la misma manera que él lo hace? Si somos capaces de reconocer que podríamos actuar de la misma manera que nuestro marido, si tuviéramos las mismas experiencias de vida como él, entonces probablemente reconoceremos que él no es "peor" que nosotros al actuar de la manera que lo hace.

Una vez que entendemos que la persona que juzgamos no es "peor" que nosotros al actuar de la manera en la que lo hace, podemos dejar de considerar que son "malos" a causa de sus acciones, y podemos dejar de culparlos a ellos por sus acciones. Cuando dejamos de culpar a alguien por sus acciones, perdemos nuestra ira hacia ellos.

Así como podemos hacer este ejercicio cuando alguien hace algo "malo", también podemos hacer esto cuando juzgamos nuestras propias acciones como "malas". Podemos preguntarnos: "¿Podrían otros haber hecho lo mismo que hice yo si estuvieran en mis zapatos o hubieran vivido mi vida?" Esto nos puede ayudar a comprender que no somos "malos" o "peores" que otros sólo por las cosas que hacemos.

Las Preguntas: ¿Qué sería lo más importante para mí, si yo fuera ellos? ¿No me suelen actuar de acuerdo a mis propios intereses? ¿Si es así, entonces no es posible que yo hubiera actuado de la misma manera, si yo fuera ellos? ¿Si tuviera las mismas experiencias de vida que ellos y hubiese sido criado de la misma manera, puede ser que hubiera actuado de la misma manera que ellos hicieron? Si pudiera haber actuado de la misma manera, entonces ¿es verdad que ellos son "peores" que soy por actuar de la manera en la que lo hicieron? ¿Si yo pudiera haber hecho lo mismo, entonces es cierto que tienen realmente la culpa por sus acciones? - ¿Podrían otros haber hecho lo mismo que yo hice si estuvieran en mis zapatos o hubiesen vivido mi vida? Si es así, ¿es cierto que yo soy "peor" que otras por actuar cómo lo hice?

30. ¿Es cierto que una experiencia emocional puede significar que una persona es "débil", "estúpida" o "mala" de alguna manera?

Muchos de nosotros tendemos a creer que somos "malos" de alguna manera debido a las emociones que experimentamos. Para creer esto, debemos creer que la emoción que tenemos es "mala", nuestra experiencia emocional es "peor" que los demás ', y que somos responsables (es decir, tenemos la culpa) de nuestras emociones. Sin embargo, si descubrimos que alguno de estos supuestos no es cierto, entonces podemos dejar de juzgarnos a nosotros mismos y a otros por las emociones que tenemos. Ahora vamos a echar un vistazo a si estas suposiciones son ciertas.

a) Tendemos a pensar que las emociones como la tristeza, la ira, la frustración, la ansiedad, la confusión, los celos, el miedo, la culpa y la desesperanza son "malas". Estas emociones no son agradables, ¿pero es cierto que estas emociones son "malas"? Nuestros propios sentimientos son sólo sentimientos, sensaciones físicas, que son completamente neutrales. Ningún sentimiento es inherentemente o de hecho "malo". Todos nosotros sólo tenemos diferentes pensamientos sobre nuestras emociones, etiquetándolas como "buenas" o "malas", "productivas" o "improductivas", "valientes a la experiencia" o "débiles para experimentar", "una señal de que estamos abiertos y en contacto con nosotros mismos "o" una señal de que somos un desastre”. Decidir, "Mi emoción es mala", es creer que nuestro pensamiento es verdad, cuando realmente no sabemos si lo es.

b) Los pensamientos crean emociones cuando se cree en ellos. ¿Controla los pensamientos que piensa y cree? Si usted piensa que lo hace, entonces ¿por qué elige pensar negativamente a veces? ¿Por qué elegir creer los pensamientos negativos que crean sus emociones no deseadas? Si tuviéramos un control total sobre los pensamientos que pensamos y creemos, no volveríamos a elegir pensar negativamente o creer nuestros pensamientos negativos. Ya que no tenemos el control total sobre nuestros pensamientos, no tenemos control sobre las emociones que crea. Si nosotros no tenemos control sobre nuestras emociones, entonces no tenemos la culpa de ellos. Si la tristeza se apodera de usted, pero no es el culpable de ella, a continuación, la tristeza no significa nada para usted.

Imagínese que está caminando por la calle, cuando de repente, un hombre se escabulle detrás suya, le golpea en la espalda, y luego huye. ¿Se considera a sí mismo "débil", "estúpido" o "malo" de alguna manera por experimentar el dolor que siguió? Es casi seguro que no. A pesar de que puede considerar la sensación de dolor como "mala", aún así no llegaría a la conclusión de que usted es "malo" por experimentarlo. Ya que entiende que no tenía control sobre este sentimiento de dolor, no se culpa por este sentimiento. Lo mismo es cierto de nuestras emociones.

Casi todos nosotros fuimos criados para culpar a las circunstancias de nuestro sufrimiento. No se nos enseñó que los pensamientos crean nuestras emociones, y no nos enseñaron que los pensamientos pueden ser cuestionados y no creídos. Ya que no se nos enseñó cómo evitar nuestras emociones no deseadas, sin duda no somos los culpables de que los experimentamos.

¿Si se ve obligado a un combate de esgrima con un experto, y él le apuñala con su espada, se sentiría "mal" por si mismo por experimentar el dolor que siguió? Es casi seguro que no. No nos sentiríamos "mal" acerca de nosotros mismos por experimentar este dolor porque nunca se nos enseñó cómo evitarlo. En otras palabras, si nunca nos dieron las herramientas para evitar ser apuñalado por un cuchillo, entonces no podríamos culparnos por el dolor que sentimos al ser apuñalados. Lo mismo es cierto con nuestras emociones. Nos vimos obligados a la vida sin haber recibido las herramientas para evitar nuestras emociones no deseadas.

Incluso si consideramos nuestra emoción como "mala", la emoción no nos hace "malos", ya que no tenemos control sobre si la experimentamos, y no somos los culpables por ello. Por lo tanto, nuestras emociones no significan nada acerca de lo que somos.

c) Cuando miramos a nuestros amigos, las personas que nos rodean, y la gente en la televisión, muchos de ellos tienen una sonrisa en sus rostros. Vemos estas sonrisas, y asumimos que ellos están felices y contentos. Pero una sonrisa no quiere decir que alguien es feliz. Tendemos a pensar que los demás son felices, incluso cuando no lo son, ya que la mayoría vemos a las personas cuando están distraídos. Todos somos felices cuando estamos distraídos (por ejemplo, entretenidos). Esta es la razón por la que muchas personas podrían creer que somos realmente felices incluso si no lo somos. Tendemos a pensar que todo el mundo está feliz, excepto nosotros. Pero, en realidad, todo el mundo tiende a pensar en esto.

Así como nosotros no tenemos control sobre nuestros pensamientos y no se nos enseñó a cuestionar nuestros pensamientos, otros tampoco tienen control sobre sus pensamientos y no se les enseñó a cuestionar sus pensamientos. Dado que todos creemos muchos conceptos de "malo" y creemos que las circunstancias crean la felicidad y el sufrimiento, todos a menudo experimentamos emociones no deseadas. No hay nada "malo" con nosotros por disfrutar de ellas, y no somos "peores" que otros por experimentarlas. Experimentar la ira, la tristeza, el estrés y el miedo no es algo único para cada uno de nosotros. Sentir el descontento, indignidad, y una sensación de que falta algo, no es una cuestión personal. Es una experiencia que todos compartimos, porque todos no tenemos otro remedio que creer los mismos tipos de pensamientos. Dado que ninguno de nosotros ha conocido que los pensamientos causan nuestras emociones no deseadas o haber sabido cuestionar nuestros pensamientos, todos vamos por la vida con los mismos sentimientos y emociones.

d) Ahora que se nos ha dado la herramienta ´para cuestionar los pensamientos, por fin tenemos algo de control sobre si podemos identificar los pensamientos que crean nuestras emociones y si podemos creer en ellos. Pero todavía no tenemos un control total sobre si queremos participar en este proceso, si tenemos en cuenta que, si podemos identificar los pensamientos que crean nuestras emociones, o si se puede dejar de creer en estos pensamientos.

Si somos capaces de reconocer que no sabemos si nuestra emoción es "mala", que todos los demás están propensos a experimentar las mismas emociones que nosotros, o que nosotros no somos los culpables de nuestras emociones , entonces podemos dejar de creer que somos de alguna manera "débiles", "estúpidos" o "malos" de alguna manera debido a las emociones que experimentamos. Esto nos permite estar en paz con nosotros mismos, independientemente de nuestro estado emocional.

Además, si podemos ver que nuestras emociones no significan nada de nosotros, entonces podemos también ser capaces de reconocer que las emociones de los demás tampoco significan nada acerca de ellos. Podemos dejar de juzgar a la gente por estar enojada o triste o simplemente por tener una "actitud". En cambio, la compasión puede surgir por la gente que vemos con estas emociones, lo que nos permite tratar a los demás con amor, independientemente de su estado emocional.

Las Preguntas:

a) ¿Es mi emoción intrínseca y objetivamente "mala" o el "mal" sólo existe como un pensamiento en mi mente? ¿Puedo pensar en algunas razones de por qué mi emoción podría ser "buena"? ¿Estoy absolutamente seguro de que mi emoción es "mala"?

b) ¿Controlo los pensamientos surgen en mi mente? ¿Controlo los pensamientos que creo? Si es así, entonces ¿por qué elijo pensar negativamente y emociones no deseadas? ¿Si no he tenido el control de los pensamientos que pienso y lo que creo que los pensamientos, entonces es cierto que yo soy el culpable de las emociones que estos pensamientos crean? ¿Crecí con la idea de que los pensamientos crean emociones, y que estos pensamientos pueden ser cuestionados y no creídos? Si no me enseñaron a cuestionar mis pensamientos, ¿entonces es cierto que yo soy responsable de las emociones de mis pensamientos crean?

c) ¿Los otros controlan los pensamientos que surgen en sus mentes, y por lo tanto lo que las emociones tienen? Si otras personas también creen los conceptos de "malo", creen que las circunstancias crean sufrimiento, y no saben cómo cuestionar sus pensamientos, ¿entonces no deben sufrir lo mismo que yo? ¿Si todo el mundo experimenta emociones no deseadas también, entonces es cierto que yo soy "peor" que otros?

d) ¿Tengo control total sobre si puedo identificar los pensamientos que crean mis emociones? ¿Tengo control total sobre si puedo creer en un pensamiento? ¿Si yo no tengo la culpa de ninguno de los factores que crean mis emociones, entonces es verdad que mi emoción alguna manera significa que soy "débil", "estúpido" o "malo" de alguna manera?

31. ¿Estoy absolutamente seguro de que yo podría haber hecho algo diferente teniendo en cuenta las ideas que tenía y creía en el momento de la elección?

Cuando pensamos que hemos hecho algo "malo", hemos causado un "mal" resultado, o no hacemos lo suficiente para detener un "mal" resultado, tendemos a sentirnos culpables o "malos" al respecto. Parte de la razón por la que nos enojamos con nosotros mismos es porque creemos, "yo podría haber hecho algo diferente". Sin embargo, es importante entender que nuestras palabras y acciones son elegidas sobre la base de los pensamientos que tenemos y creemos en el momento de la elección. Por lo tanto, cuando decimos, "yo podría haber hecho algo diferente", en realidad estamos creyendo "que podría haber tenido y creído diferentes pensamientos en el momento de la elección". Pero eso no es posible.

Si elegimos una acción específica, sólo puede ser porque nuestros pensamientos nos hicieron creer esta acción fue nuestra "mejor" opción en el momento de la elección. Nuestros pensamientos nos hicieron creer que las consecuencias de esta acción fueron "mejores" que las de la acción alternativa. En cualquier momento en que pensamos que habríamos hecho algo diferente en el pasado, sólo puede deberse a que los pensamientos que tenemos y creemos en este momento son diferentes de los pensamientos que tuvimos y creímos en el momento en que elegimos nuestras acciones. En otras palabras, estamos eligiendo una acción en el pasado sobre la base de nuestros pensamientos en este momento, y esencialmente diciendo, "En base a los pensamientos que tengo ahora, habría hecho algo diferente".

Pero, si nuestros pensamientos acerca de nuestras posibles opciones de acción son diferentes en este momento de lo que eran en el momento de la elección, algo debe haber sucedido durante el tiempo transcurrido para cambiar nuestros pensamientos acerca de la situación. Por ejemplo, ahora podemos saber que nuestras acciones producen un resultado no deseado, podríamos tener diferentes intereses ahora, o podríamos preocuparnos por cosas diferentes ahora. Pero cualquier cambio en nuestros pensamientos acerca de nuestras opciones no podría haber ocurrido sin el tiempo transcurrido. Sin el tiempo transcurrido, nuestros pensamientos no han cambiado, y por lo tanto no podían haber valorado nuestras opciones de forma diferente a como lo hicimos en el momento de la elección.

Por ejemplo, a menudo pensamos que podríamos haber hecho algo diferente de lo que hicimos porque ahora sabemos cuál es el resultado. Pero ¿cómo podríamos haber tenido los pensamientos que tenemos ahora antes de que ser conscientes de los resultados? Por lo tanto, ¿cómo podríamos haber hecho una elección diferente de acción?

Lo bueno de esto es que si no podríamos haber hecho nada diferente de lo que hicimos, entonces podemos dejar de sentirnos culpables o enojados con nosotros mismos por nuestra manera de actuar.

Mientras que no podríamos haber hecho nada diferente de lo que hicimos, podemos optar por hacer algo diferente la próxima vez que estemos en una situación similar. Con el fin de hacer esto, tenemos que averiguar qué pensamientos nos hacen actuar como lo hicimos, ver si todavía creemos que estos pensamientos, y luego preguntarse si estos pensamientos son verdaderos. Si no creemos en los pensamientos que causan nuestras acciones, somos mucho más propensos a actuar de manera diferente cuando estamos en una situación similar en el futuro.

Las preguntas: ¿Estoy absolutamente seguro de que podría haber hecho algo diferente teniendo en cuenta las ideas que tenía y creía en el momento de la elección? ¿Estoy seguro de que podría haber tenido y creído diferentes pensamientos en el momento de la elección? ¿Si deseo haber elegido una acción diferente, no debe ser eso porque ahora tengo pensamientos que son diferentes de los pensamientos que tenía en el momento de la elección? ¿Estoy seguro de que podría haber actuado de otra manera teniendo en cuenta que yo no sabía lo que el efecto de mis acciones sería en el momento de la elección? ¿Si ahora valoro mis opciones de forma diferente, no debe ser porque algo ha sucedido en el tiempo transcurrido que ha cambiado la forma de ver la situación? ¿Estoy absolutamente seguro de que podría haber actuado de otra manera en el pasado sin este tiempo transcurrido que ha cambiado mis pensamientos sobre la situación? - ¿Qué pensamientos me hacen actuar como hice? ¿Estoy seguro de que esos pensamientos son ciertos?

Capítulo Quince

Preguntas para Dejar de Creer Su Idea de Cómo Deben Ser las Cosas

A lo largo de nuestra vida hemos aprendido muchos conceptos acerca de cuáles son las acciones, palabras y situaciones "correctas". La forma "correcta" se refiere a menudo como "la forma en que las cosas deben ser" o "la forma en que las cosas deberían haber sido". Como comparamos constantemente la vida a nuestra idea de la manera "correcta", es muy común para nosotros pensar o decir: "Hay algo que no debería ser tal como es", "Algo no debió haber sucedido como lo hizo", "Algo diferente debería haber ocurrido", o "Algo debe ser diferente".

Tendemos a tener muchas ideas acerca de cómo la gente debe actuar, lo que la gente debe decir, y la situación de lo que todos deberían ser. Echemos un vistazo a algunos de los conceptos que tenemos sobre lo que es la manera "correcta": "Debería mudarme de la casa de mis padres a los 23", "Yo debería tener un trabajo estable a los 25", "Yo debería estar casada a los 30", "Yo debería tener niños a los 35", "Yo debería estar triste en un funeral", "Yo debería estar agradecido”, “Yo debería ser feliz”, “Debo amar a mis padres”, “Debo hablar con mi pareja por teléfono todos los días”, “Debo cocinar para mi marido cada noche”, “Debería ir a todos los juegos deportivos de mis hijos”, “Debo amar a mis hijos”, “mis hijos deben amarme”, “Yo debería estar en buena forma”, “debo comer de forma saludable”, “Él me debe respetar”, “Debe escucharme a mí”, “Él me debe apreciar”, “Ella debe ser honesta”, “Ella debe ser amable”, “Ella debe decir 'gracias'“. Todos estos conceptos básicamente conforman nuestro propio conjunto de reglas para la vida.

Como sabemos, cuando algo en nuestra vida no se ajusta a la forma en que pensamos que debería ser, o cuando no hacemos lo que creemos que debemos hacer, a continuación, a menudo pensamos: "Yo no debería haber hecho eso", o "Mi vida no debería ser así". Estos pensamientos crean nuestra culpa, vergüenza, tristeza, sentimientos de indignidad, y la decepción con nosotros mismos. Por supuesto, cuando alguien rompe una de nuestras reglas no escritas y no actúa o vive cómo creemos que debería, entonces nos enojamos con ellos o nos sentimos decepcionados con ellos.

"Si" los pensamientos creasen sufrimiento intenso

Nuestros conceptos de la manera "correcta" o "las cosas como deben ser" son diferentes de los otros conceptos de "lo mejor", "perfecto", y "bueno". Si la "mejor" acción o resultado es un "10" en una escala de "1 a 10", entonces cualquier otra cosa se puede considerar desde un "1" a "9". La "peor" es, cuanto menor es el número en nuestra escala, y el más fuerte de nuestra respuesta emocional.

Por otro lado, cuando no hacemos lo "correcto", otra persona no hace lo "correcto", nuestra situación no es "correcta", o un resultado no es "correcto", y luego por naturaleza, debemos creer que la circunstancia es "equivocada". La forma "correcta" es un "10" en una escala de "1 a 10", y cualquier otra forma es "mala", que es un "1" en una escala de "1 a 10". No hay nada en el medio. Cada vez que pensamos en una determinada acción, comentario, situación, o el resultado no es "correcto", entonces nos ven como "malos", y esto puede crear un sufrimiento intenso. Por lo tanto, cuando pensamos, "no debería haber hecho eso", "Él no debería hacerme eso a mí", "yo no debería estar en esta situación", "No debería ser así", o "esto no debería haber ocurrido ", tendemos a experimentar una fuerte ira, tristeza o vergüenza.

Para dar un paso más allá, a veces, cuando pensamos, "Algo no debe ser la forma en que ya es" o "Algo debe ser diferente", en realidad estamos diciendo, "Esto no tenía que suceder", o "no se supone que debe ser así". Esto significa que no sólo creemos, "Este es el resultado equivocado", pero también que "no fue un error" o "Hubo algún tipo de error por el universo". Por lo general no se dan cuenta que esto es lo que estamos creyendo, ni nos damos cuenta de lo fuerte que una declaración como esta.

Cuando decimos: "Algo no debe ser la forma en que es" de esta manera, no estamos diciendo, "yo quiero que sea diferente", o "Me gustaría que fuera diferente", estamos diciendo, "La forma en que es (o era), está mal, y fue un error". Si alguien nos dijo, "Dos más dos es igual a tres", entonces diríamos, "La respuesta no debe ser tres" o "La respuesta debe ser de cuatro". Esto no quiere decir, "No quiero que la respuesta sea de tres". Significa que creemos, "Tres es un error, usted ha cometido un error, era la respuesta equivocada. Cuatro es la respuesta correcta". De la misma manera, si se firma un contrato con un pintor para pintar nuestra casa roja, y lo pinta azul, vamos a decir, "No deberías haberla pintado de azul, que no se supone que debía pintarla de color azul. La casa debe ser de color rojo". Por esto, no estamos diciendo: "Yo quiero que sea de color rojo", queremos decir, "Usted ha cometido un error, lo ha hecho mal", o "Una casa roja sería correcto".

Ahora que está claro cómo el pensamiento "no debería ser así" puede significar "esto es un error", vamos a ver cómo este pensamiento tiende a crearnos sufrimiento a nosotros. Por ejemplo, si nos enteramos de que nuestra pareja ha sido diagnosticada con cáncer, nuestra reacción emocional se basa en los pensamientos que tenemos sobre él. Si pensamos, "Esto va a ser muy malo para ella, me gustaría que no tuviera que pasar por esto", entonces probablemente experimentaremos tristeza. Sin embargo, si pensamos: "¡Esto no debería haberle ocurrido a ella! Ella es una mujer generosa y amable ", entonces estamos propensos a sentir ira y un sentimiento de injusticia, además de nuestra tristeza de creer que la situación es" mala "para ella.

Cuando pensamos, "Esto no debería haberle pasado a ella", esencialmente estamos creyendo, "El universo ha hecho algún tipo de error, esto no iba a pasarle a ella". Podemos pensar que este evento fue un error, porque creemos que nuestra pareja no se merece que le dé cáncer o simplemente porque esperábamos vivir una vida cómoda juntos. Pero independientemente de eso que creemos, "Algo no debería ser tal como es", cuando creemos que las cosas en nuestra vida son un error, este pensamiento a menudo crea la ira, un sentimiento de injusticia y confusión, además de la tristeza que puede sentir por no querer que las cosas sean como son.

Cuando actuamos basándonos en la forma en que pensamos que deberíamos, sufrimos

No sólo son nuestras emociones causadas por pensamientos, pero también lo son la gran mayoría de nuestras acciones y decisiones de la vida. La mayoría de nosotros, sin saberlo, optamos por vivir y actuar cómo creemos que deberíamos porque creemos que es la manera "correcta", no queremos sufrir por el pensamiento: "Yo no debería haber hecho eso" y "Mi vida no debería ser así ", queremos que los demás nos aprueben, o tememos que otros desaprueban nosotros si no vivimos como deberíamos.

Cuando vivimos la vida de acuerdo a lo que pensamos que deberíamos hacer, estamos siguiendo la decisión de nuestra sociedad sobre lo que es la cosa "correcta" de hacer. Si lo que pensamos que deberíamos hacer también pasa a ser lo que sentimos nosotros, entonces esto no crea ningún sufrimiento. Pero si hacemos lo que creemos que debemos hacer, incluso si no se siente que estamos siendo fieles a nosotros mismos, entonces esto conduce a menudo a una gran cantidad de infelicidad. Si elegimos nuestra carrera, nuestra pareja, dónde vivir, nuestras acciones o nuestras palabras basadas en lo que creemos que debemos hacer, entonces no estamos siendo fieles a nosotros mismos. No estamos viviendo la vida de una forma que se alinea con lo que se siente verdadero y natural para nosotros. En su lugar, estamos viviendo en base a lo que creemos que es "correcto", lo que nuestra cultura nos ha dicho que es "correcto". Cuando no estamos actuando como se siente natural para que vivamos, estamos viviendo la vida en conflicto con nosotros mismos. Hay muy poca satisfacción en este tipo de vida. Nuestra vida no parece fluir naturalmente. En lugar de ello, a menudo se llena de conflictos internos, la fricción, el aburrimiento, y mucho esfuerzo agotador.

32. ¿Puedo estar absolutamente seguro de que la manera en que yo creo que debería ser es la manera "correcta", y no sólo una manera?

¿Son todos nuestros conceptos acerca de cómo debemos actuar y vivir realmente la manera "correcta" de actuar y de vivir? Si damos un paso atrás, es posible veamos que todas nuestras ideas acerca de cómo debemos actuar y vivir son realmente sólo una manera de actuar y de vivir. No hay acciones, palabras o formas de vivir que son inherentemente "derecho". Nuestras acciones, palabras y situaciones son sólo nuestras acciones, palabras y situaciones. Fin de la historia. Pero eso no es donde nos detenemos. Cada mente individual luego cree un pensamiento que dice: "Esto está bien, o" Esto está mal ", y" No debería haber hecho eso ", o" Él debería haber hecho eso”. Pero estos son sólo puntos de vista.

La gente actúa en todo tipo de formas diferentes y viven en una amplia variedad de situaciones. Nuestro concepto sobre lo que es la manera "correcta" se formó por nuestra cultura, situación económica, y las experiencias de vida únicas. Las personas con diferentes orígenes siempre pueden estar en desacuerdo con nuestra decisión acerca de cómo debería ser la vida. En algunas culturas, usted debe tener hijos cuando es joven, mientras que en otras culturas, esto se consideraría un error o de una decisión "mala". En algunas culturas, se debe vivir con sus padres, mientras que en otros se le considera un fracaso si usted vive con sus padres. En algunas regiones, las mujeres deben cocinar para sus maridos, sin embargo, en otras regiones esto está considerado como degradante u opresivo. En algunas culturas, la gente cree que usted debe tener un prestigioso trabajo bien remunerado, mientras que en otros se considera confuso si valora el dinero y el prestigio ante el disfrute y la felicidad.

Cuando empezamos a descubrir que no hay una manera "correcta" de vivir y actuar, entonces podemos dejar de sentirnos avergonzados por cómo somos, dejamos de enojarse con los demás por cómo somos, y tener la libertad de hacer lo que consideramos correcto y verdadero para nosotros. Podemos aceptar el trabajo que disfrutamos frente al trabajo que pensamos que debemos hacer, coger a la chica que nos gusta en lugar de la chica que pensamos que debemos, podemos hacer lo que nos gusta en lugar de hacer lo que pensamos que deberíamos estar haciendo. Por fin podemos ser nosotros mismos. Y eso es una forma mucho más fácil y más liberadora de vivir la vida.

Las preguntas: ¿Estoy seguro de que hay una manera en la que la gente debe actuar y vivir, o es sólo un punto de vista? ¿Podría alguien estar en desacuerdo con la forma en que creo que debo actuar y vivir? Si es así, ¿puedo estar completamente seguro de que esta es la forma en que debería actuar o vivir? ¿Es cierto que hay una manera en la que la gente debe actuar y vivir, y que esta es la manera "correcta", o es posible que esta manera sea solo una manera de actuar y de vivir?

33. ¿Es cierto que algo no debería ser de la manera que es solo porque no coincide con mis expectaciones?

Tenemos la tendencia a formar hipótesis sobre las futuras (expectativas), y cuando el futuro no va de acuerdo al plan, pensamos: "Esto no debería haber ocurrido". Podemos pensar, "yo voy a estar casada con este hombre durante toda mi vida", "Mi niño crecerá para tener éxito", "Va a ser un día soleado para mi fiesta de mañana", "Voy a casarme hasta que cumpla los 30", “voy a hacer a llegar a mi cita a tiempo”, “mi marido va a limpiar los platos esta noche ", o" mi hijo va a estar en casa a medianoche”. Podemos pensar que estas declaraciones son verdaderas y esperamos que estos eventos futuros ocurran en estas formas, ya que parece que tenemos un gran razonamiento o evidencia fuerte para apoyar nuestras declaraciones. Por ejemplo, podemos pensar: "Mi esposo se comprometió a permanecer casados hasta que la muerte nos separe, así que voy a estar casada con él toda mi vida", "Mi marido y tenemos éxito, por lo que mi hijo tendrá éxito", "el pronóstico del tiempo dijo que no hay posibilidad de lluvia, por lo que será un día soleado para mi fiesta", "yo soy inteligente y atractiva, así que voy a casarme hasta los 30", "normalmente se tarda 20 minutos en llegar a mi cita y tengo 30 minutos, así que voy a llegar a mi cita a tiempo", "mi esposo me prometió que iba a limpiar los platos, así lo hará ", y" las reglas son que mi hijo tiene que estar en casa antes de la medianoche, por lo que lo hará".

Pero si el resultado no sale como esperábamos, por lo general, no pensamos, "Supongo que estaba equivocado". Más bien, que a menudo terminamos pensando: "Él no debería haberse divorciado", "Mi niño no debe ser así", "No debería estar lloviendo", "Yo debería estar casada ahora", "No debería haber tardado una hora en llegar", "Tendría que haber limpiado los platos ", y" Él no debería haber roto el toque de queda". Estos pensamientos pueden crear la ira, la frustración, la desesperación o tristeza.

Cuando un resultado no sale como esperamos, a menudo pensamos, "Esto no debería haber ocurrido", "Las cosas deben ser diferentes", o "Esto no se suponía que iba a suceder". Como se dijo anteriormente, esto significa que estamos creyendo, "Ha habido un error, algún tipo de error, este es el resultado equivocado". Creemos que el universo ha cometido un error, porque la vida (realidad) está en conflicto con nuestra creencia acerca de cómo sería la vida. Lo que realmente ocurrió (los hechos) entró en conflicto con lo que pensábamos que iba a suceder. *En otras palabras, cuando la vida resulta diferente de la forma que esperábamos que, pensamos, "la vida debe haber ido de acuerdo a mis expectativas".*

Cada vez que formamos una expectativa, es porque tenemos algunas piezas de evidencia que nos llevan a creer que un determinado resultado es probable. Sin embargo, no importa cuántos elementos de prueba tenemos que sugieran que un determinado resultado va a pasar, siempre habrá otros factores o variables que juegan un papel en la determinación de si el resultado que se esperamos vaya a ocurrir.

¿Es el casarse hasta la muerte el único factor involucrado en si una pareja permanece casada? ¿Que los padres sean exitosos es el único factor para determinar si un niño termina con éxito? ¿El hombre del tiempo sabe todos los factores que intervienen en si lloverá? ¿Son la inteligencia y el atractivo los únicos factores que determinan si alguien se casa antes de los 30? ¿El hecho de conocer la duración normal de un viaje tiene en cuenta todos los factores que determinan cuánto tiempo va a durar un viaje? ¿Es una promesa de nuestro marido el único factor que determina si realmente va a limpiar los platos? ¿Es una regla (toque de queda) el único factor que determina si nuestro hijo va a estar en casa a la medianoche? Claramente no. Las parejas se hartan la una de la otra, la paternidad sin dar suficiente amor y atención podría tener efectos no deseados, una tormenta de lluvia podría surgir de la nada, alguien puede no encontrar la persona adecuada para casarse, un accidente podría causar una gran cantidad de tráfico, nuestro esposo podría cambiar de opinión o se olvida, y nuestro hijo podría optar por romper las reglas.

Cuando tenemos una expectativa, en realidad es sólo una conjetura sobre el futuro sobre la base de la escasa información que tenemos.

Si queremos apostar por quién va a ganar un partido de baloncesto, queremos analizar todas las estadísticas disponibles para nosotros. Si elegimos que el Equipo A ganará y terminamos perdiendo, nuestra suposición era errónea. Nos equivocamos. Las estadísticas no tienen en cuenta si un jugador importante tiene una "mala" jugada. Si entonces decimos el Equipo B no debería haber ganado, estamos diciendo, "La vida va mal, mi suposición era correcta". Claramente, este no es el caso. Nuestra conjetura no podía tener en cuenta todos los factores o variables que intervienen en la determinación de lo que sería el resultado.

Cada vez que un resultado entra en conflicto con nuestras expectativas, es una prueba de que había factores o variables que no consideramos. Si supiéramos todos los factores que determinaron el resultado, siempre adivinaríamos el resultado correcto. De hecho, ni siquiera estaríamos adivinando. No importa cuántos factores tomamos en cuenta, si un conflicto de resultado con nuestra expectativa, tienen que haber habido otros factores que no consideramos. Si nuestra lógica y el razonamiento tomaron en cuenta todos los factores implicados (y no tenían ningún error), entonces la vida se habría emparejado a nuestras expectativas.

Cuando tenemos una expectativa, estamos creyendo que sabemos el futuro a pesar del hecho de que es sólo una suposición. Eso no es gran cosa. Pero a continuación, creer que "la vida debe haber ido según mi estimación" claramente no es cierto y puede crear una gran cantidad de ira, frustración, autocompasión, y confusión en nuestras vidas.

Si podemos admitir, "Mi conjetura (expectativa) resultó ser equivocada", entonces estamos admitiendo que "no es cierto que la vida no debe ser la forma en que es". Una vez que vemos esto, perdemos al instante la ira, la frustración, la autocompasión, y la confusión que nuestro pensamiento "debería" había estado causando.

Las preguntas: ¿Qué pienso que no debe ser la forma en que es (debe ser diferente)? ¿La vida ha entrado en conflicto con mis expectativas (como yo pensaba sería la vida)? ¿Cuál es la evidencia que sugiera la vida resultaría de acuerdo con mis expectativas? ¿Mi evidencia tiene en cuenta todos los factores y variables que desempeñan un papel en la determinación de lo que realmente pasaría? ¿O bien, era mi expectativa sólo una conjetura sobre lo que sucedería con base en información limitada (no conocer todas las variables)? ¿Teniendo en cuenta que el resultado no salió como yo esperaba, es más probable que el universo haya cometido un error, que este es el resultado equivocado, y que la vida no debe ser la forma en que es, o simplemente que mi suposición era errónea? ¿Si la vida resultó de manera diferente a lo que esperaba, no es cierto que debe haber habido factores que no me consideré como parte de mi conjetura (expectativa)? ¿Estoy seguro de que la vida es así (la realidad), está mal, y que el universo ha cometido un error, porque la vida debe haber ido de acuerdo con mis expectativas?

34. Si yo sé lo que es verdadero y real, entonces ¿no significa esto que cualquier pensamiento contrario no debe ser verdad?

Cuando creemos, "Algo no debe ser de la forma en que es", no estamos pensando, "Me gustaría que las cosas sean diferentes", estamos reclamando, "La forma en que está, está mal". La forma en que es, es un hecho, también conocida como la realidad o lo que es verdad. Si decimos, "La forma en que está, está mal", estamos sin saberlo, afirmando: "Lo que es cierto es malo", o "La realidad es mala". Sabemos lo que es verdad, pero aún creemos un pensamiento que dice: "Lo que es verdad no es verdad", o "Lo que es cierto es un error". *Pero está claro que cualquier pensamiento que se opone a lo que sabemos que es verdad y de hecho sólo puede ser falso.* Por favor tome un momento para digerir completamente eso.

Nosotros pensaríamos que es ridículo si alguien dijera, "La hierba debería ser de color morada", "El sol no debería haber salido hasta esta mañana", "El cielo no debe ser de color azul", "Los árboles deben crecer hacia los lados", "Los perros no deben ladrar", "dos más dos no debería ser igual a cuatro", o "el fuego no debe quemar el papel". ¿No parecen todas estas declaraciones claramente ilógicas? Cada una de ellos sería muy difícil de creer, porque cada una de ellas afirma: "La forma en que está, está mal". *Pero, la verdad es que estas declaraciones son fundamentalmente los mismos que todos nuestros pensamientos "debería" normales.*

Por ejemplo, podemos pensar: "La gente no debería mentir", "Yo no debería estar todavía en este trabajo", "Mi hijo debe estar casado por ahora", o "No debería haberme gritado a mí". Pero, ¿cuál es la verdad? ¿No miente la gente? ¿Sigue en este trabajo? ¿Se casó tu hijo? ¿Él te gritó? La verdad es muy clara. Pero a pesar de que sabemos cuál es la verdad, muy a menudo discutimos con ella y afirmamos: "No debería ser así", lo que significa que estamos creyendo, "La forma en que está, está mal" o "la verdad está mal".
Entonces, ¿cuál es la diferencia? ¿Por qué creemos nuestros pensamientos de "debería"? Es sobre todo porque no nos damos cuenta de que estamos creyendo lo que es verdad que es "malo".
Ya que no nos damos cuenta de que estamos creyendo, "Lo que es cierto, es un error", no investigamos nuestro pensamiento "Algo no debe ser de la forma en que está". Si alguien le dijera: "Yo sé que toda la hierba es verde, pero la hierba debería ser de color morada", entonces la primera pregunta que le haría que sería, "¿Cuál es su

evidencia?" Pero incluso si muestra cien grandes razones por las que la hierba debe ser morada, esas razones no puede ser suficiente para demostrar, "La hierba debería ser de color morada". Si sus razones son suficientes, entonces la hierba sería morada. Pero como no es así, su declaración de "La hierba debería ser morada" no debe ser verdad.

Ya que no nos damos cuenta de lo que estamos creyendo, cuando se trata de nuestros propios pensamientos, no nos preguntamos por la evidencia. Por tanto, es fácil de mantener los pensamientos sin saberlo creyentes que dicen, "Hay algo que no debería ser tal como es", o "Lo que es verdadero está mal". Pero ahora que vemos lo que estamos creyendo, simplemente podemos hacernos la siguiente pregunta lógica: "¿Qué pruebas tengo para demostrar que las cosas como son están mal?", "¿Cuál es mi prueba de que el resultado malo ha pasado?" o "¿Cuál es mi evidencia de que alguien actuó de manera equivocada?"

Podemos pensar que tenemos "grandes" razones de por qué "algo que no debería ser tal como es" o "alguien no debería haber actuado de la manera que lo hicieron", pero si nos fijamos en la situación más detenidamente, la pregunta real es: "¿Puede alguna razón ser realmente suficiente para probar la" realidad está mal "o" lo que es verdad está mal? "

Por ejemplo, si pensamos: "Mi marido no debe ser malo conmigo", a continuación, la primera pregunta que podemos hacernos es, "¿Es malo conmigo?" Si la respuesta es "sí" y él es malo, entonces lo que realmente estamos creyendo es: "Yo sé que él es malo, pero no debería ser malo", lo que es lo mismo que: "Yo sé que toda la hierba es verde, pero no debería ser verde".

Entonces nos preguntamos, "¿Cómo sé que él no debe ser malo? ¿Qué pruebas tengo para demostrar que no se debe ser malo? "Nuestra respuesta puede ser:" Yo quiero que sea agradable", "ambos seríamos más felices si él fuera bueno ", o" Yo soy amable con él, así que merezco ser tratada bien".

Si "Yo quiero que sea agradable" fuera una razón suficiente para que él fuese agradable, entonces él lo sería. Si la declaración "seríamos más felices si él fuera bueno" fuese una razón suficiente para hacerle actuar bien hacia nosotros, él sería bueno con nosotros. Si "Soy amable con él, así que merezco ser tratada muy bien", fuese una razón suficiente para hacer que nos tratase muy bien, entonces nos trataría muy bien.

Pero ya que no es agradable, claramente nuestras razones no son suficientes para que sea cierto que "él debe ser bueno" o "no debe ser malo". No es como si "él no debería ser malo" y "no es correcto que él sea malo", la verdad es que "él es malo" y "no quiero que él sea malo".

¿Es cierto que la gente debería actuar como queremos que actúe? Las personas actúan como actúan. Si creemos que la gente "debe actuar como quiero que actúen", se nos garantiza el sufrir. *La gente a menudo no sabe cómo creemos que debe actuar; no es su trabajo para actuar como creemos que deben actuar; pueden estar en desacuerdo con la forma en que creemos que deben actuar; y puede que no sean capaces de actuar cómo creemos que deberían incluso si realmente quisieran.* El hecho de que queremos que la gente a actué de una determinada manera, o que pensamos que todo el mundo sería más feliz si la gente actuase de cierta manera, eso no quiere decir que la gente actuará o debería actuar de esta manera.

Si tuviéramos una razón suficiente de por qué la vida debe ser de cierta manera, entonces la vida sería así. Si la vida no es la manera en que pensamos que debería ser, a continuación, sólo puede ser debido a que nuestros motivos no son suficientes para hacer que la vida sea de esa manera. La conclusión es, no importa cuánta evidencia nuestros pensamientos pueden llegar a demostrar la realidad está mal ("algo que no debería ser tal como es"), no podemos demostrar que lo que sabemos que es verdad es realmente malo o un error. Si sólo somos capaces de reconocerlo, y admitir que no es cierto que "algo no debería ser tal como es", entonces podemos perder una gran parte de nuestro sufrimiento en la vida.

Las preguntas: ¿Qué pienso que no debería ser de la forma en que es (debe ser diferente)? ¿Qué es cierto y real? Si yo sé lo que es verdadero y real, entonces ¿no significa que cualquier pensamiento opuesto debe ser falso? ¿Si puedo ver, oír y tocar lo que es cierto, entonces cualquier pensamiento que afirma: "Los hechos están equivocados", tiene que ser falso? ¿Cómo sé si hay algo que no debería ser tal como es? ¿Cuál es mi evidencia para probar que una situación, resultado, acción, o cualquier otra circunstancia que está mal y no deberían ser tal como es o era? ¿Puede cualquier evidencia verdaderamente ser suficiente para demostrar que los hechos están equivocados? ¿Es cierto que la vida debe ser una cierta forma (la gente debe actuar de una forma determinada), o es sólo la forma en que quiero que la vida sea? ¿Es la vida como yo quiero que sea? ¿Es cierto que la vida no debe ser de la forma en que es sólo porque no quiero que sea así?

Capítulo Dieciséis

Paso 5: Cuestionar la Validez de Cualquier Razón para Seguir Sufriendo

Nuestras mentes a menudo se resisten al momento presente

Cuando empezamos a interactuar con Los 5 Pasos para El Momento Presente, nuestras mentes a menudo se resisten a este cambio. Nos gusta permanecer en un territorio familiar, incluso si el familiar es sufriendo. Con el fin de impedir que nuestros pensamientos no dejen de creer y convertirse en la realidad, nuestras mentes a menudo crean una idea de por qué "sería malo" perder nuestra emoción, o por qué algunos aspectos de nuestra vida "serían peores" si no creyéramos uno de nuestros pensamientos. A pesar de que sabemos que el pensamiento que cuestionamos nos ha hecho sufrir, nuestra mente puede fácilmente engañarnos haciéndonos creer que el sufrimiento es "mejor" que la alternativa. A menudo, cuanto más tiempo hemos tenido un pensamiento o una emoción específica, más resistencia tenemos a renunciar al porque nos hemos convertido en más familiarizados con vivir con ese pensamiento o emoción. Estos "pensamientos de resistencia", que tratan de hacer que sigamos sufriendo, pueden ser muy fuertes, y a menudo muy ocultos y sutil.

Por esta razón, no importa lo mucho que queremos ser felices, a veces no vamos a querer creer en los pensamientos que crean nuestro sufrimiento. Sin embargo, todas las razones de nuestras mentes proporcionan para guardarnos de dejar de creer que nuestros pensamientos sean sólo más pensamientos. Esto significa que podemos creer en nuestros pensamientos de resistencia de la misma manera que lo hacemos con otros pensamientos. En este capítulo y el siguiente, hay 13 diferentes preguntas / secciones para ayudarle a dejar de creer en las formas más comunes de resistencia.

Si usted no tiene ninguna resistencia a dejar ir el pensamiento o la emoción, entonces no hay necesidad de leer estos capítulos en estos momentos. Sin embargo, todavía sería útil leer a través de todas las secciones en algún momento para que usted esté familiarizado con los diferentes trucos de resistencia que su mente puede utilizar en el futuro para tratar de mantener el sufrimiento.

Por otro lado, si usted ha experimentado cierta resistencia, entonces en lugar de sólo leer a través de estos dos capítulos, se puede ir por delante de las cuestiones que son importantes para usted. Las dos primeras preguntas de este capítulo se pueden aplicar a cualquier resistencia, el resto de las secciones de este capítulo son para dejar de creer razones comunes a tener emociones específicas, y las secciones en el capítulo siguiente son para dejar de no cuestionar sus pensamientos. Usted puede optar por responder mentalmente a las preguntas en cada sección o puede que le resulte más útil escribir sus respuestas. Aquí tiene una lista de las secciones:

Capítulo 16
1. ¿Es cierto que la vida sería "peor" si me niego a creer el pensamiento que crea mi sufrimiento?
2. Si mi emoción es creada por un pensamiento, entonces, ¿cómo iba yo a sentir y actuar sin este pensamiento?
3. "La ira y la tristeza me ayudan a conseguir lo que quiero"
4. "Estoy mal si no me pongo triste"
5. "Debería sentirme culpable por lo que hice"
6. "Mi ansiedad y el estrés son útiles"
7. "La preocupación es útil, responsable, y significa que me importa"

Capítulo 17
8. "Quiero seguir culpando a otros por mi sufrimiento"
9 "No quiero admitir que 'no sé' o 'me equivoqué'"
10 "Si no veo ciertas acciones como tan malas, voy a actuar de formas hirientes"
11. "Dejar de creer 'esto debería ser diferente' o 'esto es malo' se me impide actuar hacia un cambio positivo"
12 "Si no veo mi situación como tan mala, entonces esta mala situación seguirá siendo la misma y que será la solución" o "Si yo veo que mi objetivo no puede hacerme feliz, entonces no voy a tener ningún motivación para lograrlo"
13 "Mi pensamiento "debería" me ayuda a actuar cómo creo que debería, lo que tiene un efecto positivo en mi vida y las vidas de los demás"

1. ¿Es cierto que la vida sería "peor" si dejo de creer el pensamiento que crea mi sufrimiento?

Si vamos a tratar de dejar de creer nuestra fantasía, nuestras mentes pueden páranos con el pensamiento "No voy a alcanzar mi meta si admito que no me hará feliz". Si empezamos a ver que los pensamientos que crean nuestra ansiedad podrían no ser verdad, nuestras mentes pueden decirnos, "no voy a poner el esfuerzo hacia mi meta si no tengo la ansiedad". Si queremos dejar de sentirnos enojados con alguien, nuestras mentes pueden prevenirnos de cuestionar nuestros pensamientos por decirnos: "Si dejo de culparlo, estoy dejándolo libre". Si parte de nuestra identidad es, "Soy una mujer que fue tratada mal por mis padres", entonces puede resistirse a dejar de creer la idea de que nuestros padres eran "malos" y que son los culpables de nuestro sufrimiento, porque tenemos miedo perder nuestra identidad como la víctima.

Sin embargo, cualquier idea de que algún aspecto de nuestra vida "sería peor" si no creemos un pensamiento es sólo una idea. Si nunca hemos experimentado vivir sin el pensamiento, ¿cómo podemos saber que algún aspecto de nuestra vida sería "peor" sin el pensamiento? Es bastante claro que no podemos saber. Nuestra idea de que algo "podría ser peor" se crea en nuestra mente sin ninguna base fáctica o experiencia detrás de él. La idea es creada de la nada. Por lo tanto, en cualquier momento nuestra mente dice: "Si usted ve este que pensamiento no es cierto, entonces... algo malo va a pasar", vale la pena preguntarse si ese pensamiento mismo es cierto.

Las preguntas: ¿Sé con absoluta certeza que algún aspecto de mi vida será "peor", o algo "malo" va a pasar, si me identifico o no creo mi pensamiento? ¿Cómo sé que para asegurarse de que la vida sería "peor" o de que algo "malo" va a pasar sin este pensamiento, teniendo en cuenta que no tengo pruebas, ya que nunca he vivido la vida sin este pensamiento? ¿Estoy absolutamente seguro de que este pensamiento impide que algo "malo" ocurra o me ayuda a conseguir lo que quiero?

2. Si mi emoción es creada por un pensamiento, entonces, ¿cómo iba yo a sentir y actuar sin este pensamiento?

No hay necesidad de tratar de tomar la decisión de si desea aplicar los 5 pasos para cada emoción o cada pensamiento que alguna vez tendrá en el futuro. No hay necesidad de tratar de averiguar cómo los 5 pasos se aplican a todos y a todo. No hay necesidad de tratar de adivinar cuales son todas las implicaciones de los 5 pasos. No se trata de cuestionar todos nuestros pensamientos, creencias y opiniones en la vida. No cambia de forma drástica nuestra vida en absoluto. Las únicas cuestiones pertinentes son las que se aplican a la idea que está teniendo nuestra atención en este momento: "¿Crea este pensamiento sufrimiento para mí? ¿Quiero mantener el sufrimiento? "Eso es todo.

Cualquier otro pensamiento es sólo una conjetura sobre el futuro, una conjetura acerca de la causa y el efecto. Si no creemos en un pensamiento que crea sufrimiento para nosotros en este momento, entonces somos más felices ahora. Eso es todo lo que hay. Esto es sólo acerca de darnos la opción de ser felices en lugar de sufrir en cualquier momento que queremos ser felices.

Las preguntas: ¿Es cierto que mi pensamiento no va a crear sufrimiento, siempre y cuando no admito que lo tengo? ¿Cómo me siento cuando pienso en el pensamiento? ¿Cómo trato a mí mismo y a los demás cuando creo este pensamiento? ¿Cómo me sentiría sin el pensamiento? ¿Cuánto más libre y más feliz sería yo en las situaciones en las que normalmente surgen estos pensamientos? ¿Cuánto más amorosamente podía tratar a los demás y mirar a los demás sin este pensamiento? ¿Cuánto más fácil sería evitar mis hábitos "malos" sin ese pensamiento? ¿Cuánto mejor sería para estar feliz ahora en lugar de tener que poner en todo el tiempo, dinero y energía tratando de hacer todo en la vida "perfecta" en la esperanza de que algún día pudiera darme felicidad momentánea? ¿Si yo sé que el pensamiento que estoy creyendo crea sufrimiento, y yo quiero la felicidad más que cualquier otra cosa, entonces no iba a querer creer en el pensamiento? ¿Quiero ser feliz o quiero que sufrir? ¿Quiero tratar a los demás con amor o con odio?

3. "La ira y la tristeza me ayudan a conseguir lo que quiero"

Es posible que no quiera creer los pensamientos que crean nuestro enojo y tristeza porque creemos que estas emociones nos ayudan a conseguir lo que queremos de los demás. Cuando éramos niños y no conseguir lo que queríamos, gritamos para conseguir que nuestros padres nos los dieran. No sólo el llorar a menudo conseguíamos lo que queríamos, pero también amor y atención. Esto creó la creencia inconsciente en nosotros de que esa tristeza se puede utilizar para manipular a los demás para que nos dé lo que queremos. Cuando nuestros padres pidieron o nos dijeron amablemente que dejásemos de jugar o de limpiar nuestra habitación, y no los escuchábamos entonces elegían gritar y enojarse con nosotros. La ira de nuestros padres nos asustó a hacer lo que querían que hiciéramos. Esto, naturalmente, nos enseñó que la ira nos ayudará a conseguir lo que queremos de los demás.

Hemos tomado estas estrategias que aprendimos cuando niños y las trasladamos a nuestra vida adulta. Utilizamos estas emociones como herramientas para manipular a otros para darnos lo que queremos. La ira provoca a otros a hacer lo que queremos, haciendo que se sientan culpables o haciendo temer lo que vamos a pensar, decir o hacer para ellos. Cuando le decimos a alguien que ha hecho algo "malo", y creemos que, pueden sentirse culpables por sus acciones, puede provocar que cambien sus acciones. Si nos enojamos con nuestra esposa por no recoger a los niños de la escuela a tiempo, puede sentirse culpable por sus acciones y esforzarse más para no hacerlo de nuevo. Otros pueden hacer lo que queremos, porque temen que podríamos dejar de amar a ellos o que podamos verbalmente abusar de ellos, dejarlos, o despedirlos. De la misma manera, la tristeza puede hacer que otros hagan lo que queramos, ya que no quieren vernos tristes o no quieren sentirse responsables de nuestra tristeza.

Ambas emociones, la ira y la tristeza, pueden proporcionar un incentivo suficiente para que los demás hagan lo que nosotros queremos. Sin embargo, estas estrategias han sobrepasado su bienvenida. Hay algunas razones principales por las que no tiene sentido aferrarse a estas emociones y no tratar de cuestionarlas.

a) No queremos perder nuestra ira y tristeza porque creemos que nos ayudan a conseguir lo que queremos de los demás. Sin embargo, sólo nos preocupamos por conseguir lo que queremos de los demás, porque creemos que el hacerlo nos hará felices. Por lo tanto, en realidad estamos diciendo, "Quiero mantener mi ira / tristeza porque creo que me ayudará a ser feliz", o más brevemente, "la ira / tristeza me hará feliz". Esto claramente no es la mejor estrategia para la felicidad. Si cuestionamos nuestros pensamientos, vamos a experimentar la felicidad en este momento en lugar de ira y tristeza. No tendría mucho sentido no cuestionar nuestros pensamientos sólo para que podamos permanecer enojados, que creemos que nos puede ayudar a conseguir lo que queremos en el futuro, que creemos que con el tiempo podría traernos un poco de felicidad momentánea. En lugar de todo esto, podemos tomar el atajo y ser felices en este momento simplemente cuestionando los pensamientos que crean nuestro enojo y tristeza.

b) La ira y la tristeza a menudo no son tan eficaces como el comportamiento amoroso y agradable en ayudarnos a conseguir lo que queremos de los demás, sobre todo a largo plazo. La ira puede conseguir que alguien haga lo que queremos a través de la creación de miedo o la culpa, pero como la gente no quiere a sentir miedo o culpa, este enfoque a menudo hace que la gente sienta resentimiento hacia nosotros. Cuanto más tratamos a los demás con la ira, más resentimiento tendrán hacia nosotros, y lo más probable es que nos vayan a tratar "mal", y no hacer lo que queremos que lo hagan.

Del mismo modo, actuar triste puede hacer que los demás hagan las cosas por nosotros, o que nos ámame y nos preste atención, pero a menudo no nos dará el tipo de atención que queremos, y a menudo no funciona a largo plazo, porque otros no querrán estar a nuestro alrededor. No sólo funciona comportamiento agradable más a menudo, pero las personas que nos rodean serán más felices y voluntad y como nosotros más, lo que los hará más propensos a hacer lo que queremos en el largo plazo (y no sólo en este momento) y nos dan el amor que queremos.

c) Cuando manipulamos a otros a hacer algo que no quieren hacer, nos resienten por ello. Si otros hacen lo que queremos en lugar de lo que quieren, esperan obtener algo a cambio. Esta es la gran dinámica de las relaciones: "Voy a renunciar a algo para ti, pero entonces espero que usted renuncie a algo por mí". Si utilizamos la ira o la tristeza para manipular a nuestra pareja a hacer las tareas por nosotros, faltar al trabajo para nosotros, renunciar a dinero para nosotros, faltar a una gran fiesta, recoger a los niños, o ir a un evento al que no quieren ir, entonces ellos piensan que la relación es injusta si no sacrificamos algo por ellos a cambio. Si no hacemos nada a cambio, su sentimiento de injusticia crecerá. Nuestra pareja pensará: "He sacrificado mucho por él, me he perdido cosas que quería hacer, di mi tiempo para él, pero él no ha sacrificado nada por mí. Esto no es justo". Esta creencia de que nuestra relación es injusta crea mucho resentimiento en las relaciones.

La manipulación no es una manera honesta o cariñosa de tratar con las personas que amamos, y les hace sentir mucho resentimiento. Si queremos algo de alguien y se lo pedimos bien, pero no quieren hacerlo, entonces podemos optar por respetar sus intereses, o podemos optar por poner nuestra propia felicidad por encima de ellos y manipularlos para hacer lo que queremos. Una vez que entendemos que nuestra manipulación de los demás se basa en el egoísmo puro, esto puede ayudarnos a dejar de usar la ira y la tristeza para manipular a otros.

Las Preguntas: ¿Es la decisión de mantener mi rabia / tristeza porque creo que puede ayudarme a conseguir lo que quiero, lo que me podría dar la felicidad momentánea, la forma más efectiva para hacerme feliz? ¿No está mi ira ayuda a crear miedo y culpa en otros, lo que causa la animosidad hacia mí, y por lo tanto hace que sea menos probable que consiga lo que quiero de otros a largo plazo? ¿Mi tristeza hace que otros quieran pasar tiempo conmigo y me dan el tipo de atención que yo quiero? ¿Cuándo manipulo a otros para que hagan algo que no quieren hacer, no se sienten descontentos y resentidos hacia mí? ¿Quiero poner mi felicidad por encima de la felicidad de los demás y manipular a la gente para que haga lo que yo quiero, o puedo permitir que otros hagan lo que los hace felices?

4. "Soy malo si no me pongo triste"

Incluso cuando no queremos experimentar tristeza, la idea de dejar de creer en los pensamientos que crean nuestra tristeza a menudo se encontró con cierta resistencia. Hemos sido entrenados para creer que la cantidad de tristeza que experimentamos refleja lo mucho que nos preocupamos por la víctima de algo "malo". Cuando nos sentimos tristes por alguien, realmente parece como si nos sentimos tristes porque amamos a la víctima y nos preocupamos por ella. Por lo tanto, cuando se trata de temas como la muerte, lesión o enfermedad, creemos que la tristeza es la respuesta "correcta" y que la intensidad de nuestra tristeza significa lo mucho que nos preocupamos por la víctima. Naturalmente, esto nos hace creer que no sentirse triste significaría que no se preocupa por la víctima y que somos egoístas, desconsiderados, o una "mala" persona. Esta creencia puede impedirnos cuestionar los pensamientos que crean nuestra tristeza, y por lo tanto nos puede prevenir de ser feliz y de ser fieles a nosotros mismos.

Sin embargo, la cantidad de la tristeza que sentimos en reacción a la muerte, lesiones, enfermedad o cualquier otra cosa en realidad no tiene nada que ver con lo mucho que nos preocupamos por la víctima. Nuestro grado de tristeza sólo refleja lo "malo" que creemos que el evento o resultado es. Si nuestro hijo enferma, puede ser feliz porque falta a la escuela, pero podemos estar tristes porque pensamos, "Es malo estar enfermo". Si nuestro amigo se rompe una pierna en un accidente de coche, puede ser feliz y aliviado de que él no está más gravemente herido, mientras que nosotros podríamos estar tristes porque pensamos, "Es terrible tener que lidiar con una pierna rota". ¿Nuestro hijo se preocupa por sí mismo? ¿Nuestro amigo se preocupa por sí mismo?

Es evidente que, tanto nuestro hijo y nuestro amigo probablemente se preocupan un poco acerca de sí mismos. Si se preocupan por sí mismos, pero que aún no están tristes por su situación, entonces es claro que nuestra tristeza no refleja lo mucho que nos preocupamos por la víctima. Independientemente de si la víctima está triste o feliz, que sólo sería experimentar tristeza si creemos que un pensamiento que dice: "Su situación es mala", no a causa de un pensamiento que dice: "Me preocupo por ellos".

Si vemos que alguien se cae en la acera, nos sentiremos tristes si pensamos: "Eso es una mierda para ellos", mientras que nosotros podríamos reír si no tuviéramos este pensamiento. Independientemente de si la persona es un extraño o el amor de nuestra vida, podemos reír o sentirnos tristes. Sabemos que nuestra tristeza no es un reflejo de lo mucho que amamos a la víctima, porque podíamos sentirnos tristes por un extraño y reírnos de alguien que amamos cuando se caen. La tristeza no es un signo de que nos preocupamos, pero sólo una señal de que estamos creyendo un pensamiento que dice: "Esto es malo".

Cuando hay una creencia generalizada de que una determinada lesión-evento como, la enfermedad o la muerte-es "malo", parece que todo el mundo reacciona con tristeza. Esto nos lleva a pensar que la tristeza es la respuesta "correcta" o "apropiada" y que todas las otras respuestas son "malas" o "inadecuadas". Pero sólo porque la mayoría de la gente reacciona de una forma no significa que cualquier otra reacción es "peor". Si somos felices cuando un miembro de la familia está enfermo, entonces estamos felices. Fin de la historia. Cualquier decisión que nuestra felicidad está "mal" o "inadecuada" es sólo una perspectiva, un concepto que sólo existe en nuestras mentes. No es como si "ser feliz que está mal", sólo tenemos un pensamiento acerca de esta felicidad que dice, "No está bien".

Cuando alguien en nuestra vida es triste acerca de un evento, que pensamos que es un buen gesto para mostrar que estamos tristes por ellos, y creemos que esto es lo "correcto" para hacer. Si creemos que es "malo", egoísta, desconsiderado ser feliz en ciertas situaciones, a continuación, en realidad puede optar por seguir sufriendo más en vez de ser feliz. Pero ¿es realmente egoísta o desconsiderado ser feliz en cualquier situación? ¿Cuál es el efecto real de estar triste con alguien? ¿Nuestra tristeza realmente ayuda a nadie?

Vamos a examinar un escenario en el que nuestra amiga está triste porque su novio rompe con ella. Si ella cree, "Tristeza significa que se preocupa por mí", luego mostrando la tristeza con ella podría hacerla sentir importaba, lo que le puede dar un poco de felicidad. Sin embargo, hay algunos otros efectos también. Si está triste, esto significa que ella cree, "Es malo que él rompió conmigo". Si nosotros le mostramos que estamos tristes sobre el evento, esencialmente estamos diciéndole: "Estoy de acuerdo contigo en que este evento es malo", reafirma su convicción de que "este evento es malo", y por lo tanto perpetúa su tristeza. Si ella ve que estamos tristes por ella, ella podría sentirse "mal" que nos hizo triste. Además, nuestra tristeza puede hacer que su opinión de sí misma a "empeore" porque ella puede pensar: "Todos se sienten mal por mí y piensan que soy una pobre víctima". A fin de cuentas, nuestra tristeza no es útil para nuestro amigo. Si queremos mostrar a nuestra amiga que nos preocupamos por ella, todo lo que tenemos que hacer es decirle que nos importa, escucharla, pasar tiempo con ella, felicitarla, y ofrecer a ayudarla en todo lo que necesita. Esto nos permite ser felices y ayuda a nuestro amigo para ser feliz también.

Ciertamente, puede parecer como si ser feliz cuando otros están sufriendo es desconsiderado; Sin embargo, actuando de manera egoísta o desconsideradamente sería actuar de una manera que beneficie a nosotros mismos pero perjudica a otros. Sin embargo no importa como de natural o "incorrecto" puede sentir que está feliz cuando otros están sufriendo, es importante reconocer que nuestra felicidad no afecta negativamente a nadie. Por el contrario, si podemos creer en los pensamientos que nos hacen infelices, somos mucho más probable que sea ayudar a la víctima a ser más feliz. Por lo tanto, realmente no hay nada egoísta o desconsiderado de ser feliz.

Las preguntas: ¿Podría sentirse triste por alguien, incluso cuando no está tristes por lo que pasó con ellos? ¿No sería la víctima la que se preocuparía más por ella mismos que yo me preocupo por ellos? ¿Podía sentirse triste por alguien que nunca he conocido? ¿Si puedo sentirme triste por una víctima que no sé, cuando la víctima podría no ser triste por lo que pasó con ellos mismos, es la tristeza de verdad un reflejo de lo que una persona se preocupa por una víctima? ¿Puedo estar absolutamente seguro de que la falta de la tristeza es "malo", "incorrecto", o "inadecuado"? ¿Podría alguien tener una perspectiva diferente? ¿Es cierto que mi tristeza es útil o que mi felicidad sería hacerle mucho daño a alguien? Si no es así, ¿es cierto que es egoísta o desconsiderada para sentirse feliz?

5. "Debería sentirme culpable por lo que hice"

A menudo hay una gran cantidad de resistencia a cuestionar los pensamientos que crean nuestra culpa. Sin embargo, al igual que con todas las otras emociones, no hay ninguna razón honesta para mantener el sentimiento de culpabilidad. Aquí están algunas de las principales razones por las que no vale la pena para mantener nuestra culpa.

a) Tendemos a mirar a la culpa como si fuera nuestro castigo por el sufrimiento que infligimos a nosotros mismos o alguien más. Si pensamos que hemos hecho algo "malo" o causado a otra persona a sufrimiento, entonces parece que sería justo para nosotros experimentar culpa (sufrir) a cambio. Sin embargo, hay algunos defectos importantes con este argumento.

Nuestro sentimiento de culpa es una suposición sin investigar que lo que hicimos fue "malo", el resultado era "malo", somos los culpables del "mal" resultado (y teníamos el control total), nosotros tenemos la culpa de las emociones no deseadas de la víctima (no son sus propios pensamientos), que merecen ser castigados, castigando a nosotros mismos podría hacer la vida más "justa", sabemos lo que el castigo "justo" es, y nuestro trabajo es hacer cumplir el castigo "justo" sobre nosotros mismos. ¿Podemos estar absolutamente seguros de cualquiera de estos supuestos, por no hablar de todos ellos? Estos son algunos supuestos bastante difíciles y decisiones que tomar, pero sin embargo, las tomamos y optamos por sentirnos culpables sin pensarlo mucho en absoluto.

b) Tenemos la tendencia a creer que "cuanta más culpa que sienta, más me importa la víctima". Esta creencia en realidad nos hace sentir como si fuéramos una "buena" o persona "mejor" por sentirse culpable por lo que hicimos. Si no nos sentimos culpables, podemos pensar, "No sólo soy responsable de algo malo, pero yo soy una persona terrible por ni siquiera sentirme culpable por ello". Sentirse culpable es creado por la creencia de un pensamiento que dice: "La acción o el resultado era malo, y yo soy el culpable". La cantidad de culpa que sentimos no tiene nada que ver con lo mucho que nos preocupamos por la víctima.

¿Si usted está conduciendo a su hijo a la escuela, y se mete en un accidente de coche que rompe el brazo de su hijo, se sentiría culpable? Depende de sus pensamientos sobre lo que pasó. Si usted cree que: "El resultado fue malo", y "Yo soy el culpable", entonces se sentiría muy culpable. Sin embargo, si usted piensa, "El resultado fue malo, pero yo no tuve la culpa en absoluto" porque el otro conductor le cortó de la nada, entonces no sentiría ninguna culpa. Del mismo modo, si piensa: "Yo soy el culpable del accidente, pero no creo que el resultado es malo del todo, estoy muy contento de que no estaba herido más gravemente", entonces no se sentiría culpable por ello.

Si el sentimiento de culpa refleja lo mucho que se preocupaba por nuestro hijo, entonces nos sentiríamos la misma cantidad de culpa en cada escenario. Cada uno de estos tres escenarios tiene el mismo resultado, con el mismo amor y cuidado para nuestro hijo, sin embargo, en dos de ellos que no sienten culpa. La única diferencia es un pensamiento que dice: "Yo soy el culpable" y un pensamiento que dice: "Este resultado es malo". Por lo tanto, la culpa no tiene nada que ver con lo mucho que nos preocupamos por alguien y todo que ver con los pensamientos que creemos. El no sentir culpa después de una acción o resultado aparentemente "malo" no significa que no se preocupa por la víctima o que somos una persona "mala", sólo significa que no estamos creyendo pensamientos que dicen: "Este resultado es malo "y" Yo soy el culpable".

c) Tenemos la tendencia a pensar que sentir culpa nos enseñará a no hacer lo mismo otra vez. Sin embargo, no importa cuán culpables nos sentimos acerca de nuestras palabras o acciones, culpa a menudo no ayuda que nos impida actuar en los mismos "malos", o formas de desamor que hace daño de nuevo. Si nos sentimos culpables, entonces nuestra atención está en los pensamientos de cómo una acción o el resultado era "malo", y cómo nosotros tenemos la culpa. La razón de que la culpa no ayuda a impedir que actúe de la misma manera se debe a que estos pensamientos no nos ayudan a ver lo que nos hace actuar de la manera que lo hicimos.

Una de las cosas más útiles que podemos hacer cuando hacemos algo "malo" o que hacemos daño es a la pregunta de por qué lo hicimos. Podemos preguntarnos con honestidad, "¿Que me hace actuar como lo hice? ¿Qué estaba pensando en ese momento cuando elegí a actuar cómo lo hice? ¿Por qué mi elección de las acciones parece una buena opción en ese momento?" Entonces podemos cuestionar la validez de los pensamientos que causaron que actuásemos de una manera que hace daño o con falta de amor hacia nosotros mismos o para otros.

Por ejemplo, si gritamos a nuestro marido por no limpiar después de sí mismo, entonces podemos sentirnos culpables por ello después. A pesar de nuestra culpa, podemos gritarle una y otra vez cada vez que hace esto. Si nos preguntamos, "¿Qué estoy pensando cuando le grito a él?", Podemos reconocer que estamos pensando, "Él no me respeta, él no se preocupa por mí; él limpiaría después de sí mismo si lo hiciese". Una vez que vemos este pensamiento, podríamos ser capaces de reconocer que las acciones de nuestra ira y hacia nuestro esposo son reacciones a estos pensamientos en lugar de a sus acciones. Si cuestionamos estos pensamientos, podemos notar que no son más que interpretaciones que no sabemos que son verdad. Tan pronto como no creemos estos pensamientos, nuestra ira se desplomará, y somos mucho menos propensos a sentir esta rabia cuando estamos en la misma situación otra vez. Cuestionar los pensamientos que causan nuestras acciones nos permite actuar de manera diferente si un escenario similar surgiera de nuevo en el futuro.

Las Preguntas:

a) ¿Estoy absolutamente seguro de que la acción fue "mala", el resultado fue "malo", y yo tengo la culpa de ello? ¿Es cierto que yo soy responsable de los pensamientos que crean emociones de los demás? ¿Teniendo en cuenta que nuestra culpa no ayuda a cambiar el pasado ni ayuda a eliminar las emociones no deseadas de la víctima, estoy absolutamente seguro de que estoy haciendo la situación más justa castigándome a mí mismo? ¿Soy yo el que decide lo que es un castigo justo en este mundo? ¿Soy realmente el ejecutor de la justicia en este mundo?

b) ¿No podría yo no sentirme culpable por herir a alguien que amo si me alegrase de que el resultado no fue "peor" o si yo creo que no tengo la culpa? Si es posible que yo no me sienta culpable por un resultado "malo" que he creado a alguien que amo, ¿es cierto que la cantidad de culpa que siento refleja lo mucho que me preocupo por la víctima? ¿Es cierto que soy "malo" por no sentirme culpable, teniendo en cuenta que mi culpa no ayuda a nadie y no refleja si me preocupo por la víctima?

c) ¿Alguna vez me he sentido culpable por una acción "mala" en el pasado, pero aún siguió haciéndola una y otra vez? ¿Aborda mi culpa los pensamientos que me causaron que actuase de la manera que lo hice? ¿Es cierto que el sentimiento de culpabilidad de verdad ayuda a impedir que yo actúe de la misma forma "mala" de nuevo?

d) ¿Qué pensamientos estaba pensando (o tratando de escapar de) en el momento que elegí cometer mi acción "mala"? ¿Puedo estar absolutamente seguro de que estos pensamientos son ciertos?

6. "Mi ansiedad y el estrés son útiles"

Muchos de nosotros parecemos creer, "El miedo, la ansiedad y el estrés me ayudan a lograr mis metas". Esta creencia es generalmente creada por el hecho de que muchas veces hemos llegado a nuestras metas cuando hemos experimentado la ansiedad a lo largo de nuestra búsqueda. Esto nos ha llevado a creer que la ansiedad ayudó. Sin embargo, para la mayoría de nosotros, esta suposición ha sido probada raramente porque tendemos a tener un pequeño marco de referencia para la realización de acciones hacia metas sin ansiedad. Es cierto que el miedo nos puede motivar a tomar medidas. Pero, el miedo también tiene muchos efectos secundarios contraproducentes, y la motivación que ofrece a menudo no es tan fuerte como nuestra motivación y sin miedo. Hemos logrado los resultados que queríamos en nuestra vida a pesar de nuestro esfuerzo, no gracias a él. Echemos un vistazo a algunas de las razones por las cuales la ansiedad es más dañina que útil.

a) La ansiedad nos impide tomar acción hacia nuestras metas. Muchas veces elegimos permanecer en situaciones que no nos gustan, y nosotros no perseguimos nuestros objetivos porque tenemos miedo de no llegar a nuestro resultado deseado. Retenemos el amor de los demás, no perseguimos trabajos ideales, no vamos a nuestros destinos favoritos, no participamos en los concursos, y no perseguimos las personas con las que queremos estar porque tenemos miedo al fracaso. El miedo nos impide perseguir lo que pensamos que nos hará felices.

b) El estrés hace que hacer el trabajo necesario para lograr nuestra meta no sea muy agradable. Se vuelve mucho más difícil trabajar durante largos períodos de tiempo en los que no estamos disfrutando nosotros mismos. El esfuerzo no se siente como el esfuerzo cuando disfrutamos de lo que estamos haciendo. Sin estrés, somos mucho más felices y mucho más capaces de trabajar por períodos de tiempo más largos para alcanzar nuestros objetivos.

c) Cuando estamos experimentando ansiedad, nuestra atención está en los pensamientos del futuro. Esto significa que nuestra atención no está completamente en este momento. Menos atención en este momento significa menos energía dada a este momento. Menos energía dada a nuestro trabajo en este momento nos hace menos eficiente y empeora la calidad de nuestro trabajo.

d) Se hace difícil ser feliz, disfrutar de nosotros mismos, y tener entusiasmo por la vida cuando sentimos estrés. Además, el estrés hace que el cuerpo se contraiga y se nos sintamos tensos, haciéndonos más irritables. Cuando se trata de nuestra experiencia, otros no quieren estar cerca de nosotros casi. Les deprimimos y no es agradable estar alrededor nuestra. Esto perjudica a nuestras posibilidades de conseguir promociones y trabajar bien como miembro de un equipo, y a menudo la opinión de los demás duele.

e) Es muy difícil ser creativo y ofrecer una nueva perspectiva cuando nuestra atención está en los pensamientos del futuro. La creatividad nace de la espacio (silencio) entre los pensamientos y es por lo tanto difícil de conseguir cuando estamos ocupados dando atención a los pensamientos que están creando nuestra ansiedad.

f) Para algunos de nosotros, de nuestro miedo al fracaso nos impide dedicarnos plenamente a un objetivo, poner todo nuestro esfuerzo en un objetivo. Si damos nuestro esfuerzo completo y todavía fallamos, entonces tenemos que admitir, "di lo mejor, pero simplemente no fue lo suficientemente bueno; Yo no pude hacerlo". Esto puede hacernos sentir sin esperanza, como si fuéramos un fracaso, como si no tuviéramos el control, y realmente puede hacer daño a nuestra opinión de nosotros mismos. Dado que no queremos sentirnos de esta manera, algunos de nosotros deciden nunca darlo todo para alcanzar nuestros objetivos. De esta manera, si fracasamos, podemos decir que fue porque "no lo intenté con todas mis fuerzas" o "No me importó el resultado".

g) Por lo general, parece que nos preocupamos mucho por conseguir nuestros objetivos. Nuestros objetivos de mejorarnos a nosotros mismos, encontrar a alguien que nos ame, o tener éxito son vistos como partes muy importantes de nuestra vida. El logro de nuestras metas (que cambian nuestras circunstancias) puede incluso parecer ser lo más importante en nuestra vida. Por lo tanto, si piensa que su ansiedad le ayuda a alcanzar su meta, naturalmente, quiere mantener su ansiedad. Debido a esto, es importante que usted se haga algunas preguntas acerca de cualquier meta que le hace querer mantener su ansiedad o cualquier meta que es más importante para usted.

La primera pregunta es, "¿Cómo puedo esperar sentirme una vez que he logrado mi objetivo?" La mayoría de nosotros, esperamos sentirnos felices, pacíficos, o completos cuando finalmente alcanzamos nuestros objetivos. Podemos pensar que vamos a finalmente ser capaz de relajarnos. Podemos pensar que por fin vamos a conseguir el amor, el respeto, y la aprobación de los demás (que creemos que nos va a traer la paz). Podemos pensar que vamos a ser finalmente capaces de comprar todo lo que queremos, lo que esperamos que nos hará felices.

La segunda pregunta es: "¿Por qué quiero lograr mi meta?" Si esperamos sentirnos felices o en paz cuando logramos nuestro objetivo, entonces la razón por la que queremos lograr nuestro objetivo es porque creemos que nos hará sentir cómo queremos sentirnos. Aunque por lo general no nos damos cuenta, en realidad sólo queremos experimentar la paz y la felicidad más que otra cosa, y hemos creado inconscientemente nuestros objetivos porque creemos que el logro de ellos nos hará felices. Dicho de otra manera, el logro de nuestras metas es sólo el medio para llegar a nuestro objetivo final de ser feliz.

Para hacer esto más claro, vamos a ver algunos ejemplos sencillos. Si camina por delante de una tienda de helados y comienza a sentir un gran deseo de comer un helado, ¿por qué quiere tener el helado? No es porque queremos el helado, es porque queremos la experiencia de placer que el sabor de los helados nos dará. Si conoce a alguien que le parece físicamente atractivo, y decide que quiere estar con él, ¿por qué lo quiere? No es porque realmente queremos la persona, es porque pensamos que estar con ellos nos hará sentir placer o felicidad.

Esta es la misma dinámica que con nuestros objetivos. Podemos pensar que realmente queremos el éxito, pero en realidad sólo queremos ser felices, y pensamos que el éxito es la "mejor" manera de hacernos felices. Podemos pensar que queremos la riqueza, pero en realidad sólo queremos la riqueza porque pensamos que puede hacernos felices de una manera u otra. Podemos pensar que queremos la aprobación de nuestros padres, pero en realidad sólo queremos esta aprobación porque pensamos que nos hará sentires dignos y enteros.

Parece como si nos preocupamos muchísimo acerca de la consecución de nuestros objetivos, pero si nos fijamos en la situación un poco más de cerca, podemos descubrir que el logro de nuestros objetivos (cambiar nuestras circunstancias) no es realmente nuestro objetivo final en la vida. Nuestro objetivo final es simplemente para ser felices o en paz, y creemos que el logro de nuestro objetivo nos ayudará a sentir de esta manera. Por lo tanto, en el nivel más fundamental, cuando decimos, "La ansiedad ayuda a alcanzar mi meta", en realidad estamos creyendo, "La ansiedad me ayuda a ser feliz". Si reconocemos que nuestra verdadera meta es ser felices, entonces no tendría sentido mantener nuestra ansiedad sólo porque esperamos que nos ayudara a alcanzar nuestro objetivo en el futuro, esperamos que nos hiciera más felices. La elección de la ansiedad sobre la felicidad claramente no nos hace más felices.

Las Preguntas: ¿Qué "mal" el resultado creo que ocurrirá si pierdo mi ansiedad? ¿Estoy absolutamente seguro de que mi ansiedad es útil para conseguir lo que quiero o prevenir lo que no quiero que suceda? ¿Puedo pensar en alguna razón de por qué no tener ansiedad podría ayudarme a conseguir lo que quiero?

a) ¿Es posible que mi miedo al fracaso (ansiedad) me impida hacer un esfuerzo hacia para de lograr mi objetivo (por ejemplo, ¿quedarme en un trabajo no deseado en lugar de perseguir el trabajo de mis "sueños")?

b) ¿Si no tuviera ansiedad, no disfrutaría de mi trabajo en la consecución de mi objetivo mucho más, por lo tanto, me permite pasar más tiempo en él (por ejemplo, ¿es difícil trabajar cuando está estresado?)?

c) ¿La calidad y la eficiencia de mi trabajo mejorará si le prestó toda mi atención a lo que estaba haciendo en lugar de a los pensamientos que crean mi ansiedad?
d) ¿Si yo fuera feliz (en vez de estresado), gustaría más a las personas que me rodean, y por tanto me ayudaría conseguir lo que quiero (por ejemplo, un nuevo cliente o promoción)?

e) ¿No es más fácil ser creativo y ofrecer una nueva perspectiva cuando no estoy dando prestando a los pensamientos que crean mi ansiedad?

f) ¿No me impide mi estrés a veces poner todo mi esfuerzo hacia mis metas porque quiero tener una excusa si fracaso?

g) ¿Cómo me sentiré cuando alcance mi meta? ¿Por qué quiero lograr mi objetivo? ¿Puedo admitir que realmente quiero lograr mi meta, porque creo que me hará sentir como me quiero sentir? ¿Es cierto que mi ansiedad o el estrés ayudan a hacerme feliz?

7. "La preocupación es útil, responsable, y significa que me importa"

Incluso cuando realmente no nos gusta tener que preocuparnos, nuestras mentes a menudo vienen con algunas excusas para impedir que cuestionamos los pensamientos que crean nuestras preocupaciones:

a) "La preocupación puede ayudar a prevenir, detener o corregir el escenario que me preocupa"
b) "La preocupación me ayudará a prepararme para el peor de los casos"
c) "La preocupación es lo más responsable"
d) "La preocupación es una señal de que me importa. Si yo no me preocupo por alguien, eso significa que no me preocupo por ellos"
e) "La preocupación puede ayudarme a resolver mi problema"

Echemos un vistazo a algunas de las razones por las cuales preocuparse es mucho más dañino que útil.

a) "La preocupación puede ayudar a prevenir, detener o corregir el escenario que me preocupa". Preocuparse ciertamente no ayuda a prevenir o impedir que los escenarios futuros sucedan.

i.) ¿Cómo pueden los pensamientos prevenir que algo suceda cuando no tenemos control sobre si sucede? Cuando nos preocupamos, por naturaleza, estamos pensando y no actuamos.

Pensar no puede prevenir, detener o corregir una situación que aún no ha sucedido.

ii.) Preocuparse por el futuro podría aumentar indirectamente las posibilidades de que el evento vaya a suceder. Si estamos prestando nuestra atención a nuestras preocupaciones acerca de perder nuestro trabajo o nuestro amante, entonces no estamos dando nuestra energía total al trabajo o amante. También podríamos retener algunos de nuestro esfuerzo o el amor porque tememos que vamos a perder nuestro trabajo o amante. Esto puede empeorar la calidad de nuestro trabajo, nos hace menos agradables, y evitar el fortalecimiento de la relación. Esto aumenta la probabilidad de que vayamos a perder el trabajo o amante.

b) "La preocupación me ayudará a prepararme para el peor de los casos". Preocuparse por un escenario futuro rara vez ayuda a prepararnos para ello.

i.) La mayor parte de nuestra preocupación no es la planificación. Crear de un plan para evitar un resultado no deseado puede ser útil. Un plan sería una lista escrita de cosas que hacer con el fin de evitar un resultado no deseado o de reaccionar a un resultado no deseado. En general, nuestras preocupaciones son simplemente interminables pensamientos acerca de los resultados que no queremos que suceda, lo "malo" que sería si ocurriesen, cómo evitarlos, o qué hacer en caso de que sucedan. Este tipo de pensamientos son raramente de alguna ayuda. Si realmente queremos hacer un plan, entonces sería más útil dejar de lado un espacio de tiempo de 10 minutos en nuestro día que se dedica a la creación de este plan. De esta manera, cada vez que empezamos a preocuparnos, podemos simplemente reconocer que este no es el tiempo para ello, y ya tenemos un tiempo dedicado para ello más tarde.

ii.) Hay una posibilidad increíblemente pequeña de que el escenario en el que pensamos suceda. La mayoría de nuestras hipótesis no se basan en la realidad y es muy poco probable que sucedan. Trate de recordar algunas de las cosas le preocuparon en el pasado que nunca sucedieron. Cuando nos encontramos en medio de la preocupación, tendemos a perder de vista el hecho de que el resultado que tememos es muy poco probable que ocurra.

iii.) Hay demasiadas variables en cualquier escenario "malo" para que cualquier plan prediseñado se adapte a la perfección. La probabilidad de que nuestra situación temida vaya a pasar en la forma exacta en que creo es muy pequeña. Por lo tanto, es muy poco probable que el plan pueda afectar la situación en la manera que queremos. En cualquier escenario que tememos, hay un número infinito de variables que pueden afectar a la situación. Por ejemplo, si nos preocupamos de que nuestro hijo pueda resultar lastimado, dependiendo de lo que se hace daño, cuando se lastima, con quién está cuando se lastiman, y lo mal que se lastima, nuestro plan para saber cómo manejar la situación sería totalmente distinto. No tendría sentido hacer planes para los escenarios hipotéticos que tememos, porque no podríamos hacer suficientes planes diferentes para llegar a solucionar cada uno de ellos. ¿No sería mucho mejor formar un plan para arreglar una situación una vez que sabemos cuál es la situación?

iv). Por ejemplo, es posible que hayamos formado un plan que si nuestro hijo se cae en el patio de recreo después los llevamos de inmediato al hospital. Si nuestro hijo se cae, puede haber otros padres que están alrededor que son médicos y que tienen botiquines de primeros auxilios en sus coches que podrían ayudar a nuestro hijo más rápidamente. Si automáticamente tratamos de poner en práctica nuestro plan preconcebido, entonces podríamos no estar notando nuestro entorno y todas las variables únicas en nuestra situación. Llevando automáticamente a nuestro hijo al hospital en lugar de reaccionar en el acto gritando, "¿Hay alguien aquí que sea médico?", Podría terminar perjudicando a nuestro hijo por el tiempo añadido antes de recibir tratamiento. No podemos crear el plan perfecto para arreglar algo cuando no sabemos todas las variables. Es muy difícil planificar heroísmo y abnegación. Cuando pensamos y planeamos antes de un evento "malo", a menudo somos indecisos, egoístas, y tenemos miedo a actuar cuando ocurra el evento. Sin embargo, cuando nos enfrentamos a situaciones difíciles inmediatas, imprevistas, esto es cuando escuchamos cuentos de héroes. Cuando no tenemos la oportunidad de pensar en primer lugar, arriesgamos nuestras vidas por los demás y casi siempre parecemos actuar desinteresadamente. Casi nunca seremos capaces de planificar este tipo de acciones.

c) "La preocupación es lo más responsable que puedo hacer". La preocupación en realidad no es responsable. Cuando nos preocupamos, distraemos nuestra atención de nuestras responsabilidades. Esto nos hace menos capaces de realizar cualquier tarea que se necesita en este momento, porque estamos ocupados prestando nuestra energía y atención a los pensamientos de un futuro imaginario. Si nos preocupa que nuestros hijos pudieran lastimarse mientras estamos con ellos, ya están montando en su bicicleta o conduciendo su coche, a continuación, nuestra atención se enfocará en estos pensamientos y no en lo que nuestro hijo está haciendo en el momento. Esto hace que sea más probable que no estemos presentes, conscientes, y disponibles a notar cuando un accidente va a ocurrir, y esto hace que sea más probable que el accidente vaya a suceder. Por lo tanto, la preocupación es en realidad menos responsable que prestar nuestra atención al momento presente.

d) "La preocupación es una señal de que me importa. Si yo no me preocupo por alguien, eso significa que no les quiero". La preocupación no es un signo de que nos preocupamos por los demás. Las preocupaciones son creadas pensando en un resultado que creemos que "sería malo". Algunas personas se preocupan por sus seres queridos y otras no. Algunas personas se preocupan por gente que ni siquiera conocen y otros no. Querer a los demás no implica que es necesario que nos preocupemos por ellos. Podemos amar a alguien por completo, pero no preocuparnos por ellos simplemente porque no nos imaginamos los escenarios futuros que creemos que serían "malos". No sólo eso, sino que preocuparse por los demás hace que sea menos posible que mostremos a los demás que los queremos.

Si estamos ocupados preocupándonos por alguien que amamos mientras estamos con ellos, entonces en realidad no estamos cuidando de ellos mucho porque: i) Nuestra atención está parcialmente en los pensamientos de un futuro "malo", lo que significa que no estamos completamente escuchándolos y a sus preocupaciones. ii) Pueden pensar que no los queremos si ven que nuestra atención no está completamente centrada en ellos. iii) Podemos incitar el temor en ellos cuando ven a través de nuestras palabras y las expresiones faciales que son preocupantes. iv) Es muy difícil participar plenamente en pensar en cómo ayudarles cuando estamos ocupados preocupándonos. v) Es poco probable que vayamos a llegar a soluciones creativas para ayudar porque estamos demasiado ocupado pensando (preocupándonos).

e) "La preocupación puede ayudarme a resolver mi problema". Cuando pasamos tiempo planeando qué haríamos si algo "malo" llegase a suceder, esencialmente estamos tratando de resolver un problema que no existe. Los problemas que nos preocupan en realidad son sólo pensamientos acerca de un futuro imaginario.

Como nos podemos inventar un número infinito de problemas futuros, podemos pasar toda nuestra vida tratando de resolver todos estos problemas imaginarios. Sin embargo, no importa lo maravillosa que sea la solución que creamos, no podemos resolver estos problemas, porque en realidad no existen.

Por ejemplo, podemos estar tumbados en la cama, cuando de repente empezamos a preocuparnos por que uno de nuestros compañeros de trabajo nos va a insultar mañana. Así, con el fin de tratar de resolver este problema, pasamos el tiempo pensando en lo que vamos a decir en respuesta si nos insultan.

Pero incluso si tuviéramos que crear la respuesta "perfecta", ¿qué resolvería en este momento? No puede resolver ningún problema en este momento porque no hay ningún problema en este momento. No podemos aplicar la solución "perfecta" para nuestro problema, porque nuestro problema imaginario está en el futuro, y no está sucediendo en estos momentos. Dado que la solución "perfecta" no resuelve nuestro problema, que no nos hace sentir mejor. Por supuesto, cuando no hemos resuelto nuestro problema y no nos sentimos mejor, que a menudo siguen tratando de formar más y más soluciones a nuestro problema. Hacemos esto porque esperamos que una de nuestras soluciones realmente resuelva nuestro problema. Dado que el problema inherentemente no puede ser resuelto en nuestra mente, podemos pasar una cantidad infinita de tiempo tratando de resolverlo.

La mayoría de nosotros pasamos mucho tiempo tratando de resolver problemas que no existen, porque tendemos a pensar que nuestros pensamientos acerca de eventos "malas" en el futuro son los problemas "reales". Pero si nuestro problema es sobre un evento futuro, entonces no ha sucedido todavía, y por lo tanto todavía no existe como algo más que un pensamiento. Si no queremos pasar nuestros problemas de resolución de la vida que no existen, todo lo que necesitamos es preguntarnos, "¿Este problema existe en este momento en algún lugar fuera de mi propia mente?"

Las Preguntas:

a) ¿Qué temo que va a pasar si dejo de preocuparme? ¿Es cierto que preocuparme (pensando sin acciones) tiene el poder de impedir, detener o corregir el "mal" escenario en el que estoy pensando? ¿Es posible que el preocuparme en realidad hace que sea más probable que el "mal" escenario vaya a suceder?

b) ¿Cuáles son las probabilidades de que el preocuparme me ayude a prepararme para el "mal" escenario, considerando la baja probabilidad de que el escenario realmente suceda, así como todas las diferentes variables posibles dentro de ese escenario si llegara a suceder? ¿Con qué frecuencia el preocuparme me ayudó en el pasado a prepararme para una situación que me encontré?

c) ¿Es cierto que la preocupación es lo más responsable que puedo hacer, teniendo en cuenta que la preocupación dirige mi atención a los pensamientos del futuro y lejos de lo que está sucediendo en este momento?

d) ¿Es cierto que preocuparse por alguien significa me preocupo por ellos, teniendo en cuenta que yo puedo amar a alguien y no preocuparme por él, mientras que yo podría preocuparme por alguien que no amo? ¿Es cierto que la preocupación muestra que me importa, teniendo en cuenta que no puedo prestar toda mi atención a alguien cuando me preocupo por ellos, y que yo podría incitar el miedo en los demás si tienen la sensación de que estoy preocupado por ellos?

e) ¿Mi problema existe ahora mismo en otro lugar que en mi propia mente? Si mi problema no existe, ¿entonces es posible que pueda resolver mi problema? Si no es así, ¿vale la pena gastar mi tiempo tratando de resolver un problema que ni siquiera existe?

Capítulo Diecisiete

Cuestionar la Validez de Cualquier Razón para No Cuestionar Sus Pensamientos

Cuando somos nuevos a cuestionar nuestros pensamientos, nuestra mente puede crear una variedad de razones por las que sería "bueno" mantener nuestros pensamientos negativos y por las que sería "malo" para nuestra vida si los cuestionamos. Este capítulo contiene explicaciones y preguntas para impugnar una variedad de razones más comunes para resistir a cuestionar nuestros pensamientos.

8. "Quiero seguir culpando a otros por mi sufrimiento"

Para algunos de nosotros, puede ser muy difícil para permitir incluso a nosotros mismos entretener la posibilidad de que alguien más podría no ser el culpable de nuestro sufrimiento. En otras palabras, tenemos muchas ganas de seguir culpando a otros por nuestro sufrimiento. Así que vamos a examinar por qué querríamos aferrarnos a nuestra culpa.

Si le echamos la culpa a otros por nuestro sufrimiento, ¿qué beneficio es el que obtenemos de ello? Echarle la culpa de nuestro sufrimiento a los demás puede hacernos sentir autocompasión y como si fuéramos una víctima. También crea ira hacia el que creemos es el culpable. Esta rabia a menudo dura un largo tiempo, y crea una gran cantidad de resentimiento. Si optamos por actuar con esa ira, entonces nuestra culpa puede ayudar a hacer sufrir a la persona a la que le echamos la culpa. Nuestra ira puede afectar a las personas que tenemos (por ejemplo, niños, pareja) alrededor inadvertidamente si sienten nuestra ira en nuestras interacciones con ellos. Nuestra infelicidad resultante puede hacernos menos agradables, puede afectar nuestras relaciones personales y profesionales. En resumen, culpar a otros por nuestro sufrimiento crea más sufrimiento para nosotros mismos y posiblemente más por los demás.

Si sabemos que nuestra culpa crea sufrimiento, ¿por qué íbamos a querer aferrarnos a nuestra culpa? a) Queremos castigar a otros para que podamos sentir que la vida es justa (que la gente nos rinda cuentas); b) Queremos enseñar a la gente una lección para que ellos no hagan el mismo "mal" de nuevo; c) No queremos admitir que nuestros propios pensamientos han creado nuestras emociones no deseadas.

a) Cuando alguien parece hacernos sufrir, algunos de nosotros al instante, y, a menudo inconscientemente, pensamos que lo "mejor" es conseguir venganza. No nos damos cuenta, pero la idea de la venganza o el castigo, a menudo se basa en la creencia de que estas acciones nos hacen sentir bien o nos dan alivio. Si alguien parece hacernos sufrir de alguna manera, entonces nos pasamos mucho tiempo pensando en cómo lo que nos pasó fue injusto (cómo no nos lo merecemos), entonces estos pensamientos probablemente crean sentimientos de ira, frustración y posiblemente confusión. Si logramos crear sufrimiento al que creemos que es el culpable de nuestro sufrimiento, lo más que podemos sacar de esto es una nueva creencia de que la situación es ahora más justa de lo que era. Si el pensamiento: "Esta situación es injusta", creó nuestra ira y la frustración, y luego hace la situación "más justa" probablemente reduciría nuestra ira y la frustración. Pero castigar a los demás como un medio para hacernos feliz está lejos de ser la estrategia más eficaz, porque castigar a otros también nos hace sufrir en varias formas diferentes.

No importa qué tipo de castigo decidimos infligir a alguien, casi siempre se diseña para crear sufrimiento (o prevenir la felicidad) del aparente autor de nuestro sufrimiento. Independientemente de si nuestro castigo toma la forma de abuso verbal, abuso físico, la acción que hace daño, retención de amor o sexo, o "actitud", al mismo tiempo crea sufrimiento para nosotros mismos. Tratar a la gente de una manera que no sea honesta, cuidar, amar, nos hace sentir tristes, enojados, resentidos, culpables, y "malos" acerca de nosotros mismos y nos puede hacer sentir el dolor que nos infligimos. Esto es especialmente cierto cuando realmente amamos a la víctima de nuestras acciones. Además, la víctima de nuestro castigo puede enojarse con nosotros y quiere venganza, que perpetuaría el sufrimiento.

Más allá del dolor que sentimos al hacer sufrir a los demás, a menudo elegimos castigar a los demás únicamente por estar enojados con el aparente autor. Pero estamos realmente sólo castigándonos a nosotros mismos. Otros a menudo no sienten nuestra ira. Sentimos nuestra ira. Somos los únicos a quienes se castiga por nuestra ira hacia otra persona. Al hacer todo esto, estamos creando más sufrimiento para nosotros mismos y por lo tanto estamos haciendo nuestra vida parecer aún más injusta.

b) Las personas deciden en sus palabras y acciones basadas en pensamientos. Si una persona no quiere que alguien haga el mismo "mal" de nuevo, entonces tenemos que ayudar a esa persona a entender cómo su acción fue hiriente, ayudarles a identificar los pensamientos que los motivó a actuar como lo hicieron, y luego ayudarlos a que cuestionen esos pensamientos para que no actúen sobre ellos de nuevo.

¿Alguna vez tuvo "malos" hábitos que sabe que son físicamente, emocionalmente, o monetariamente nocivos, pero aún así siguió haciéndolos de todos modos? A pesar de nuestra culpa, ira hacia nosotros mismos, y cualquier otro sufrimiento, todavía a menudo no somos capaces de dejar de actuar de la misma manera. ¿Por qué no es nuestro sufrimiento suficiente para ayudarnos a aprender la lección y dejar de hacer las mismas cosas "malas"? En pocas palabras, es porque no hemos abordado la causa de nuestras acciones, nuestros pensamientos. No hemos descubierto por qué estamos haciendo lo que estamos haciendo, así que es natural que nuestro sufrimiento nos ayude a que dejemos nuestros hábitos "malos". *Al igual que nuestro propio sufrimiento a menudo no es suficiente para cambiar nuestras acciones, castigando a alguien más (hacer sufrir a los demás) por lo general no es suficiente para enseñarles a cambiar sus acciones.*

c) Cuando hemos invertido mucho tiempo y energía en culpar a alguien de nuestro sufrimiento, puede ser muy difícil ver que nuestros propios pensamientos han creado nuestro sufrimiento, y que esto puede hacer que nos sintamos "mal" por nosotros mismos. Pero esto sólo sucede si estamos cambiando la culpa de nuestro sufrimiento de los demás a nosotros mismos. Esto no es lo que estamos haciendo aquí.

No hemos provocado nuestro propio sufrimiento; creer nuestros pensamientos ha causado nuestro sufrimiento. Nosotros sólo somos los culpables de nuestro sufrimiento si nosotros tenemos la culpa por creer nuestros pensamientos. ¿Tiene control sobre los pensamientos que piensa? Si es así, entonces ¿por qué piensa negativamente sobre sí mismo y los demás, a veces? No tenemos control total sobre los pensamientos que pensamos; no nos enseñaron que los pensamientos crean emociones, y no nos enseñaron cómo cuestionar nuestros pensamientos. Por lo tanto, ¿cómo podemos ser el culpable de las emociones que nuestros pensamientos crean? Cuando realmente vemos que no somos los culpables de creer nuestros pensamientos, entonces estamos fuera del gancho, no es culpa nuestra.

La belleza de esto es que si puede reconoce que nadie más ha sido el culpable de su sufrimiento, entonces usted está también reconociendo que nadie tiene el poder de hacerle sufrir en el futuro. Usted es libre. Nadie puede hacerle sufrir. Usted no tiene que preocuparse acerca de lo que los demás están haciendo o van a hacer. Lo único que le puede hacer daño o evitar estar en paz es creer sus propios pensamientos.

Las Preguntas:

a) ¿Si consigo venganza o sostengo que otra persona es responsable de mi sufrimiento, no es probable que sienta más rabia (sufrimiento) o que me sienta "mal" por mis acciones? ¿Quién siente mi enojo cuando echo la culpa a alguien más por mi sufrimiento?

b) ¿No es improbable que castigar a alguien fuese suficiente para conseguir que cambien sus acciones en el futuro, teniendo en cuenta que los castigos no les ayudarían a tomar conciencia de los pensamientos que provocan sus actos o les ayudan a dejar de creer que estos pensamientos?

c) ¿Tengo un control total sobre los pensamientos entran en mi mente o los pensamientos que creo? ¿Si no es así, puedo admitir que no soy el culpable de los pensamientos que crean mi sufrimiento?

9. "No quiero admitir que 'no sé' o que 'me equivoqué'"

A lo largo de nuestros años en el sistema educativo formal, se nos enseña constantemente que es "bueno" tener razón y saber la respuesta. Nos felicitaban por tener la razón, y fuimos recompensados por nuestros maestros y la sociedad por conocer las respuestas correctas. Por lo tanto, hemos sido condicionados a creer que es "malo" estar equivocado o no saber. Esta simple dinámica ha ejercido un profundo impacto en nuestras vidas.

¿Se acuerda de la vez cuando estaba en la escuela y levantó la mano para contestar correctamente a la pregunta del profesor? ¿Cómo se sintió? Por lo general, nos dio una pequeña sensación de placer, ya que llegamos a pensar: "Yo sé la respuesta, estoy en lo cierto". De la misma manera, cada vez que experimentamos una emoción, estamos respondiendo esencialmente a una pregunta en la cabeza y luego creemos que nuestra respuesta es correcta. Por todo lo que encontramos en la vida, nos hacemos alguna forma de la pregunta "¿Es esto bueno o malo?", "¿Es guapo o feo?", "¿Ella es egoísta o considerada?" Entonces, cuando respondemos a la pregunta y pensamos, "ella es egoísta", esencialmente estamos creyendo, "yo sé que ella es egoísta, y yo estoy en lo cierto en ello". Dado que pensamos que es "bueno" tener "razón", cuando hacemos un juicio y pensamos, "Ella es egoísta", llegamos a experimentar una sensación muy sutil de placer al creer, "Lo sé, estoy en lo cierto". Esta sensación de placer es similar a la sensación que tenemos cuando levantamos nuestra mano en clase y respondemos correctamente a una pregunta, ya que ambos son el efecto de mejorar un poco nuestra opinión de nosotros mismos.

Por lo tanto, podemos resistirnos a la hora de creer en nuestros pensamientos a causa de esta creencia inconsciente persistente que es "malo" no saber la respuesta. A menudo pensamos que, sin saberlo, empeoraremos nuestra opinión de nosotros mismos al admitir, "no lo sé". Vemos esto muy claramente en los argumentos verbales que nos encontramos en los que ambas personas quieren tener "razón" y tampoco están dispuesto a admitir que están "equivocados" o que realmente no lo saben. Lo mismo ocurre con nuestra relación con nuestros propios pensamientos. Una vez que creemos un pensamiento, tratamos de defenderlo, porque tenemos miedo de que sea "malo" o admitir que no sabemos.

Pero ¿es realmente "malo" admitir, "no sé"? ¿Cuál es la experiencia de pasar de "Yo sé que esto es malo" a reconocer, "Yo no sé si esto es malo"? Cuando creemos, "Ella es egoísta", podemos sentir un poco de felicidad al creer, "Estoy en lo cierto", pero también tenemos que experimentar la ira, la decepción, la frustración, u otro sufrimiento creado por la creencia de que ella es egoísta. Por otro lado, cuando admitimos, "No sé" o "Me equivoqué al creer que", experimentamos paz y podemos tratar a los demás con amor. La única causa de nuestro sufrimiento es simplemente creer que nuestros pensamientos son verdad.

Una vez que experimentamos esta paz, podemos ver que no hay nada "malo" al estar equivocado o no saber. Por el contrario, admitir, "no lo sé", puede ser una maravilla, ya que al instante nos hace sentir felices. Si no queremos ser infelices, todo lo que tenemos que hacer es dejar de tener "razón". ¿Qué es más importante para sí, estar "bien" o ser feliz?

Las Preguntas: ¿No es cierto que mi emoción no deseado se crea por creer que mi pensamiento es verdad ("yo tengo razón")? Teniendo en cuenta que el creer mi pensamiento me hace sufrir, ¿cómo me sentiría si dejara de creer que mi pensamiento es cierto, si admitiese, "me equivoqué" o "no sé"? ¿Estoy absolutamente seguro de que me siento "peor" conmigo mismo si reconozco que "me equivoqué", o "no sé"? ¿Qué es más importante para mí, tener "razón" o ser feliz?

10. "Si no veo ciertas acciones como malas, voy a actuar de forma hiriente"

Es fácil para nosotros pensar que íbamos a actuar de maneras perjudiciales o dañinas si dejamos de creer en muchos de nuestros conceptos de lo que es "malo". ¿Pero qué nos hace actuar de manera hiriente y sin amor? Actuamos hiriente hacia los demás cuando creemos que los demás son "malos", otros han hecho algo "malo", y los demás tienen la culpa de nuestro sufrimiento. Además, cuando creemos pensamientos que dicen que no somos "lo suficientemente buenos" o nuestra vida no es "lo suficientemente buena", entonces somos infelices y, a menudo podemos estar dispuestos a herir a los demás (por ejemplo, robar a alguien) si creemos que hacerlo nos haría felices. *En otras palabras, son en realidad nuestros conceptos de "malo" los que causan nuestras palabras y acciones sin amor.*

No necesitamos preguntarnos a nosotros mismos: "¿Es esto bueno o malo?" O "¿Es esto bueno o malo?" Con el fin de actuar con amor hacia nosotros mismos y los demás. Si no creemos nuestros pensamientos negativos acerca de nosotros mismos, entonces ya estamos felices, y por lo tanto, no necesitamos hacer daño a los demás con el fin de conseguir algo que creemos que nos hará felices. Si no creemos nuestros pensamientos negativos sobre los demás, entonces no sentimos odio o enojo hacia ellos, lo que elimina nuestras razones para herir a los demás. Sin nuestros juicios sobre los demás, nos quedamos con amor por los demás.

Si no creemos los pensamientos que crean nuestro sufrimiento, estamos felices. Si ya estamos felices, entonces es posible que no sintamos la necesidad de gastar una gran parte de nuestro dinero en entretenimiento, ropa, coches de lujo, y otros tipos de distracciones y posesiones que normalmente tendríamos en cuenta a la felicidad. ¿Qué haríamos con todo este dinero extra? Como es natural, a menudo sentimos la necesidad de dar a los demás porque los amamos o porque vemos que necesitan más que nosotros. Si no creemos nuestros pensamientos negativos, entonces es posible que no sintamos la necesidad de gastar todo nuestro tiempo y energía en entretenernos a nosotros mismos con las actividades que nos gustan, ya que somos igual de felices sin participar en estas actividades. Podemos entonces mucho más fácil y amorosamente dar nuestro tiempo y energía a ayudar a otros.

Cuando estamos presentes, ya nos sentimos completos y dignos, para que podamos amar a los demás y ayudar a los demás sin ser motivados por intereses egoístas. Podemos dar a los demás sin ningún interés en conseguir algo a cambio (por ejemplo, amor, aprecio y aprobación). Si ya estamos contentos, no nos preocupamos por obtener nada a cambio. No utilizamos a los demás como un medio para hacernos felices.

Una forma de ver cómo actuamos cuando estamos presentes es ver qué hace la gente cuando se encuentran en situaciones de vida o muerte rápida. Todos hemos escuchado historias en las noticias sobre los actos de valor y abnegación que ocurren en situaciones de vida o muerte rápida, donde la gente hace cosas como saltar a las vías del tren para salvar a la gente que no conoce. Este tipo de acción tiende a suceder en estas situaciones de vida o muerte, porque no hay tiempo para que nuestras mentes piensen y decidan qué hacer. Sin tiempo para pensar o analizar lo que es "bueno" o "correcto", no hay tiempo para que nuestras mentes decidan cual es nuestro "mejor interés", nos vemos obligados a actuar desde nuestra intuición, y terminamos por realizar actos de amor naturalmente. Pero, si tuviéramos el tiempo para pensar en primer lugar, es poco probable que fuéramos a actuar de esta manera desinteresada porque podríamos asustarnos, podría ser demasiado indeciso, o podríamos no estar dispuestos a arriesgar la vida para ayudar a alguien que no conocemos. Pero desde el momento presente (de la intuición), estamos naturalmente inclinados a actuar con amabilidad, compasión, y desinteresadamente.

Las Preguntas: ¿Cuándo actuó de formas hiriente hacia los demás? ¿Qué pensamientos estoy pensando cuando decido actuar de forma hiriente? ¿Cuál es mi experiencia emocional cuando actuó de forma hiriente? ¿Si no creyera mis juicios sobre los demás, ya no tendría una razón para tratar a los demás sin amor? ¿Si no creyera los pensamientos que me hacen infeliz, ya no tendría una razón para actuar con egoísmo y sin tener en cuenta el bienestar de los demás? ¿Es cierto que tengo que decirme a mí mismo, "esta es la acción equivocada", o, "esto es una mala acción", con el fin de evitar que yo actúe de forma hiriente hacia los demás?

11. "Dejar de creer" esto debería ser diferente "o" esto es malo 'me impedirá actuar hacia un cambio positivo"

Puede parecer como si dejar de creer nuestros pensamientos acerca de lo que es "malo" y cómo la gente debe actuar causaría que fuésemos indiferentes ante el mundo y nos impediría hacer un cambio "positivo". Sin embargo, este no es el caso en absoluto. Incluso sin nuestros juicios acerca de una situación, podemos todavía sentirnos obligados a actuar hacia el cambio. Quejas, enojo, frustración, tristeza no son necesarios con el fin de ser obligado a actuar. En general, no nos damos cuenta de esto, ya que no está dentro de nuestro marco de referencia. Todavía podemos ser un activista con mucho impulso para hacer un cambio en el mundo sin el concepto de "malo" o "incorrecto". Es sólo que el catalizador para crear el cambio viene de la intuición en lugar del pensamiento. Aquí hay algunas razones por las que actuar desde el momento presente todavía puede permitir que actuemos hacia el cambio "positivo" en el mundo.

a) Si queremos la paz y el amor en este mundo, tenemos que empezar por nosotros mismos. ¿Cómo podemos ayudar a la gente a ser cariñosa y dejar de odiar cuando estamos llenos de ira y odio? ¿Cómo podemos evitar que las personas tengan conflictos las unas con las otras cuando nuestras mentes están llenas de pensamientos contradictorios? ¿Cómo podemos enfadarnos con las personas que castigan a los demás por lo que ven como acciones "malas" cuando estamos constantemente castigando a otros por lo que creemos que son acciones "malas"? ¿Cómo pueden las personas cambiar sus acciones cuando no son conscientes de los pensamientos que impulsan sus acciones y no saben cómo creer sus pensamientos? ¿Cómo podemos ayudar a la gente a cambiar su forma de actuar sin abordar la causa de sus acciones (es decir, los pensamientos)?

Mientras estamos creyendo los juicios de nuestras mentes, no vamos a ser completamente pacíficos y amorosos. Si queremos que el mundo sea más pacífico y amoroso, primero tenemos que descubrir esta paz y felicidad en nuestras propias vidas.

b) A menudo nuestro activismo viene de un lugar de la justa ira. Esto significa que creemos que estamos en el lado "bueno" en la lucha contra "el mal", lo que naturalmente nos hace sentir "bien" acerca de nosotros mismos. Pero lo que realmente estamos haciendo es luchar en una guerra. La misma guerra como casi todas las demás guerras. La guerra de "yo tengo razón y ellos están equivocados".

Una vez que creemos este concepto de "estoy en el lado del bien, luchando contra el mal", estamos en una pendiente resbaladiza que conduce a menudo a la racionalización de acciones "malas", deshonestas, hirientes, o violentas porque pensamos que se justifican con el fin de hacer el mundo "mejor". Creemos que el fin justifica los medios. Podemos incluso creer que somos "buenos" porque estamos dispuestos a hacer algo "malo" para hacer "bien" en el mundo. Por ejemplo, si pensamos que alguien es una influencia "mala" en nuestra comunidad, y queremos hacer nuestra comunidad "mejor", entonces podemos estar dispuestos a herir a esa persona "mala" por el "bien" de la comunidad. Incluso si creemos que herir a alguien es una acción "mala", todavía podemos pensar que somos "buenos" porque estamos dispuesto a hacer algo "malo" para el "bien" general. ¿Pero muchos "malos" acontecimientos históricos ocurrieron porque la gente pensaba que ciertas acciones "malas" darían lugar a algún tipo de "bien"?

No podemos saber con seguridad que estamos en el lado del "bien" y que otros están en el lado de los "malos" o "mal". Y no podemos saber a ciencia cierta lo que va a hacer del mundo un lugar "mejor".

Tampoco podemos difundir la paz a través de la ira. Cuando dejamos de creer en nuestros juicios acerca de lo que es "malo" y quién tiene la culpa, entonces nuestra ira se calmará y podemos empezar a actuar desde el amor, con el amor, hacia el cambio.

c) Tratar de utilizar pensamientos con el fin de tomar decisiones a menudo conduce a una gran confusión o indecisión, porque hay demasiadas variables, demasiadas ventajas y desventajas de ambos lados. Cuando estamos enojados, es aún más difícil de lo normal tomar decisiones porque nuestras mentes son generalmente poco claras se llenan de tantos pensamientos negativos. Si no creemos nuestros pensamientos, nuestra manera de actuar a continuación, se nos presenta de una manera muy clara y sencilla a través de nuestra intuición. Podemos oír o sentir nuestra intuición para determinar qué hacer en lugar de basar nuestras decisiones en pensamientos (perspectivas). Nuestras acciones son entonces, naturalmente, menos egoístas, como nuestra intuición es desinteresada por naturaleza.

d) El catalizador de la acción hacia el cambio en este mundo generalmente surge ya sea de nuestra intuición o de pensamientos y nuestro deseo natural de ser feliz. Nuestra motivación para actuar con mayor frecuencia proviene de la creencia de una idea de que algo es "malo" o "no lo suficientemente bueno". Una vez que esto sucede, a menudo sin saberlo, decidimos tratar de hacer el mundo "mejor" principalmente porque creemos que esto es lo que nos hará felices o traerá paz. Esto podría deberse a que nuestros pensamientos negativos sobre el mundo hacen que nos enfademos y queremos "arreglar" el mundo para que podamos ser felices. O podría ser porque inconscientemente pensamos que "arreglar" el mundo o ayudar a los demás mejorará nuestra opinión de nosotros mismos, lo cual creemos que nos va a traer la paz.

Si somos capaces de dejar de creer nuestros juicios sobre lo que es "malo", podemos experimentar la paz en estos momentos. Si nuestro deseo de cambiar algo en el mundo fue motivado inicialmente por nuestro deseo de ser feliz, y ahora estamos contentos, entonces podemos dejar de sentir la necesidad de cambiar el mundo.

Sin embargo, si nuestro deseo para ayudar a lograr un cambio en el mundo proviene de nuestra intuición, luego el deseo de cambio se mantendrá. Además, si nunca hemos tenido la tentación de hacer un cambio "positivo", este deseo puede surgir una vez que dejamos de creer en nuestros pensamientos, porque esto nos permite amar más y nos ayuda a estar en contacto con nuestra intuición. Por supuesto, no consideramos que nuestro curso de acción es hacer el cambio "positivo", o ayudar a que el mundo sea "mejor", estamos tratando de seguir lo que se siente verdadero y natural para nosotros.

e) Soluciones totalmente nuevas y creativas surgen de la intuición. Nuestros pensamientos se basan en nuestra genética, nuestras experiencias, y lo que nos han enseñado. En otras palabras, nuestros pensamientos se refieren al pasado para obtener información. Puesto que los pensamientos se basan en el pasado, no ofrecen ideas nuevas, frescas o creativas. Cuando gastamos menos tiempo prestando atención a nuestros pensamientos sobre quién y qué es "malo", hay más silencio entre nuestros pensamientos. En otras palabras, no puede haber pequeñas roturas en nuestras mentes de nuestro pensamiento constante. Durante dichas interrupciones, estas diferencias entre los pensamientos, la creatividad fresca surge del silencio. En esencia, cuando estamos presentes, la creatividad surge de manera natural.

f) Otros son más propensos a seguir nuestro ejemplo para actuar ante el cambio, cuando venimos de un lugar de amor en lugar de la ira. ¿Prefiere pasar el tiempo con y seguir a alguien que es edificante y lleno de amor o alguien que es negativo y lleno de odio? Por lo general, tendemos a sentirnos más inclinados a pasar tiempo con personas que son cariñosas en lugar de gente que está enojada y resentida. Naturalmente nos sentimos más inspirados por el amor que el odio, porque el amor nos da la sensación de que disfrutamos y queremos.

Las Preguntas:

a) ¿Cómo puedo ayudar a la gente a actuar con amor y dejar de odiar cuando estoy lleno de ira y odio? ¿Cómo puedo ayudar a la gente a dejar de tener conflictos entre sí cuando mi mente está llena de pensamientos contradictorios? ¿Cómo puedo enfadarme con las personas que castigan a los demás por lo que ven como acciones "malas" cuando estoy constantemente castigando a otros, así como a mí mismo, por lo que creo que las acciones "malas"? ¿Cómo pueden las personas cambiar sus acciones cuando o bien no son conscientes de los pensamientos que llevan a sus acciones o no saben cómo creer sus pensamientos? ¿Cómo puedo ayudar a la gente a cambiar su forma de actuar sin abordar la causa de sus acciones (pensamientos)? ¿Cómo puedo ayudar a las personas a hacer frente a los pensamientos que provocan su ira y el comportamiento falto de amor cuando no he abordado estos pensamientos en mi mente?

b) ¿Puedo estar absolutamente seguro de que estoy en el lado de los "buenos"? ¿Puedo tener la certeza absoluta acerca de las acciones que mejor ayudarán a hacer el mundo "mejor"? ¿Estoy seguro de que mi ira ayuda a difundir la paz y el amor?

c) ¿Cuando estoy enojado, esta mi mente clara, o es agitada, confusa y llena de pensamientos? ¿Es más fácil tomar decisiones de este lugar de ira, con mis pensamientos que sopesan los pros y los contras, o es más fácil basar mis decisiones sobre la claridad de mi intuición? ¿Mis acciones son más propensas a ser altruistas y buenas cuando las estoy basando en los pensamientos, o cuando las estoy basando en mi intuición?

d) ¿Si mi deseo de hacer un cambio "positivo" se originó en mi deseo de ser feliz, entonces no iba a dejar de creer los pensamientos que me están haciendo infeliz, ya que el hacerlo me haría feliz en este momento? ¿Si mi deseo de hacer un cambio "positivo" se originó a partir de mi intuición, entonces no quedaría este impulso, independientemente de qué pensamientos dejo de creer?

e) ¿Soy más propenso a descubrir soluciones nuevas y creativas cuando estoy escuchando los pensamientos (que se basan en el pasado) o cuando estoy presente y capaz de sentir mi intuición?

f) ¿Prefiero estar cerca de personas que están enojadas o personas que son cariñosas? ¿Hay otras personas más propensas a seguir mi ejemplo y ser inspiradas por mí cuando estoy actuando con ira o cuando estoy actuando por amor?

12. "Si no veo mi situación tan mala, entonces esta mala situación seguirá siendo la misma y me estaría dando por vencido" o "Si yo veo que mi objetivo no puede hacerme feliz, entonces no voy a tener ninguna motivación para lograrlo"

Puede parecer como si dejar de creer en el pensamiento "mi situación es mala" o "lograr mi objetivo me hará feliz" nos impide perseguir nuestras metas o nos hace permanecer en nuestra "mala" situación. De hecho, a veces nuestras mentes pueden asustarnos para no cuestionar nuestros pensamientos sólo por decirnos que vamos a terminar "asentándonos" en nuestra "mala" situación si nos decidimos a cuestionar nuestros pensamientos. Sin embargo, esto está lejos de la verdad.

Un impulso para cambiar nuestra situación o alcanzar un objetivo puede venir directamente de nuestra intuición o puede surgir porque queremos hacernos felices. Si no creemos en nuestros pensamientos, "mi situación es mala" o "lograr mi objetivo me hará feliz", entonces si escogemos permanecer en nuestra situación o seguir persiguiendo el cambio depende de si estamos siendo impulsados por nuestra intuición o por un deseo para hacernos felices.

a) Cuando la urgencia de cambiar nuestra situación (lograr una meta) proviene de nuestra intuición, entonces casi seguro que no perderemos nuestra motivación para cambiar nuestra situación, independientemente de que pensamientos dejamos de creer. Nuestra intuición nos permite saber lo que se siente bien y ser fieles a nosotros mismos y, a continuación, nos guía hacia las acciones que están alineadas con estos sentimientos. Puesto que la guía de nuestra intuición no tiene nada que ver con nuestros pensamientos o nuestra infelicidad, dejar de creer en nuestros pensamientos de cómo nuestra situación actual es "mala" o llegar a ser felices en nuestra situación actual no afectaría a nuestra necesidad de cambiar nuestra situación. Aunque reconocemos que el logro de nuestro objetivo no puede hacernos felices en sí mismo, nuestro impulso intuitivo o tirar hacia nuestro objetivo no se verá afectado, ya que en este caso nuestro deseo de perseguir el objetivo nunca fue motivado por las promesas de felicidad.

Por ejemplo, imagine que usted es infeliz en su trabajo administrativo en el que introduce datos en un ordenador todo el día. Un día, después de jugar con algunos sobrinos suyos, usted reconoce que le encanta pasar tiempo con los niños. Imagine que este reconocimiento vino de su intuición y le lleva a darse cuenta de que quiere ser maestro. Si es capaz de identificar y dejar de creer en los pensamientos que le están haciendo infeliz en su trabajo administrativo actual, entonces sería capaz de estar en paz en el trabajo. Pero, ya que su deseo de convertirse en un maestro vino de su intuición, y no tuvo nada que ver con sus pensamientos o infelicidad en el trabajo negativo, todavía tiene la necesidad y la plena motivación para seguir siendo un maestro.

Del mismo modo, dejar de creer el pensamiento "convertirme en un maestro me hará feliz", no cambiaría su motivación para convertirse en un maestro porque su decisión de continuar con la enseñanza se basa en la intuición o la sensación de que esto es lo que quiero hacer, y no basado en la idea de que convertirse en un maestro le proporcionará satisfacción.

b) Cuando creemos alguna versión de "Mi situación no es lo suficientemente bueno", "Yo no debería estar en esta situación", o "yo sería feliz si yo fuese capaz de hacer que esta situación fuera perfecta", estos pensamientos nos hacen infelices en nuestra situación actual. Una vez que estos pensamientos nos han hecho infelices, somos inconscientemente motivados para tratar de cambiar nuestra situación o lograr un objetivo único, porque creemos que estos cambios en nuestra vida nos harán felices. Si nuestra motivación para cambiar nuestra situación o lograr un objetivo se basa únicamente en nuestro deseo de ser feliz, y somos capaces de creer en los pensamientos que nos han hecho infelices, entonces podemos perder nuestro interés en cambiar nuestra situación o la consecución de nuestro objetivo, porque ahora somos ya felices.

Esto puede sonar desalentador, pero si la única razón por la que queríamos cambiar nuestra situación o lograr un objetivo específico era hacernos felices a nosotros mismos (el objetivo final), entonces tenemos que ser felices ahora en lugar de años de espera ya que tratamos de lograr nuestro objetivo (que en realidad no tiene la capacidad de hacernos felices). Esto no puede ser considerado como "la solución", porque sólo estamos eligiendo a permanecer en nuestra situación porque estamos completamente satisfechos con la forma en que está.

Si no somos capaces de encontrar la paz y la felicidad en nuestra situación actual (porque no somos capaces de creer que son los pensamientos los que nos hacen infelices), entonces nuestro deseo de cambiar nuestra situación, naturalmente, seguirá siendo, independientemente de donde vengan los deseos.

Si perseguimos un objetivo sólo porque queremos ser felices, y reconocemos que nuestro objetivo no tiene la capacidad de hacernos felices, entonces somos propensos a perder gran parte de nuestra motivación para lograr este objetivo. Sin embargo, este reconocimiento también tiene otra implicación importante. Cuando dejamos de perseguir lo que pensamos que nos hará felices en el futuro, podemos empezar a hacer lo que nos gusta. Podemos perseguimos lo que nos apasiona, lo que nos gusta, y lo que se siente bien para nosotros, en vez de hacer lo que creemos que debemos hacer. En otras palabras, este reconocimiento nos ayuda a perseguir algo que se alinea más estrechamente con nuestra intuición.

Es difícil imaginar que su estancia en nuestra "mala" situación no sería "conformarse" sólo porque somos infelices en estos momentos. Tome un momento ahora mismo para imaginar lo feliz que se sentiría si hiciera sus circunstancias "perfectas". Ahora imagine que usted podría ser tan feliz en su situación actual. Si usted fuera tan feliz y en paz como quiere ser, ¿entonces consideraría que quedarse en su situación actual sería "conformarse"?

Para hacer la distinción entre estos dos tipos de motivación para el cambio más claro, veamos un ejemplo. Si usted piensa, "yo no debería estar en un mal trabajo", entonces puede sentirse avergonzado o incómodo acerca de su trabajo, y por lo tanto le gustaría cambiar de trabajo con el fin de tratar de ser feliz. Si no cree sus pensamientos acerca de su trabajo, entonces es posible que en realidad terminan amando su trabajo y sea feliz en él. Si esto sucede, entonces la elección de quedarse en su trabajo ya no se puede considerar "la solución". Si cuestionar sus pensamientos no le hace feliz en su trabajo (porque no se puede identificar o dejar de creer los pensamientos que le están haciendo infeliz), entonces usted todavía buscaría cambiar de trabajo.

Del mismo modo, si su impulso original al dejar su trabajo llegó porque sentía que el trabajo no era el adecuado para usted (la intuición), o estaban siendo guiado a un trabajo por el que se sintió apasionado (intuición), entonces usted todavía quiere salir de su trabajo y todavía se siente motivado para perseguir el nuevo incluso si es feliz en su trabajo. Estos impulsos no son creados por los pensamientos, por lo que permanecen después de que dejamos de creer nuestros pensamientos negativos.

Las Preguntas:

a) Si mis ganas de cambiar mi situación o llegar a mi meta vino de mi intuición, entonces ¿no permanecería independientemente de qué pensamientos dejo de creer? ¿Si mis ganas de cambiar mi situación o llegar a mi meta vinieran de mi deseo de ser feliz, entonces no iba a querer dejar de creer en los pensamientos que me están haciendo infeliz, ya que eso me haría feliz en este momento? ¿No iba yo a querer permanecer en mi situación actual, si llego a ser feliz en ella? Si yo acabo siendo feliz en mi situación actual, ¿entonces puedo considerar realmente que "me estoy conformando" al permanecer en mi situación actual?

b) Si reconozco que mi objetivo no puede hacerme feliz, ¿no afectaría esto a mi motivación para lograr mi objetivo si sólo me preocupase por lograr mi objetivo porque pensaba que me haría feliz? Si reconozco que mi objetivo no puede hacerme feliz, ¿no es posible que esto me permita empezar a perseguir lo que me apasiona, lo que me gusta, o lo que se siente bien para mí?

13. "Mi pensamiento "debería" me ayuda a actuar cómo creo que debería, lo que tiene un efecto positivo en mi vida y las vidas de los demás"

Cuando se trata de creencias tales como "debo comer sano" o "debo ser amable con la gente", parece obvio que debemos comportarnos de esta manera. Incluso si vemos que estos pensamientos crean sufrimiento para nosotros mismos, podemos todavía no querer creer en ellos, porque podemos pensar que son útiles. Tendemos a pensar que este tipo de pensamientos son útiles por dos razones principales. En primer lugar, podemos pensar que actuar cómo creemos que debemos tendrá efectos "positivos" en nuestras vidas y las vidas de los demás. En segundo lugar, tenemos la tendencia de creer que decirnos a nosotros mismos, "que debo hacer..." es la mejor manera de llegar a nosotros mismos para hacer lo que sea que pensamos que deberíamos estar haciendo. Pero si nos fijamos en el efecto de estos pensamientos más de cerca, se hace evidente que estos pensamientos en realidad crean una gran cantidad de estrés y vergüenza en nuestras vidas, mientras que al mismo tiempo en realidad no nos ayudan a actuar de la manera que creemos deberíamos (especialmente a largo plazo).

Cuando creemos, “debería actuar de esta manera", estamos sin saberlo, creyendo que sabemos que acción será "mejor" para nosotros mismos o para otros. Pero, ¿sabemos lo que todos los efectos de cualquier acción son? No podemos saber qué acciones nos hacen más felices a nosotros mismos o a los demás, porque no hay manera de saber cuáles son todos los efectos de cualquier acción. Si no sabemos qué acción nos hará más felices a nosotros mismos o a los demás, entonces no podemos realmente saber que hay una manera en la que "debemos" actuar.

Sin embargo, incluso si supiéramos qué acciones son "mejores", el pensamiento, "yo debería hacer..." todavía no es muy útil para hacernos más felices a nosotros mismos o a los demás.

En general, nuestras acciones se deciden sobre la base de los pensamientos en nuestra mente. Más específicamente, nos decidimos por nuestras acciones sobre la base de que resultado es más importante para nosotros. Puesto que nuestra propia felicidad es casi siempre lo más importante para nosotros, elegimos nuestras acciones sobre la base de cualquier resultado que pensamos nos hará más felices.

Si entra en la cocina y decide comer una galleta en lugar de una zanahoria, lo más probable es porque usted está valorando el placer inmediato de comer la galleta sobre los posibles efectos saludables positivos (felicidad futura) de comer la zanahoria. ¿Si, en el momento que elija la galleta piensa, "debo comer sano" ("comer sano es lo que hay que hacer"), cambiará esto su forma de pensar y le hará no comer la galleta? ¿Se nos ha enseñado a creer que la respuesta es "sí", pero cuál es el efecto real? Cuando nos decimos a nosotros mismos, "debo comer sano", esto no es probable que cambie nuestra decisión de comer la galleta, ya que no cambia la forma en que valoramos nuestras opciones. No hace que valoremos los efectos futuros de salud más, y no valoramos el placer inmediato de comer la galleta menos. *En otras palabras, los pensamientos de "debería" no suelen ser útiles para llegar a actuar como creemos que debemos porque estos pensamientos no cambian cómo valoramos nuestras opciones.*

Cuando no actuamos cómo creemos que debemos, podemos sentir vergüenza, culpa, o simplemente defraudados con nosotros mismos. Debido a esto, a veces los pensamientos "debería" pueden motivarnos a actuar cómo creemos que debemos hacer porque tememos el sentimiento de vergüenza que creemos que sentiremos si no hacemos lo que debemos. Si estamos a punto de poner una galleta en la boca y luego pensamos, "debo comer sano", el pensamiento "si como esta galleta, me voy a sentir culpable por esto más tarde" puede surgir en nuestra mente. Debido a que tenemos miedo de sentirnos culpables, podemos decidir dejar la galleta. Puede parecer como si el pensamiento "debería" nos ayuda a salir de esta situación, pero vivir la vida con el temor de que nos sentiremos "mal" o culpables significa no disfrutarla.

Mientras tenemos ideas de cómo debemos actuar, habrá momentos en los que vamos a actuar de una manera que creemos que no deberíamos. Ya que no tenemos un control total sobre los pensamientos que tenemos o los pensamientos que creemos, esto es inevitable. Como todos sabemos, cuando hacemos algo que creemos que no debemos, nos sentimos "mal" con nosotros mismos. Este sufrimiento de hecho tiene importantes implicaciones en nuestras acciones. Esto es porque la mayoría de las acciones "malas" en la vida, las que creemos que no debemos hacer, son causadas por nuestro propio sufrimiento. Más específicamente, nos involucramos en acciones dañinas hacia nosotros mismos y los demás cuando estamos tratando de escapar de nuestro sufrimiento o porque estamos enojados.

Por ejemplo, muchos de nosotros a menudo usamos los alimentos poco saludables cuando queremos alivio de nuestro descontento, cuando queremos sentirnos mejor en estos momentos. La galleta es nuestro escape. Cuando comemos la galleta y luego pensamos, "debo comer sano", esto a menudo nos hace sentir vergüenza, culpa, o simplemente "mal" con nosotros mismos. Una vez que nos sentimos menos felices, nuestro deseo de comer la galleta se fortalece porque nuestro deseo de escapar de nuestra infelicidad ahora se ha fortalecido. Como se mencionó anteriormente, cuanto más infelices somos, más fuerte será nuestro deseo es escapar de nuestra infelicidad. Y los pensamientos "debería" son una gran fuente de nuestra infelicidad. Por lo tanto, los pensamientos "debería" son, paradójicamente, una de las principales razones de que actuamos de la manera que creemos que no deberíamos.

Veamos otro ejemplo. Si no somos buenos con la gente, esto es probablemente debido a que estamos creyendo ya sea pensamientos que nos hacen infelices o estamos creyendo pensamientos que nos hacen enojar a los demás. Si usted está a punto de ser malo con alguien, y entonces piensa, "Pero yo debo ser amable con ellos", ¿esto le hará actuar amable con ellos? Echemos un vistazo a los diferentes escenarios.

Puesto que el pensamiento "Yo debería ser agradable" no nos hace más felices y no se ocupa de nuestra ira hacia la otra persona, es poco probable que nuestro pensamiento "debería" sea capaz de hacernos actuar bien hacia ellos. Si esto sucede, ahora vamos a tener el pensamiento "Yo debería haber estado bien", lo cual es probable nos haga sentir "peor" acerca de nosotros mismos, que a su vez nos hace infelices y por lo tanto hace que sea más difícil ser amable con los demás en el futuro.

Por otro lado, es posible que decirnos a nosotros mismos: "Debería ser agradable", pueda hacer que actuemos bien con otros. Pero si este pensamiento no trata el porqué no queremos ser amables, entonces nuestro comportamiento agradable es falso. Como muchos de nosotros nos hemos probablemente dado cuenta, no se siente muy bien cuando se pretende sentir diferente de la forma en que realmente sentimos. Además, ¿cómo te sientes cuando alguien está fingiendo ser amable con usted? Por lo general no es una experiencia muy agradable. Puede ser más agradable que la conducta abiertamente desagradable, pero no es tan agradable como estar con alguien que es genuinamente amable con nosotros. Por lo tanto, incluso si el pensamiento "debería" nos llevase a actuar de una manera que creemos que debería, rara vez tiene el efecto "positivo" en nosotros mismos y otros que esperaríamos que lo tendría.

Además de todo esto, *siempre y cuando tenemos ideas de cómo creemos que debemos actuar, también vamos a creer que los demás deben actuar de esta manera.* Si creemos, "debo comer sano", y "yo debería ser agradable", entonces también vamos a creer que otros deberían serlo también. Puesto que otros a menudo no actúan cómo creemos que deberían, esta creencia nos lleva a juzgar a los demás y enojarnos con los demás. Este enojo claramente no ayuda a hacernos felices, pero este enojo también hace que sea aún más difícil comer sano, ser amable con los demás, y actuar en todas las otras formas que creemos que deberíamos.

Nos seguimos diciendo, "Esta es la forma en que debería actuar", porque creemos que estos pensamientos nos ayudan a actuar de manera que creemos que debemos, que creemos que hará que nosotros y los demás seamos más felices. Pero en última instancia, no sabemos qué acciones van a ser "mejores" para nosotros y los demás, estos pensamientos realmente no nos ayudan a actuar de la manera que creemos que deberíamos, estos pensamientos a menudo pueden hacernos sufrir, y nuestro sufrimiento a su vez hace que sea más probable que vayamos a actuar de manera que creemos que no debería.

Si queremos dejar de actuar cómo estamos actuando, en lugar de decirnos a nosotros mismos: "Yo no debería actuar como lo hago", sólo tenemos que identificar y dejar de creer los pensamientos que nos hacen actuar de las maneras que no nos gusta. Si quiere comer sano y ser más amable con la gente, entonces sólo tiene que identificar y dejar de creer los pensamientos que le hacen comer saludable y tratar a las personas sin bondad. Lo extraño es que, si dejamos de creer nuestros pensamientos "debería", nos sentiríamos mucho más felices, lo que probablemente haría mucho más fácil que actuásemos de las formas en que pensamos que deberíamos.

Las Preguntas:

a) ¿Puedo tener la certeza absoluta de que acción me hará a mi o a otras personas más felices a largo plazo, teniendo en cuenta que yo no puedo saber lo que todos los efectos de cualquier acción son?

¿Si no, entonces puedo estar realmente seguro de como "debería" ser mi forma de actuar?

b) ¿Decirme a mí mismo, "debería hacer...", cambiará la manera en que yo valoro los pros y los contras de cada una de mis opciones de acción que debo realizar? Si no actúo como creo que debo, ¿Cómo me siento? ¿Es agradable vivir la vida siendo motivados a actuar de cierta manera por el temor de que voy a experimentar vergüenza o culpa si no actúo como creo que debería hacerlo?

c) ¿No es cierto que mis pensamientos determinan cómo actúo, y por lo tanto si yo actúo cómo creo que debería hacerlo? ¿Tengo un control total sobre los pensamientos que pienso y creo? ¿Si no, entonces puedo actuar siempre cómo creo que debería hacerlo? ¿Cómo me siento cuando hago algo que creo que no debo hacer? ¿No es verdad que muchas veces me involucro en mis acciones perjudiciales (alimentos poco saludables, drogas, alcohol) porque quiero escapar de mis emociones no deseadas? ¿No es cierto que yo trate a los demás de una manera sin amor cuando me estoy sintiendo bien infeliz o creo pensamientos negativos acerca de los demás? ¿Decirme a mí mismo, "Yo debería tratarlos con amor", deshacerme de mis pensamientos negativos acerca de ellos o me haría más feliz? ¿O es más probable que mi pensamiento "debería" hará que me sienta "mal" acerca de mí mismo? Si mi pensamiento "debería" a menudo hace que me sienta avergonzado y triste, y yo a menudo actuó de manera que creo que no debo porque quiero escapar de mis emociones no deseadas, entonces no es cierto que mis pensamientos "debería" también me motivan a comportarme de una manera que yo creo que no debería?

d) Si yo creo que debería actuar de una manera específica, ¿no es cierto que yo también debo creer que los demás deben actuar de esa manera? ¿Los demás siempre actúan cómo creo que deberían?

¿Mis pensamientos "deberían" ayudarme a amar a los demás, o me hacen juzgar a los demás y siento ira hacia los demás?

e) Si no me gusta la forma en que estoy actuando, y me gustaría cambiar mis acciones, ¿no sería mucho más fácil identificar y dejar de creer los pensamientos que están impulsando mis acciones, en lugar de decirme a mí mismo, "que no debería actuar de esta manera "?

Capítulo Dieciocho

La Aplicación de Los 5 Pasos al Momento Presente

Cuando cuestionar nuestros pensamientos

A lo largo de nuestras vidas, en cualquier momento que no nos hemos sentido felices, por lo general, sólo hemos tenido dos maneras diferentes para tratar de hacernos felices: 1) distraernos de nuestros pensamientos a través del entretenimiento; y 2) tratar de cambiar cualquier circunstancia que creemos que es "mala" o "no lo suficientemente buena". Pero ya que ahora sabemos cómo cuestionar nuestros pensamientos, ahora tenemos otra opción. Echemos un vistazo a por qué podríamos querer elegir nuestra nueva opción la próxima vez que nos sentimos estresados, enojados o avergonzados.

Si no nos sentimos felices en un momento dado, a menudo es rápido y fácil hacernos felices al reunirnos con los amigos, poner una película, o disfrutar de algún contenido divertido en internet. Pero el problema con esto es que el sufrimiento que estamos tratando de escapar estará esperando por nosotros cuando termine la distracción que estamos utilizando. No hay ningún daño en participar en cualquiera de nuestras formas de entretenimiento, pero si queremos ser felices sin estas distracciones, entonces, finalmente, necesitamos cuestionar los pensamientos que nos hacen infelices.

Si estamos enfadados, estresados o avergonzados, a continuación, a menudo tratamos de cambiar cualquier circunstancia que creemos que es la culpable de nuestras emociones no deseadas con el fin de tratar de hacernos felices. Si estamos estresados en nuestro trabajo, podemos tratar de cambiar nuestro trabajo. Si nos avergonzamos de nuestra situación de vida, entonces podemos tratar de cambiar el lugar donde vivimos. Si estamos enfadados con nuestra pareja por la forma en que están actuando, podemos tratar de cambiarlos. Si somos capaces de cambiar estas circunstancias, podemos ser felices en un principio. Pero ya que esta estrategia aborda sólo una pequeña fracción de los pensamientos que nos hacen infelices, nuestra felicidad casi seguro que va a ser breve.

Si estamos enfadados con nuestra pareja debido a su forma de actuar, es porque creemos un pensamiento que dice: "Es malo que... no limpia alrededor de la casa, no me felicitan, llega tarde a eventos”. Si somos capaces de cambiar una de las acciones de nuestra pareja, tales como su no limpiar alrededor de la casa, es probable que seamos más felices al principio, porque ahora que hemos perdido nuestro pensamiento "es malo que limpie la casa”.

Pero es sólo una cuestión de tiempo antes de que nuestra pareja actúe de otra manera que nos hace pensar, "Es malo que él está haciendo eso", o "La forma en que está actuando no es lo suficientemente buena". Tenemos demasiadas ideas sobre cuáles son las acciones "perfectas", y cuando sería "perfecto" llevarlas a cabo, para que seamos capaces de hacer a alguien "perfecto".

Finalmente, podemos decidir que "no llama lo suficiente", "ella sale con sus amigas demasiado", "no es lo suficientemente cariñosa", "él no ayuda con los niños suficientes", o "ella no es una proveedora buena". Estos nuevos pensamientos seguirán haciendo que nos enfademos con nuestra pareja y harán que nos sintamos decepcionados por nuestra relación. O bien, si cambiamos de pareja, juzgar a nuestra nueva pareja como juzgamos a la última.

Si estamos estresados en nuestro trabajo, es porque estamos creyendo un pensamiento que dice: "Sería malo si... me despiden, yo no termino a tiempo, a mi jefe no le gusta mi trabajo". Si nosotros, sin saberlo, creemos que nuestro estrés es causado directamente por las circunstancias dentro de nuestro trabajo, entonces podemos decidir cambiar de trabajo con el fin de hacernos felices. Pero no importa lo que nuestro nuevo trabajo es, todavía habrá la posibilidad de ser despedido, la posibilidad de no terminar el trabajo a tiempo, y la posibilidad de que nuestro jefe no le guste nuestro trabajo. Por lo tanto, incluso si cambiamos nuestro trabajo, nuestro jefe, o el tipo de trabajo que hacemos, nuestros pensamientos ("sería malo si...") continuarán creándonos.

Si nos avergonzamos de nuestra situación de vida, es porque estamos creyendo un pensamiento que dice: "Es malo que estoy viviendo donde lo hago", o "mi vida no es lo suficientemente buena porque estoy viviendo en este lugar". Si somos capaces de pagar una y "mejor" situación de vida más grande, entonces es probable que seamos más felices al principio, porque habremos perdido estos pensamientos no deseados que estaban creando nuestra vergüenza. Sin embargo, es sólo una cuestión de tiempo antes de que "algo en mi vida no sea lo suficientemente bueno" o "Yo no soy lo suficientemente bueno" surge a través de una manifestación diferente. Podemos seguir pensando, "Yo no soy lo suficientemente atractiva", "Yo no soy lo suficientemente inteligente", "Yo no soy lo suficientemente digno de ser amado", o "No soy lo suficientemente rico". Pronto podemos tener pensamientos cómo "mi trabajo no es lo suficientemente bueno", "mi coche no es lo suficientemente bueno", "mi cocina no es lo suficientemente limpia", o "mis sofás no son lo suficientemente agradables". Estos pensamientos seguirán haciéndonos sentir insuficientes y avergonzados de nosotros mismos o de nuestra vida.

Cuando cambiamos nuestras circunstancias para hacernos felices, no somos felices por mucho tiempo debido a que la causa fundamental de nuestra infelicidad no se aborda. Conseguir lo que queremos elimina el pensamiento "esto es malo", pero es meramente una "solución curita". Tenemos demasiadas creencias sobre lo que es "perfecto" y lo que es "malo". Si cambiamos un aspecto de nosotros mismos, de los demás, o de nuestras circunstancias de "malo" a "perfecto", un pensamiento se eliminarán, pero todavía habrá una gran cantidad de otras circunstancias que vamos a pensar que no son "los suficientemente buenas".

En lugar de gastar todo nuestro tiempo, dinero y energía tratando de hacernos a nosotros mismos, nuestra situación, y otros se ajustan a nuestra idea de "perfecto" en todos los sentidos, sólo podemos tomar el atajo y preguntarnos si nuestros conceptos de "perfecto" y "malo "es realmente cierto. Si podemos creer en la idea de que nos está haciendo sentir enojado, estresado o avergonzado en este momento, entonces podemos sentir paz en estos momentos. Se trata claramente de una manera mucho más rápida y más fácil de experimentar la paz.

Naturalmente, a veces podemos no ser capaces de creer en la idea de que le está haciendo infeliz en el primer intento. Si esto sucede, podemos intentarlo de nuevo en un momento posterior en el tiempo, o podemos claramente todavía elegir cambiar cualquier circunstancia que creemos que es "mala" con el fin de tratar de hacernos felices.

Cambiar nuestro hábito

Cuando experimentamos una emoción no deseada, nuestra reacción inmediata es echarle la culpa a algo sobre nosotros mismos, los demás, o de nuestra situación. Hemos sido entrenados toda nuestra vida a culpar las emociones a las circunstancias, por lo que se ha convertido en un hábito muy fuerte, que hacemos de forma automática e inconscientemente. Este es el poder de la costumbre. Ahora que sabemos cómo cuestionar nuestros pensamientos, podemos empezar a cambiar este hábito.

Cuando empezamos a cuestionar nuestros pensamientos, cuando experimentamos una emoción no deseada, a menudo podemos tardar unas horas o días antes de nos acordemos de cuestionar nuestros pensamientos, y puede requerir un poco de tiempo y energía para participar con los 5 pasos. Pero, a medida que nos relacionamos con el proceso de cuestionar los pensamientos más y más, empezamos a recordar como cuestionar nuestros pensamientos tan pronto como nos sentimos descontentos, y el proceso real de dejar de creer pensamientos puede ser hecho mentalmente con poco tiempo o esfuerzo.

Por ejemplo, si nuestra pareja dice algo que es aparentemente una falta de respeto hacia nosotros, podemos al instante enojarnos y luego contestar de la misma forma a nuestra pareja con palabras sin amor. Unas horas más tarde, podemos parar y recordar a cuestionar la causa de nuestra ira. Luego nos sentamos y comprometemos con los 5 pasos para identificar y descreer los pensamientos que causaron nuestra ira. Si somos capaces de dejar de creer nuestros pensamientos, nuestra ira hacia nuestra pareja se disuelve, y podemos pedirle disculpas por nuestras palabras sin amor. Pero con el tiempo, después de que este tipo de evento ocurre un par de veces, tan pronto como surge la ira, podemos reconocerlo como un pensamiento a ser interrogado, y vamos a ser capaces de identificar y cuestionar la verdad de este pensamiento mental en ese momento. Esto no solo nos permite estar en paz, sino que también nos ayuda a tratar a nuestra pareja (o quien sea) con amor en lugar de automáticamente con ira.

A medida que nos volvemos más acostumbrados a cuestionar nuestros pensamientos, nuestra vieja costumbre de tratar de cambiar las circunstancias externas para hacernos felices queda reemplazada por el nuevo hábito de cuestionar los pensamientos cada vez que no estamos contentos. Nos centramos en nuestra propia reacción en lugar de la persona, situación o evento que creemos que es culpable de nuestra reacción. Cuando somos capaces de reconocer de inmediato que nuestra reacción emocional ha sido creada por los pensamientos, no sólo somos más felices, pero también somos capaces de ajustar nuestras acciones para reflejar lo que es verdad para nosotros.

A medida que cuestionamos nuestros pensamientos más, el proceso se vuelve mucho más fácil y mucho más rápido, y en última instancia se convierte en segunda naturaleza. Si bien puede tomar diez minutos para cuestionar un pensamiento al principio, con el tiempo sólo tardaremos unos segundos en dejar de creer la mayoría de nuestros pensamientos. Incluso si no somos capaces de creer en la idea que está creando nuestra emoción no deseada, simplemente reconociendo que nuestra emoción ha sido creada por un pensamiento puede tener la culpa de todo lo que nos culpamos y nos dejemos de sentirnos como una víctima. Cada vez que vemos uno de nuestros pensamientos, la naturaleza de ese pensamiento se vuelve más y más clara, y nos identificamos con ese pensamiento cada vez menos (dejándonos ver ese pensamiento más objetivamente). Esto por lo general reduce el poder de nuestras emociones y hace que sea más y más fácil dejar de creer el pensamiento.

A medida que cuestionamos nuestros pensamientos más a menudo, en lugar de reaccionar a nuestras emociones no deseadas con el pensamiento "¿qué hay que cambiar para que yo sea feliz?", Nos preguntamos de forma natural: "¿Qué pensamiento creo en este momento?" Nuestras emociones no deseadas se convierten en una señal para nosotros de que estamos creyendo que un pensamiento negativo es verdad. Vemos nuestras emociones como señal de que es el momento de preguntarse si la idea que nos estamos diciendo a nosotros mismos es realmente cierta. Cada vez que tenemos una emoción no deseada, la vemos como una invitación a cuestionar nuestros pensamientos.

Tómeselo paso a paso

Una vez que somos conscientes de que nuestros pensamientos crean nuestro sufrimiento, podemos empezar a pensar que tenemos que creer un montón de pensamientos con el fin de ser feliz. Pero esto no es cierto. Podemos tener muchos conceptos de "perfecto" y "malo", pero no todos ellos nos están creando sufrimiento al mismo tiempo en cada momento. Nuestra emoción no deseada en un momento en particular es causada por cualquier pensamiento que estamos creyendo en ese momento. Si queremos estar en paz en este momento, sólo tenemos que creer en la idea que estamos creyendo en estos momentos.

Imagine que realmente no le gusta cuando la lluvia cae sobre usted, ya que hace que su pelo y su ropa se moje. Hay una fuente sin fin de gotas de lluvia, y pueden aparecer en cualquier momento para mojarle. ¿Se preocuparía por tratar de parar la lluvia que viene del futuro? No, si no está lloviendo, no hay ningún problema. Si ve que empieza a llover, saca su paraguas, y el problema está resuelto.

Al igual que con las gotas de lluvia, tenemos muchos conceptos de "malo" que pueden aparecer y son creídos en cualquier momento. ¿Es necesario preocuparse por tratar de parar todos estos conceptos de "malo" que aparecerán en su mente en el futuro? No, no tiene que preocuparse por dejar de creer en todos nuestros conceptos de "malo", o tratar de asegurarse de que no volvamos a creer los mismos pensamientos de nuevo, o acerca de la eliminación de todo nuestro sufrimiento futuro, porque siempre puede dejar de creer en un pensamiento en el momento en que entra en nuestra atención (abrir el paraguas). Al igual que lo hacemos con la lluvia, podemos atender a nuestros pensamientos cuando vienen. Se tarda sólo unos pocos segundos o unos pocos minutos.

Si hemos dejado un pensamiento en el pasado, y entonces lo creemos de nuevo, es muy importante que pongamos en duda la verdad de este pensamiento de nuevo en lugar de decirnos a nosotros mismos: "Sé que este pensamiento no es cierto". Diciéndonos a nosotros mismos: "Mi pensamiento no es verdad", no nos ayuda a descubrir que no sabemos si nuestro pensamiento es verdad. Esto puede incluso crear conflicto interno porque estamos pensando, "Mi pensamiento no es verdad", mientras que en realidad creyendo que el pensamiento para ser verdad. Para que este proceso sea más útil, tenemos que descubrir directamente que nuestro pensamiento podría no ser cierto cada vez que surge un pensamiento.

Cada vez que no creemos un pensamiento, el sufrimiento creado se disuelve, dejándonos en paz. Nosotros no tenemos que creer en todos nuestros pensamientos en este momento. En el momento en que surge un pensamiento para crear sufrimiento es el momento en que es hora de dejar de creer nuestro pensamiento. Todo lo que necesitamos hacer es centrarnos en la idea que está creando sufrimiento para nosotros ahora mismo.

El valor proviene de la aplicación de este proceso, no de leer sobre ello

Para algunos de nosotros, comprometerse con este libro puede haber sido difícil. Pero es importante saber que esto no es personal. Esto es una experiencia común, porque el contenido de este libro está destinado a exponer los pensamientos negativos que no sabíamos que teníamos o no queríamos ver. El ver estos pensamientos no deseados puede traer muchas emociones diferentes a la superficie, y esto puede ser muy enfrentado. Pero, si sólo seguimos ignorando y distrayéndonos de los pensamientos que nos hacen infelices, estos pensamientos seguirán funcionando en nuestras vidas y nos impiden sentir paz. Si no admitimos que nos sentimos incompletos o descontento, si no llevamos nuestros problemas a la superficie, entonces no podemos hacer frente a alguna de estas cuestiones.

En otras palabras, no podemos cambiar o ser felices a menos que primero descubramos los pensamientos no deseados que están creando nuestra infelicidad. Así que cuando se descubre un nuevo pensamiento o sentimiento no deseado, en lugar de ver este descubrimiento como "malo", podemos verlo como un paso hacia la libertad. Una vez que admitimos que no nos sentimos libres, enteros, o felices, una vez que descubrimos nuestros pensamientos no deseados, entonces podemos comenzar el proceso de dejar de creer en nuestros pensamientos y hacerse presente.

Si quiere experimentar la paz inherente, la libertad y la plenitud del momento presente, entonces los invito a aplicar los 5 pasos a su vida. Usted puede usar este proceso cuando se vea atrapado en las garras de la ansiedad, cuando se sienta abrumado por la preocupación, cuando se sienta avergonzado de sí mismo, o cuando está lleno de ira hacia alguien. Los 5 pasos también pueden estar allí para cuando siente un sutil sentido del descontento, soledad o incompletitud. Y, finalmente, el proceso se puede utilizar para cuestionar los pensamientos que tienen necesidad de eliminar el momento actual, incluso cuando no parece estar creando todo su sufrimiento.

A medida que dejamos de creer más y más de nuestros pensamientos, nos volvemos más y más felices y en paz. Puesto que tendremos cada vez menos conceptos de "malo" que creamos, estos pensamientos que crean sufrimiento surgirán con mucha menos frecuencia. Esto hace la vida mucho más agradable y hace que todas nuestras relaciones sean mucho más satisfactorias.
Con el fin de ayudarle a comprometerse con este proceso por su cuenta, usted puede ir a mi sitio web, www.liveinthemoment.org, donde puede:

1) Acceder a la aplicación web interactiva gratuita "Los 5 Pasos al Momento Presente". Esta aplicación web le permitirá ir simplemente y fácilmente a través de los 5 pasos para dejar de creer sus pensamientos.

2) Eche un vistazo a mi blog de vídeo. El blog contiene un número cada vez mayor de vídeos y explicaciones escritas de cómo hacer frente a cada una de sus emociones no deseadas, y cómo aplicar cada pregunta a su vida.

3) Establecer una sesión personal por Skype conmigo, donde yo pueda ayudarle a eliminar los pensamientos que crean el sufrimiento.

Agradecimientos

En primer lugar, gracias papá por ser mi guía personal a cada paso a lo largo de este camino, por guiarme hacia la meditación a través de tu ejemplo, por ayudarme a estar en contacto con y confiar en mi intuición, y por enseñarme cuando yo estaba sin saberlo, creyendo pensamientos. Gracias por hacer este viaje mucho más rápido y más fácil de lo que nunca podría haber sido sin ti. Gracias mamá por todo tu amor, apoyo, y la risa. Gracias a todos los profesores que han jugado un papel en ayudarme a llegar a donde estoy ahora. Gracias Jonas Iverson por sembrar la semilla de este libro.

Gracias a mis editores maravillosos, Karen Wolfgang-Swanson y Anne Barthel, por ayudarme a traer mucha más claridad a este libro. Gracias a todos los que me dieron su opinión, incluyendo mis hermanas Margeaux y Samantha.

Gracias a OC&C Strategy Consultants por darme el trabajo perfecto, y ayudándome así a ver lo que realmente quería en la vida. Gracias a los numerosos niños con los que jugué el último par de años por todas las risas y los puntos de vista. Gracias a todos ustedes que han permitido que les ayude a dejar de creer los pensamientos que le impedían sentirse libre, entero, y feliz.

38110255R00211

Made in the USA
Charleston, SC
27 January 2015